KB263045

문화원형의 스토리텔링
Storytelling

전략과 분석

저자 **한교경**

성균관대학교에서 고려속요의 문화콘텐츠 활용을 위한 서사구조와 정서기호 연구로 예술철학박사학위를 받았다. 현재 호서대학교 문화기획학과에서 겸임교수로 재직하면서 공연기획과 스토리텔링, 문화콘텐츠 관련 수업을 하고 있으며, 방송·영상 콘텐츠 개발 관련 사업인 '한스피플'의 대표도 겸하고 있다.

문화원형의 스토리텔링 전략과 분석

2013년 8월 25일 초판 인쇄
2013년 8월 30일 초판 발행

지은이 | 한교경
펴낸이 | 이찬규
펴낸곳 | 북코리아
등록번호 | 제03-01240호
주소 | 462-807 경기도 성남시 중원구 상대원동 146-8
      우림2차 A동 1007호
전화 | 02-704-7840
팩스 | 02-704-7848
이메일 | sunhaksa@korea.com
홈페이지 | www.bookorea.co.kr
ISBN | 978-89-6324-327-6 (93300)

값 17,000원

문화원형의 스토리텔링

Storytelling

전략과 분석

한교경 지음

북코리아

머리말

　하루가 다르게 발전하고 있는 초고속 스마트 멀티미디어의 시대에 우리 고유의 문화원형은 인문학적 가치를 넘어서 문화산업적 가치를 요구하고 있다. 문화유산으로서 문화원형은 문화콘텐츠의 '창조적 상상력'과 '문화기술'에 의해 다양한 문화산업에서 요구하는 문화콘텐츠로 개발되고 있다.

　문화콘텐츠에 원천 소재를 제공하는 문화원형은 그 자체가 인간의 삶에 대한 모든 것을 담고 있으며, 그 문화원형이 유형이든 무형이든 간에 인간 삶의 이야기와 정서, 그리고 지식, 교양 등 다양한 문화적 요소들을 담고 있다. 왜냐하면 문화이기 때문에 인류보편적이고 상대적 특수성으로서 가치를 담고 있는 것이며, 아울러 변화하지 않는 고유성으로서 원형이기 때문이다. 문화콘텐츠의 소프트웨어로서 창조적 상상력은 인문학적 지식 토대 위에서 가능한 상상력이며, 대표적 방법이 '스토리텔링'이다.

　문화원형을 스토리텔링한다는 것은 문화원형에 새로운 생명력을 불어넣는 것이며, 그것이 문화콘텐츠로 될 수 있는 탄탄한 스토리에 기반을 둔 문화콘텐츠의 핵심이 될 수 있는 것을 비교분석하고 기획한다는 것이다. 바로 이것이 이 책을 쓰게 된 주된 동기이다.

　이 책은 전통문화원형이라고 할 수 있는 고려속요에서 다양한 문화콘텐츠로 개발될 수 있는 문화원형의 모티브들을 추출하여 그것을 어떻게 활용하여 어떤 문화콘텐츠를 만들어낼 것인가를 연구하였던 「고려속요의 문화콘텐츠 활용을 위한 서사구조와 정서기호 연구」라는 박사학위논문의 연장선상에 있다. 그래서 박사학위논문의 연구대상과 범위, 그리고 분량의 제약에서 벗어나 미비한 점을 보완하고 문화콘텐츠 개발방법 중에서 문화원형의 다양한 스토리텔링 전략과 분석이론들을 소개한다.

이 책은 논문의 서사구조와 정서적 기호 연구에서 이미 논의되었던 시모어 채트먼의 서사이론과 그레마스의 서사기호이론을 좀 더 발전시켜서 문화원형의 스토리텔링 방법론에 활용할 수 있는 서사적 모티브, 심상적 모티브, 사료적 모티브, 도상적 모티브 방법을 제시하고 있다. 이러한 네 가지 방법들을 문화원형의 스토리텔링 전략으로 보고, 문화콘텐츠 사례들을 각각의 모티브 전략에 대입하여 어떻게 문화콘텐츠로 개발되었는가를 비교분석하였다.

이러한 연구를 위해서 필자는 기존의 선행된 연구들을 살펴보고, 선행된 연구성과들에 많은 빚을 지고 있다. 특히 박상환 교수님의 인문학과 문화콘텐츠의 소통가능성에 관한 연구, 김교빈 · 김기덕 · 배영동 교수님들의 문화원형의 개념과 문화원형의 문화콘텐츠 개발방안에 관한 연구성과들, 문화콘텐츠의 기호학적 분석을 위한 방법을 제시한 백승국 · 송효섭 교수님의 연구성과들, 그리고 스토리텔링과 서사이론에 관하여 좋은 방법론을 제시한 한용환 · 최혜실 교수님의 연구성과들에서 이론적 토대를 마련할 수 있었다.

이 책은 문화원형의 네 가지 모티브를 활용한 스토리텔링 방법들을 제시하기에 앞서 문화원형에 대한 개념과 문화콘텐츠의 방안을 먼저 살펴보았다. 아울러 향후 문화원형의 네 가지 모티브를 활용한 스토리텔링 전략에 사례분석에 활용할 수 있는 다양한 문화기호학의 이론을 살펴보았다.

스토리텔링과 채트먼의 서사이론을 결합하여 내러티브로서 이야기,

담론으로서 말하기로 해석하여 문화원형의 소재적 활용도별 분류 기준에 따른 이야기형, 디자인형, 정보자료형으로 유형화시킨 문화원형의 소재적 활용 기준과 콘텐츠 이용자의 응용요소에 따른 문화원형의 활용기준을 채트먼의 서사구조이론에 대입하였다. 그래서 스토리텔링에 맞는 문화원형의 소재적 활용 모티브를 유형화시켰다. 채트먼의 서사이론에서 이야기의 구성요소에 따라서 서사적 모티브를 도출하였는데, 이것은 문화원형의 소재에서 사물적 요소와 사건적 요소를 활용하는 것이다. 서사적 모티브는 문화원형의 소재별 모티브에서 이야기형 소재와 비슷하다. 채트먼의 서사이론에서 사물적 요소에 속하는 시공간적 배경을 제시하는 도상적 모티브를 도출하였는데, 도상적 모티브는 문화원형의 소재별 활용에서 디자인형 소재와 비슷하다. 정서적 기호체계에서 도출한 심상적 모티브는 바로 문화원형에 내재된 정서와 감성을 활용하는 모티브이다. 마지막으로 사료적 모티브는 문화원형의 소재별 모티브에 의한 정보자료형 모티브에 속하며, 주로 역사적 사실에 입각한 소재적 활용성을 말한다. 반면 말하기의 발현은 서사적 전이구조를 문화콘텐츠의 발현형식으로서 대체하여 각각의 문화콘텐츠의 장르들이 갖는 속성들로서 사진, 영상, 그림, 몸짓, 문자 등을 의미한다. 발현매체는 문화콘텐츠 장르들로서 영상, 게임, 공연, 교육용, 디자인용 등 다양한 문화콘텐츠 장르들로 대체할 수 있었다.

마지막으로 문화원형의 네 가지 소재별 모티브를 활용한 스토리텔링의 전략을 소개하며, 블라디미르 프로프의 민담형태론의 인물의 기능과 역할 이론, 캠벨-보글러-보글러-보이틸라의 영화 서사모델 이론, 그레마스의 정념의 기호학 등의 이론을 토대로 서사적 모티브와 심상적 모티브의 스토리텔링 방법을 제시하고, 아울러 사료적 모티브와 도상적 모티브의 방법도 제시하였다. 특히 문화원형의 네 가지 모티브에 유형에 맞는 문화콘텐츠들인 TV 드라마, 영화, 극예술 분야의 사례 분석을 통해서 어떻게 문화원형의 모티브를 활용하여 스토리텔링을 통한 각 문화산업 장르에 맞는 문화콘텐츠로 개발되었는가를 살펴볼 수 있었다.

이 책은 문화콘텐츠 기획과 전략을 수립하는 입문서로서 추천될 수 있다. 아울러 문화원형의 소재별 모티브를 어떻게 활용하여 문화콘텐츠로 개발할 수 있는가에 대한 방법론을 구체적인 문화콘텐츠 사례를 통해서 제시하였기에 실용적 가이드로서 미약하나마 좋은 길라잡이 역할을 해줄 수 있다. 하지만 어떠한 객관적인 기준 없이 주관적인 입장에서 문화원형의 소재적 활용기준을 임의적으로 해석한 오류가 있다. 아울러 기존에 서사이론, 정서이론, 영화서사 이론 등을 참고하여 문화원형의 문화콘텐츠 활용방안에 대한 이론적 방법론을 구체적으로 제시하고 있지 못한 단점을 갖고 있다. 이러한 점은 독자들이 이 책을 읽으며 문제점을 지적하고 새로운 연구방향을 모색해볼 것으로 기대한다.

이 책이 나오기까지 너무나 많은 분들이 격려를 아끼지 않았다. 모두께 감사드린다. 특히 도상적 모티브의 스토리텔링 사례로 공연 대본을 제공해주신 김차호 작가님에게 감사의 말씀을 대신한다. 그리고 교정을 도와준 호서대학교 문화기획학과 오정환, 한국어문화학부 서인준, 김준희, 박준제, 김다혜 학생들에게도 고마움을 전한다. 또한 이 책을 출판해주신 북코리아 출판사 이찬규 사장님께도 감사드리며, 마지막으로 늘 힘이 되어 주는 가족에게도 감사드린다.

2013년 8월

한교경

차례

머리말 ··· 5

1부　문화원형과 문화콘텐츠

01 문화원형의 담론체계 ·· 17

　　1. 문화유산과 문화콘텐츠로서 문화원형 ······························· 17

　　2. 문화의 담론체계 ·· 18

　　3. 원형의 담론체계 ·· 20

　　4. 민족문화원형 ··· 23

02 민족문화원형의 특성과 활용가치 ·· 28

　　1. 문화원형의 특성 ··· 28

　　2. 문화원형의 활용가치 ··· 39

2부　문화콘텐츠의 의미와 체계

01 문화원형, 문화콘텐츠의 의미와 체계 ······························· 45

　　1. 문화원형의 문화콘텐츠 ·· 45

　　2. 문화기호학과 문화콘텐츠 ··· 48

02 문화콘텐츠의 의미체계와 구조 ·· 52

　　1. 소쉬르의 기호학 ··· 52

　　2. 퍼스의 문화기호학 ··· 56

3. 레비스트로스의 신화론 ·· 62

4. 바르트의 신화론 ·· 68

5. 그레마스의 기호학 ·· 77

6. 문화원형의 의미생산 구조와 스토리텔링의 가능성 ········· 87

3부 스토리텔링, 서사와 문화콘텐츠

01 스토리텔링과 문화콘텐츠 — 93

1. 문화콘텐츠 시대의 스토리텔링 ······························· 93

2. 문화콘텐츠의 스토리텔링 활용 ····························· 102

02 서사와 스토리텔링 — 108

1. 서사의 속성과 서사담론 ····································· 108

2. 채트먼의 서사이론 ··· 114

3. 이야기의 구조 ·· 130

4. 담론의 구조 ·· 144

4부 문화원형의 스토리텔링 전략

01 서사적 모티브를 갖춘 문화원형의 스토리텔링 — 155

1. 서사적 모티브의 개념과 유형 ······························· 155

2. 서사적 모티브의 스토리텔링 전략 ·························· 158

3. MBC 미니시리즈 〈주몽〉의 영웅신화 스토리 구조 ········· 183

4. TV 드라마 〈내 여자친구는 구미호〉의 스토리 구조 ········· 196

02 심상적 모티브를 갖춘 문화원형의 스토리텔링 **210**

　1. 심상적 모티브의 개념과 유형 210

　2. 심상적 모티브가 갖는 정념의 서사구조 220

　3. 심상적 모티브의 문화원형을 활용한 영화 〈쌍화점〉의 정념

　　서사행로 236

03 사료적 모티브를 갖춘 문화원형의 스토리텔링 **256**

　1. 사료적 모티브의 개념과 유형 256

　2. 인물과 사건을 모티브로 취하는 문화원형의 스토리텔링 264

　3. 시대의 사회문화상을 모티브로 취하는 문화원형의

　　스토리텔링 267

04 도상적 모티브를 갖춘 문화원형의 스토리텔링 **274**

　1. 도상적 모티브의 개념과 유형 274

　2. 도상적 모티브의 스토리텔링 전략 276

　3. 도상적 모티브를 소재로 한 여성국극 〈풍류화객, 신윤복〉의

　　스토리텔링 278

참고문헌 337

표 차례

표 1 민족문화원형의 특성 ································· 26

표 2 처용설화의 신화체계 변용과정 ····················· 67

표 3 진로 소주 '참이슬' 광고에 사용된 언어적 메시지 ········ 74

표 4 프로프의 7가지 인물군과 그레마스의 행위소 모델 비교 ···· 82

표 5 기호사각형의 의미소들의 관계 구조 ················· 86

표 6 스토리를 전달하는 시대별 매체와 커뮤니케이션 문화 ······ 98

표 7 문화콘텐츠 유형에 따른 스토리텔링의 활용 ··········· 103

표 8 프로프의 인물기능의 영역 ······················· 137

표 9 프로프의 31개의 서사기능 목록 ··················· 138

표 10 서사적 모티브의 구성조건 ······················ 157

표 11 캠벨의 16단계 서사모델 ······················· 160

표 12 보글러의 12단계 스토리 모델 ···················· 167

표 13 보이틸라의 7가지 원형의 기능과 역할 ·············· 173

표 14 신화와 설화적 모티브가 활용된 TV 드라마의 신화원형 구조 · 181

표 15 드라마 〈주몽〉과 〈주몽신화〉의 플롯 비교 ············ 185

표 16 캠벨의 서사모델에 의한 드라마 〈주몽〉의 서사구조 분석 ··· 192

표 17 멜로드라마 장르의 전형적인 서사전개의 관습 ·········· 203

표 18 드라마 〈내 여자친구는 구미호〉의 서사전개 구조 ········ 204

표 19 국악가요 〈황조가〉의 음악적 정념의 양태화 과정 ········ 229

표 20 영화 〈쌍화점〉의 정념의 배치화 단계에서 왕의 정념 양태화 · 247

표 21 문화원형의 사료적 구성요건 ····················· 257

표 22 사료적 모티브의 영상콘텐츠 사례와 문화원형의 재현방식 ·· 269

표 23 여성국극 〈풍류화객, 신윤복〉 공연 시놉시스 ·········· 283

그림 차례

그림 1 문화원형의 전제조건들 ⋯⋯⋯⋯⋯⋯⋯⋯⋯⋯⋯⋯ 25

그림 2 고전문학 〈흥부전〉의 문화원형으로서 가치구조 ⋯⋯⋯⋯ 31

그림 3 문화원형의 특성 ⋯⋯⋯⋯⋯⋯⋯⋯⋯⋯⋯⋯⋯⋯ 37

그림 4 문화기호학적 관점에서 문화콘텐츠의 개념 구조 ⋯⋯⋯ 50

그림 5 퍼스의 기호 삼원구조 ⋯⋯⋯⋯⋯⋯⋯⋯⋯⋯⋯⋯ 57

그림 6 문화원형 '은장도'에 대한 기호의 연쇄작용 ⋯⋯⋯⋯ 59

그림 7 퍼스의 기호작용에 의한 문화콘텐츠의 의미작용 ⋯⋯⋯ 61

그림 8 문화콘텐츠의 신화체계 ⋯⋯⋯⋯⋯⋯⋯⋯⋯⋯⋯ 67

그림 9 기호의 의미작용 ⋯⋯⋯⋯⋯⋯⋯⋯⋯⋯⋯⋯⋯⋯ 70

그림 10 코르셋의 의미작용 ⋯⋯⋯⋯⋯⋯⋯⋯⋯⋯⋯⋯⋯ 71

그림 11 한국 전래동화 〈콩쥐팥쥐전〉의 행위소 모델 ⋯⋯⋯⋯ 83

그림 12 그레마스의 기호사각형 모델을 통한 남성과 여성의 의미생성 모델 ⋯⋯ 85

그림 13 스토리텔링 관련 문화원형의 스토리뱅크 활용도 ⋯⋯⋯ 89

그림 14 문화원형의 문화콘텐츠 과정 ⋯⋯⋯⋯⋯⋯⋯⋯⋯ 90

그림 15 서사물의 구성요소 ⋯⋯⋯⋯⋯⋯⋯⋯⋯⋯⋯⋯⋯ 118

그림 16 문화원형의 스토리텔링 구조 ⋯⋯⋯⋯⋯⋯⋯⋯⋯ 125

그림 17 서사 텍스트의 진술방식 ⋯⋯⋯⋯⋯⋯⋯⋯⋯⋯⋯ 146

그림 18 보글러의 시나리오의 선형적 질서 ⋯⋯⋯⋯⋯⋯⋯ 170

그림 19 프라이의 신화의 구성원리 ⋯⋯⋯⋯⋯⋯⋯⋯⋯⋯ 175

그림 20 복합적인 정서유형 비교 ⋯⋯⋯⋯⋯⋯⋯⋯⋯⋯⋯ 218

그림 21 한시 '황조가'의 정념양태화의 과정 ⋯⋯⋯⋯⋯⋯⋯ 228

그림 22 영화 〈쌍화점〉의 행위소 모델 ⋯⋯⋯⋯⋯⋯⋯⋯⋯ 244

사진 차례

사진 1 문화원형 '한글'을 활용한 이상봉의 한글 디자인 응용 사례 ⋯⋯ 35

사진 2 KBS 드라마 〈추노〉 포스터 ⋯⋯ 36

사진 3 진로 소주 '참이슬' 광고 포스터 ⋯⋯ 73

사진 4 현대자동차 '그렌저' 방송광고 영상 ⋯⋯ 100

사진 5 SBS 드라마 〈시크릿 가든〉 포스터 ⋯⋯ 179

사진 6 MBC 드라마 〈주몽〉 포스터 ⋯⋯ 184

사진 7 SBS 드라마 〈내 여자친구는 구미호〉 포스터 ⋯⋯ 197

사진 8 SBS 드라마 〈자이언트〉 포스터 ⋯⋯ 231

사진 9 영화 〈쌍화점〉 포스터 ⋯⋯ 239

사진 10 SBS 드라마 〈뿌리 깊은 나무〉 포스터 ⋯⋯ 263

사진 11 연극 〈길 떠나는 가족〉 포스터 ⋯⋯ 277

사진 12 여성국극 〈풍류화객, 신윤복〉 포스터 ⋯⋯ 280

사진 13 신윤복 작, 〈홍루대주〉, 혜원풍속도첩 ⋯⋯ 285

사진 14 신윤복 작, 〈주사거배〉, 혜원풍속도첩 ⋯⋯ 286

사진 15 신윤복 작, 〈유곽쟁웅〉, 혜원풍속도첩 ⋯⋯ 286

사진 16 신윤복 작, 〈쌍검대무〉, 혜원풍속도첩 ⋯⋯ 303

사진 17 신윤복 작, 〈단오풍정〉, 혜원풍속도첩 ⋯⋯ 310

사진 18 신윤복 작, 〈주유청강〉, 혜원풍속도첩 ⋯⋯ 321

사진 19 신윤복 작, 〈미인도〉 ⋯⋯ 332

제 1 부

문화원형과 문화콘텐츠

01

문화원형의 담론체계

1. 문화유산과 문화콘텐츠로서 문화원형

20세기가 문화유산을 발굴하고 보존하는 문화원형의 인문학적 가치를 논하던 시대였다면, 21세기는 문화원형을 어떻게 활용하여 문화산업적 가치를 창출할 것인가에 대해서 논하는 시대이다.

문화유산의 의미는, '전통문화자원'의 영역에서 정의한다. 그리고 이 영역에서는 '문화원형'이란 단어를 자주 사용하는데, 원래 문화원형이라는 개념은 한국 전통문화원형의 문화콘텐츠 사업의 정책적 개념 용어로 처음 사용되었다. 그래서 인문학적 개념정립이 되지 않는 용어로 문화원형을 콘텐츠의 소재가 되는 문화로서 문화콘텐츠의 원천 소재로 지칭하기도 한다. 문화원형은 문화콘텐츠의 '창조적 상상력'과 '문화기술cultural technology'에 의해서 영상, 공연, 애니메이션, 출판 등의 문화콘텐츠로 개발되어 문화산업을 발전시키는 데 원천 소재를 제공하고 있다. 그래서 가공되지 않은 고유의 문화원형 속에서 가치를 평가하기보다는 새롭게 창조된 문화콘텐츠에서 문화원형의 가치를 평가한다.

2005년부터 문화콘텐츠의 활용 가능성으로서 전통문화, 민속문화, 지역문화 등에 대한 학문적 논제가 다양하게 전개되면서 '문화원형'이라는 개념이 대두하였다. 대중문화의 범람과 그것에 대한 문화산업적 가치 활용에 대한 논의는 콘텐츠라는 새로운 시대적 조류로서 문화의 다양성과 멀티미디어의 기술들을 담는 새로운 문화산업의 용어가 탄생한 것이다. 이러한 배경에는 근대적 문화 담론에서 벗어나 대중문화에 대한 실천적 함의와 문화실용주의에 대한 다양한 논의들이 문화콘텐츠의 유행을 낳았기 때문이다. 실용학문으로서 문화콘텐츠에 대한 논의 속에서 무엇을 활용할 것인가에 대한 논의는 바로 문화원형으로 함축된다.

문화원형이란 무엇인가? 문화원형에 대한 논의는 문화와 원형에 대한 개별적인 논의에서 복합적인 논의로 이행되는 개념화 과정이 필요하며, 그 과정으로 문화원형에 대한 정의, 목적, 특성, 유형 등 다양한 논의를 통해서 그 개념을 정립할 수 있다. 문화원형에 대한 논의는 문화에 대한 다양한 담론들을 논의를 통해서 원형의 개념과 상응하고 더 나아가 문화콘텐츠의 문화의 개념과 상통할 수 있는 개념을 도출할 수 있다.

2. 문화의 담론체계

문화에 대한 다양한 개념들은 한 사회 또는 역사적 맥락 속에서 시대의 사상적 패러다임에 따라 의미와 해석이 다양하게 적층되어왔다. 따라서 문화는 자연과 문화, 문명과 문화, 언어와 문화, 지리와 문화, 종교와 문화 등과 상호 관계 형성을 통해서 다양한 개념들이 적층되어왔다고 볼 수 있다.

문화는 '경작'이나 '재배'라는 문명화의 의미에서 인간의 정신적인 활동의 상징적 의미가 더해지면서 인류의 지식, 신념, 종교, 교양, 예술 등 행위의 총체를 이르는 의미로 발전되었다.

영국의 뉴 브리태니카 백과사전The New Encycolpaedia Britannica(1977)에서는 문화의 사전적 정의로 "문화란 행위의 일부인 물질적 객체들과 아울러 특별히 인간에게 행해진 행위이다. 문화는 언어, 이상, 신념, 습관, 규범, 제도, 도구, 예술작품 등으로 구성된다"고 정의하고 있다. 또한 국제연합교육과학문화기구UNESCO에서는 2002년 인류문화유산에서 문화의 개념을 "한 사회 또는 사회적 집단에서 나타나는 예술, 문학, 생활양식, 가치관, 전통, 신념 등의 독특한 정신적, 물질적, 지적 특징"이라고 정의하고 있다.

오늘날 대중문화의 관점에서는 레이몬드 윌리암스Raymond Williams의 세 가지 문화적 범주를 자주 인용하고 있다. 전통적 의미의 문화로서 "기호작품이나 실천 행위", 그리고 더 나아가 대중문화의 영역으로 문화의 의미를 확대시키는 "의미를 나타내는 모든 실천행위"로서 의미를 생산·전달·해석하는 모든 실천적 과정들이 포함된다. 마지막으로 이 두 가지 문화적 의미를 모두 수용하는 광의의 차원에서 "문화는 한 인간이나 시대 또는 집단의 특정 생활방식"으로 총체화시킨다. 인간의 창의적 산물로서 문화는 지적·심미적 활동의 생산물인 동시에 그 안에는 문화의 상징 체계로서 그것을 전달·해석하는 행위인 것이다. 그리고 어느 시대나 집

단의 특정한 생활양식이라는 보편적 문화의 개념으로 논의하고 있다.[1]

앞에서 제시된 다양한 문화 개념들을 조합해볼 때 "문화는 인류의 보편성과 특수성을 갖춘 공통분모로 각각의 집단, 민족, 계급과 계층, 시간 속에서 공유되고 있는 의미, 가치, 생활방식으로 물질적 · 정신적 산물인 동시에 역사성과 현재성을 갖춘 의미해석과 실천의 과정이다."라고 할 수 있다.

3. 원형의 담론체계

문화원형에서 '원형'은 '주물鑄物의 틀型, Form', '본디 또는 진짜元型, Originality', '공통의 틀原型, Archetype'이라는 세 가지 의미를 내포하고 있다. 이 중에서 'Form'은 어떤 사물의 형태로, 'Archetype'은 근본적인 상징 · 성격 · 유형의 범주로 해석된다.[2] 예를 들어, 한국문화콘텐츠진흥원의 〈우리 문화원형의 디지털콘텐츠화 사업〉의 정책적 목적에 제시된 문화원형의 목적을 살펴보면 원형의 의미가 상징하는 것이 무엇인가를 알 수 있다. 이 사업의 목적은 "반만년의 풍부한 역사가 담긴 우리 전통문화와 삶의 집대성이자 창작의 보고寶庫"라고 문화원형을 제시하고 있다.

여기서 '전통문화와 삶의 집대성'과 '창작의 보고'로서 문화원형은 바로 보편성과 공통의 틀로서의 원형Archetype을 의미한다. 반면 '반만년의

---

1 원승룡 · 김종헌, 『문화이론과 문화읽기』, 서광사, 2001, pp.30-43(Williams, R, *Culture and Society (1780-1950)*, Penguin, 1977, pp.67-89).

2 정책기획위원회, 『한국 전통문화 원형 콘텐츠 개발 방안 연구』, 2007, pp.50-51.

풍부한 역사'와 '우리 전통문화와 삶'은 우리 민족의 역사성, 즉 우리 문화의 정체성을 내포하고 있다. 이것은 바로 고유성과 정체성으로서 실체 Originality의 의미를 내포하고 있다. 이 개념을 문화유산의 의미로 확장하면, 보편성과 공통의 틀로서 원형은 보편적이고 공동체적인 삶의 방식에 의해서 만들어진 인간 문명의 모든 물질적·정신적 산물이라는 문화 개념까지 포함한다. 따라서 원형의 의미 안에는 공동체의 물질적·정신적 산물의 문화가 기본 토대를 이루며 그 안에서 보편성, 고유성, 정체성의 요소들이 상호 유기적이며 상대적으로 결합되어 원형의 의미를 만들어낸다.

원형의 의미는 그것의 본질적 의미 규정까지 논점을 확대하는데, 공동체의 물질적·정신적 산물이 포함되는 보편성에 대한 논점은 정신분석학자 융Carl G. Jung의 '무의식'이라는 개념으로 보편성의 의미를 살펴볼 수 있다. 융은 원형을 인간의 집단 무의식 속에 공통적으로 자리 잡고 있는 보편적인 이미지의 패턴을 지칭하기 위하여 원형Archetype의 의미를 사용하였다.[3] 그는 "무의식을 개인 단위에서 형성되었다가 개인의 소멸로 인해 사라지는 것이 아니라 인류의 생성 이후 공통의 유산으로서 집단으로 형성하고 공유하는 인간의 무의식"으로 보고, "이 집단적 무의식은 개인의 꿈에서부터 집단의 신화와 전설을 형성한다. 그래서 인간은 선조의 과거 역사가 담긴 잠재된 기억 흔적의 창고이자 선조의 반복적인 경험축적의 부산물인 집단적 무의식Collective Unconscious을 지니고 있다."[4]고 하였다.

융의 이론을 발전시킨 앙리 코르뱅Henry Corbin은 이슬람 신비주의 철

---

3   베넷 E. 암스트롱, 김형섭 옮김, 『한 권으로 읽는 융』, 푸른숲, 1997, p.238.

4   베넷 E. 암스트롱, 김형섭 옮김, 전게서, 푸른숲, 1997, p.238.

학을 바탕으로 '이미지 세계Mundus Imaginalis'와 연결함으로써 원형에 대한 논의를 인간의 삶 전체로 확대하였다. 인간이 이미지의 세계를 경험적이고 감각적인 세계나 이성적이고 합리적인 세계와 대등하게 자신의 삶을 지탱해주는 '실재 세계Reality'라고 보고 있다. 종교의 전통은 인간의 삶에 원형적 해답을 제공해주고 인간의 무한한 상상력을 긍정하는 데 역할을 해왔다고 원형의 의미를 해석하고 있다.[5] 또한 융의 심리학을 재구성하여 원형심리학Archetypal Psychology을 확립한 제임스 힐만James Hillman은 의식과 무의식, 원형 자체와 이미지로서의 원형을 구분하지 않으면서도 원형이나 영혼의 심층적 이미지들이 표출된 다양한 문화현상을 분석하였다. 힐만은 영혼은 인간이 태초부터 존재했던 것이었는데, 로고스 중심의 이성적 이분법의 세계관에 의해서 상실된 것이라고 보고 있다. 하지만 인간의 종교행위, 꿈, 예술적 창작행위 등을 통해서 상실된 인간 원형으로서 이미지들을 다시 경험하게 된다고 보았다. 그것이 개인이든 집단이든 표출된 이미지들은 상호 공유될 때 그것이 보편적인 이미지를 갖는다[6]고 하였다.

융은 개인의 경험과 지식, 감성에 따라 원형이 다르게 의식화되고 지각되어서 그것이 표출되는 것도 개개인에 따라 다르다고 하였다. 그래서 그는 개인적 무의식과 집단적 무의식으로 이를 구분하였는데, 개인적 무의식은 프로이트의 전의식과 유사하며 상실된 기억이나 억압된 불쾌한 여러 표상으로 감정, 사고, 지각, 기억 등의 조직된 무리로서 복합Complex적이라고 하였다. 반면 집단적 무의식은 잠재된 기억의 저장소로서 집단

---

5   김교빈 외, 『한국문화와 콘텐츠: 문화원형의 개념과 활용』, 북코리아, 2009, p.21.

6   김교빈 외, 전게서, 2009, p.22(김재영, 「원형 이론의 이해: 칼 융과 그 이후의 논의를 중심으로」, 인문콘텐
     츠학회 워크숍 자료, 2005, pp.2-16) 참조.

무의식이 조직적으로 구성되어 있는 형태로서 원형Archetypes이라고 하였다. 그래서 나라마다 민족마다, 집단 공동체마다 변이된 원형의 속성을 갖는데, 신화의 해석에서 보편적으로 등장하는 동물들이 신화적 요소를 갖고 있지만, 그에 대한 의미해석은 민족·집단마다 다를 수 있다.[7] 이것은 인간 공동체 간의 고유한 원형이 집단적·정신적·물리적 행동의 경험에 의해서 고유한 원형의 결과로 표출되기 때문이다. 따라서 고유한 원형이 표출된 결과물이 바로 집단적 무의식으로서 원형이라고 할 수 있다.

위에 제시된 원형의 개념은 보편성과 공통의 틀로서 원형Archetype, 문화적 정체성의 의미로서 실체Originality를 뜻한다. 문화인류학적인 관점에서 인간 공동체가 유·무형의 행동 경험 양식에 의해서 표출되는 집단적 무의식을 원형으로 보았다. 예를 들어, 고려속요는 고려시대 개인 또는 집단이 공유하는 일종의 시대적 대중가요로서 공유되는 보편성을 갖고 있는 동시에 어떠한 시대를 살았던 어떤 계층에 속하는 사람들의 의식적 또는 무의식 속에 내재된 정서의 실체로서 원형이라고 할 수 있다.

4. 민족문화원형

문화원형은 일반적으로 민족문화를 말하는데, 개인이 아닌 집단이 역사적으로 공통적인 심리경험을 전제로 집단적 무의식의 내용물이 구체화된 보편적인 표상이자 결과물로서 민족문화를 말한다. 민족문화에는 문화

---

7   칼 구스타프 융, 한국융연구원 C.G. 융저작번역위원 옮김, 『원형과 무의식』, 솔, 2002, pp.55-73.

원형의 고유성이자 보편성으로서 공간, 시간, 문화주체, 사상, 예술, 생활, 기술 등을 포함하는 다양한 유·무형의 요소들이 포함되어 있다.[8]

문화원형에서 고유성의 틀은 시대적으로 다양한 문화적 현상들에 보편적으로 적용되는 전형성의 틀, 특정 지역이나 민족의 삶의 모든 방식으로서 정체성의 틀, 역사적으로 세대를 거듭하면서 어떤 문화가 그대로 전승되어오는 전통성의 틀, 지역과 지역, 민족과 민족 간을 구별해주는 문화적 구별방식으로서의 틀을 말한다. 따라서 문화원형은 문화의 원초적 형태에서부터 어떤 집단의 정체성을 가진 전형적인 문화, 특정집단이 지향하는 가치를 갖는 문화의 원형질 같은 것이다.[9]

문화원형에서 보편성의 틀은 원형이 개인이 아닌 집단적 무의식으로 표출되는 것으로 개인과 개인이 서로 커뮤니케이션을 통해서 약속된 코드가 집단적으로 발전하여 공통의 코드로 형성된 원형을 말한다. 예를 들어, 오랜 역사를 가진 민족이나 국가들은 고유의 건국설화들을 갖고 있다. 건국설화에 등장하는 캐릭터 유형들을 살펴보면, 대부분 하늘의 신들, 신과 인간을 연결해주는 신의 속성과 인간의 속성을 가진 영웅들의 모험담들이다. 그리고 이러한 유형들은 전 세계 어느 나라의 설화에서도 발견할 수 있는 공통점을 갖추고 있다. 반면 신과 영웅의 이름이나 모험담의 내용들이 다른 것은 바로 각각의 나라와 민족이 가진 독창성이자 차별성이다. 바로 건국설화의 공통점은 문화원형에서 보편성에 해당되고, 한 민족 내에서도

---

8   김교빈, 「문화원형의 개념과 활용」, 『인문콘텐츠』 제6호, 인문콘텐츠학회, 2005, p.9.

9   배영동, 「문화콘텐츠화 사업에서 '문화원형' 개념의 함의와 한계」, 『인문콘텐츠』 제6호, 인문콘텐츠학회, 2005, pp.41-48.

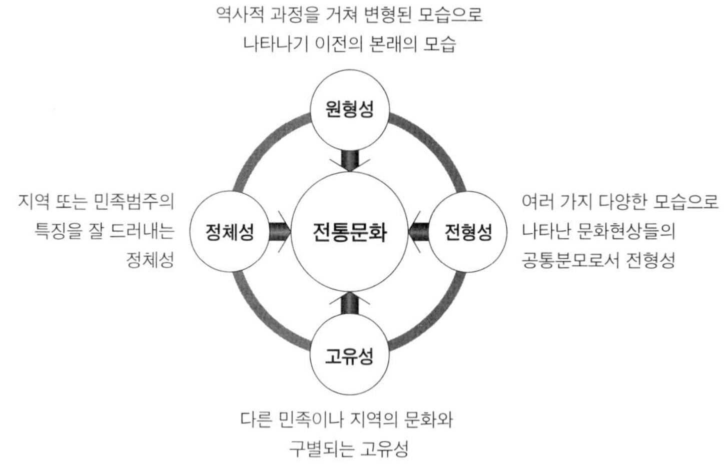

그림 1 문화원형의 전제조건들[10]

차이가 발생할 때 바로 문화원형에서 고유성에 해당된다.

문화원형의 보편성과 고유성으로 표출된 결과물의 대표적인 것이 문화유산이다. 소위 무형문화재, 유형문화재, 풍속, 국악, 전통 민속놀이 등이 바로 문화원형이라고 할 수 있다. 이러한 문화원형은 집단의 고유성·역사성·전통성·문화현상·민족성·지역성의 요소들을 갖고 있다. 이것이 형성되는 것은 역사적으로 개인의 경험이 축적되어 집단의 공통적 의식행위로 표출되고, 그것이 세대 전승을 통해 공동체적 경험이 지역성과 고유성을 갖게 된다. 이것이 확대되어 전 공동체적 문화현상과 민족성으로 발전되면서 전통성을 갖게 된다. 결국, 이러한 단계를 통해서

---

10   김교빈, 전게서, 2005, p.47.

문화원형의 속성들을 갖게 되는 것이다.

문화원형의 전제조건들은 문화의 전승 과정 속에서 이러한 특성을 갖게 되고, 이것이 집단을 넘어서 민족으로 표상表象화되었을 때 민족문화가 되는 것이다. 따라서 민족문화원형은 다른 민족과의 차별을 통한 주체성과 민족 구성원 사이의 공감대에 바탕을 둔 정체성이 담겨 있다. 여기에는 다양한 지역적·시간적 분화가 가능한 전형성, 그리고 창의력과 상상력이 담겨 있다. 이것은 민족의 문화원형이 시대별·지역별 변화로 인식하게 하고, 미래의 민족문화가 나아갈 방향을 결정해주는 특성들이다. 이러한 개념은 문화원형이 시간과 공간, 정신적·물질적인 영역에서 여러 가지로 구분해볼 수 있고, 오래된 것만이 아닌 미래의 것으로 전이되어 나타날 수 있다는 것을 보여준다.[11]

한국문화콘텐츠진흥원의 〈우리 문화 민족문화원형 발굴사업〉에서

표 1 민족문화원형의 특성[12]

구분	내용
문화적 정형성	시대적 자극과 충돌을 겪으면서 외면적으로 변화하기도 하지만 내면적으로 비슷한 유형의 본성을 유지함.
문화적 정체성	고대부터 현재까지 문화적 교류를 지속하면서 특수한 역사적 조건, 생태적·시대적 환경에 따라 다양한 형태의 문화를 생산하는 문화 생성의 힘.
문화적 동질성	신화, 전설, 민담, 언어, 노래, 예술, 문학작품 등에서 드러나거나 놀이, 의례, 말, 풍속 등에서 나타나는 공통된 행동유형.

11　김교빈, 전게서, 2005, pp.47-49.

12　한국문화콘텐츠진흥원 편집부, 『2004 문화원형 콘텐츠총람』, 한국문화콘텐츠진흥원, 2004, pp.16-21.

제시된 민족문화원형의 개념은 바로 문화적 개념으로서의 문화원형의 특성들을 담고 있다.

민족문화원형에는 이렇듯 민족적 정체성이 내재되어 있다. 민족문화의 정체성을 개인·집단·민족등의 저변에 깔려 있는 집단 무의식 또는 의식의 발현으로 자아를 찾으려는 문화적 본색으로 정의한다면, 민족문화원형은 문화의 보편성과 특수성을 갖추고 있어야 한다. 따라서 민족문화는 개인 또는 집단, 민족과 구별해주는 특수성을 갖추고 있어야 하고, 그것이 역동적이고 구성적이며 집단 또는 민족 구성원들 사이에서 널리 공유되는 문화적 성향이어야 한다.

02

민족문화원형의 특성과 활용가치

1. 문화원형의 특성

문화산업시대 문화원형은 다양한 범주와 형태로 문화콘텐츠에서 활용가치를 내재하고 있다. 한국문화콘텐츠진흥원은 문화원형이 공시적共時的이고 통시적通時的인 관점에서 문화원형의 요소인 '지역성'과 '시대성'에 따라 변화될 수 있고, 다양한 스펙트럼으로 문화원형이 확장될 수 있다고 보고 있다. 따라서 각각의 문화원형은 시간 및 공간을 다른 다양한 범주의 문화원형과 비교하여 각기 보편성과 특수성을 갖고 있는데, 보편성은 커뮤니케이션에 의한 공유로서 생성되는 것이며, 특수성은 시공간적 차이에 따라 각각의 집단공동체 간의 차별되는 정체성과 주체성에서 생성되는 것이다.

정보통신기술의 발달로 인해 형성된 초고속 정보산업사회에서 문화콘텐츠 산업의 논리가 전통적인 기초학문 분야에까지 확장되고 있다. 디지털 미디어의 시대에 과학기술, 문화, 예술의 융합이 문화원형과 만나면서 문화콘텐츠는 이제 사회·문화·경제 전 분야에 걸쳐 문화적·경제적 가치를 창출하는 문화산업의 패러다임으로 자리 잡고 있다. 문화원형의 인문학적 가치를 논하는 것은 바로 콘텐츠의 원천으로서의 문학, 역사적 사료史料 활용과 지식정보화로서의 역사학, 문화원형과 민속학, 문화 이해와 문화인류학, 종교학, 콘텐츠 감성공학 등 다양한 인문학적 분야에 적용되는 것을 말한다. 이러한 관점에서 문화원형이라는 것이 물리적으로 한 가지 속성으로 되어 있어서 처음부터 변하지 않는 그 원형 자체가 아니라 원래의 모습에서 벗어나 끊임없이 돌연변이를 일으키며 변하는 속성을 지니고 있다.[13] 이것은 문화원형의 활용적 관점에서 해석된 문화원형의 속성이라고 할 수 있다.

문화원형에 담긴 원형성, 잠재성, 활용성을 발굴하여 매체 간 상호 접목을 통해서 새로운 문화 창조의 과정을 문화콘텐츠라고 한다면, 문화원형의 인문학적 가치는 먼저 학문적 연구의 소재, 대상, 학문적 문법 등의 경계를 허무는 것이다. 이것은 바로 문화원형이 콘텐츠와 접목되면서 다多학문의 통합성과 다양한 문화 창출의 효과, 시공을 초월한 활용성을 갖추고 있다는 것이고, 문화원형이 콘텐츠화되는 과정에서 재현Represent과 복원Restoration을 통해서 문화적 가치를 창출하는 기반인 동시에 현실적 적용과 구현이라는 활용성을 본질로 하고 있다.[14]

그런데 문화원형의 가치 창출이라는 관점이 자칫 상품화를 통해서 가치평가가 이루어진다면, 인문학적 상상력 제고 요구가 문화 속에 있는

---

13   임경호 외, 「문화원형을 소재로 한 문화콘텐츠화에 관한 연구」, 『한국디자인포럼』, Vol.19, 2008, pp.171-175.

14   심승구, 「한국의 술 문화의 원형과 콘텐츠화」, 인문콘텐츠학회 학술심포지엄 발표자료집, 2005(최연구, 『문화콘텐츠란 무엇인가?』, 살림, 2006, p.58).

역사성과 민주성을 오도할 가능성이 존재한다. 그래서 근본적으로 학문, 인문학, 철학과 문화, 예술, 사회의 소통은 오로지 이윤추구만을 목적으로 하는 삶이 아니라 인간의 일상적 삶의 질을 고양시킬 것이다. 문화콘텐츠라는 내용을 어떤 모양과 성격의 그릇에 담을 것인가도 문화원형 가치 논의에 필요하다. 동시에 전통적 의미의 인문학이나 철학, 예술 등 문화 전반에 대한 커뮤니케이션의 담론들을 더욱 폭넓게 수용할 필요가 있다.[15] 또한 인문학적 가치로 문화원형을 발굴 및 창조하는 과정은 문화민주주의를 통해서 대중과 열린 사고로 문화 사료를 공유하고, 그것을 새로운 지식산업 자원으로 개발하는 데에도 큰 역할을 한다.

민족문화원형의 원형성

문화원형의 원형성은 문화의 기층基層에 자리하고 있는 본질적 가치로서 문화권의 구성원 공동체 또는 민족의 개성, 집단 무의식, 독특한 문화의 의지와 지향을 담은 공동체 문화의 순수 질료라고 할 수 있다. 원형성을 구성하는 고유성과 보편성의 요소 중에서 원형성은 고유성으로서 바로 문화적 개성을 말한다. 그래서 원형성의 개성에 의해서 민족 간, 국가 간 문화적 차이가 발생하는 것이다. 또한 원형성은 불변성을 갖고 있으며, 그것은 현실적으로 가시적이며 감각적이다. 문화원형이 문화콘텐츠가 되더라도 그 문화원형이 가진 본질적인 가치는 변화하지 않는다는 것이며, 현실적으로 문화원형은 감각적이며 구체적으로 드러난다.

---

15   박상환, 「인문학의 '위기'와 문화연구를 위한 시론」, 『대동문화연구』 제57집, 대동문화연구원, 2007, pp.5-9.

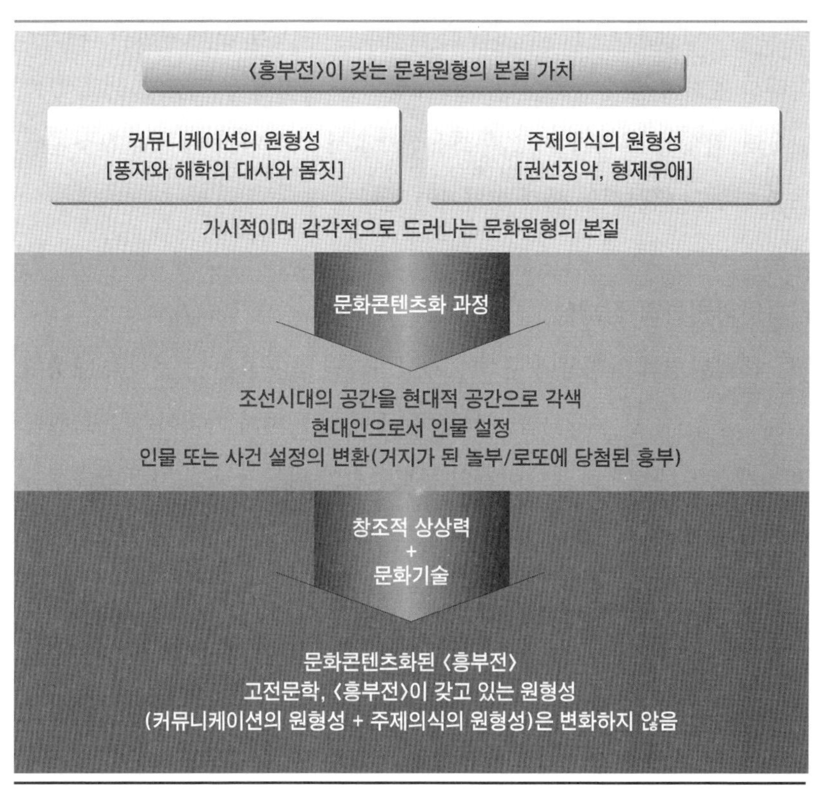

그림 2 고전문학 〈흥부전〉의 문화원형으로서 가치구조

예를 들어, 우리 고전문학인 〈흥부전〉이라는 문화원형을 현대적 공연 예술 장르인 '뮤지컬'로 각색하여 시대적 배경과 등장인물을 현대적으로 재조명해도 〈흥부전〉이 갖고 있는 문화원형으로서 가치인 '풍자와 해학', 그리고 '권선징악'의 주제는 변화하지 않는다.

마찬가지로 고구려의 역사와 관련된 〈대조영〉, 〈주몽〉, 〈연개소문〉 등의 TV 드라마도 고구려의 문화원형이라고 할 수 있는 '웅대한 대륙의 꿈과 진취적 기상의 정신'의 주제의식은 아무리 창조적 상상력에 의해서 역사적 사실과 다르게 서사성을 부여해도 그 원형성은 변화하지 않는다. 따라서 문화유산이 문화콘텐츠로 개발되는 과정에서 그것이 갖고 있는 고유의 원형성 자체가 바로 문화유산으로서 가치이기 때문에 문화콘텐츠를 이루는 핵심적인 본질이 되어야 한다.

민족문화원형의 잠재성

문화원형의 원형성이 문화의 개성이라면 잠재성은 이 문화적 개성이 오늘날을 살아가는 우리에게 전해주는 문화의 의미와 가치이다. 문화원형의 잠재성은 콘텐츠화되기 이전의 문화원형의 원천 소스가 가진 잠재성을 발견하는 것이다. 그러나 문화원형의 잠재성은 구체적으로나 현실적으로 드러나거나 감각적이지 못하다. 문화는 생성과 소멸, 변이를 통해서 세대 전승된다. 시대적으로 문화 패러다임의 변화를 통해서 어떤 문화는 생성되고, 어떤 것은 소멸하며, 또한 기존 문화는 새롭게 변이된 문화로 재탄생하게 된다. 소멸한 문화원형을 발굴하려고 할 때 문화원형으로서 가치와 향후 문화콘텐츠로서 개발될 가능성에 대한 의구심을 갖게 된다. 즉 문화원형의 잠재성은 가치에 있어서 목적과 이유를 내포하고 있다.

예를 들어, 연등축제 또는 연등놀이하면 주로 불교 의례행사로 알려져 있다. 그러나 연등놀이는 우리 고유의 민속놀이로서 일제시대에 사라진 놀이문화이다. 옛날 우리 선조는 간절한 소망과 염원을 등에 담았고 그것을 상징할 만한 대상을 골라 독특하고 다양한 모양의 등을 만들었다. 등은 집에 매달기도 하고 의식행위처럼 소각되기도 하였다. 그래서 우리는 물에 띄우며 소원을 빌었던 유등流燈놀이를 잘 알고 있지만 그 외에 등을 활용하여 공중에 날렸던 풍등風燈, 그림자놀이를 즐겼던 영등影燈, 호기呼旗

놀이, 관등觀燈놀이, 만석중놀이 등의 등놀이에 대해서는 잘 모른다.

등놀이 문화에 등장하는 문양들은 모두 각각의 상징성들을 담고 있는데, 물을 관장한다고 알려진 용은 비와 관계되어 풍년을 바라며 용등을 만들었다. 호환虎患의 위험으로부터 벗어나고 소재영복消災迎福을 기원하면서 호랑이 등을 만들었고, 다산多産과 풍요를 기원하면서 수박등, 마늘등, 석류등을 만들었다. 그리고 무병장수를 기원하면서 거북등과 학등을 만들었다. 이것은 등이 갖는 본래의 의미로서 빛이 희망, 소원, 종교적 주술을 담고 있기 때문이다.

반면 소멸된 민속놀이 중 석전희石戰戲, 일명 '돌싸움'놀이의 경우 개천이나 넓은 도로를 사이에 두고 혹은 강을 사이에 두고 주민들끼리 서로 편을 갈라 돌을 던지며 싸우는 놀이였다. 이 놀이에서 석전은 생生과 사死의 혼전混戰을 이룰 정도로 매우 격렬한 신체활동이 중심을 이루었으며 우리 민족의 오랜 무예풍습과도 같은 매우 과격하고 호전적인 놀이였다. 하지만 이 민속놀이는 그 사람에게 해害를 가하는 돌을 가지고 하는 놀이라서 위험성이 크다. 이 놀이는 일제시대와 근대화를 거치면서 사라졌다. 그런데 이 놀이의 문화원형을 복원한다는 것은 문화원형의 잠재성으로 놀이가 갖는 위험성 때문에 대중적 인식이 부족하다. 따라서 놀이의 소재를 사람에게 해를 가하지 않는 것으로 대신하여 복원할 수 있으나 놀이 형식이 단순하고 그 자체가 문화원형의 잠재적 창조성이 부족하다. 비록 놀이문화는 소멸되었지만 호기놀이나 만석중놀이 등의 문화원형을 복원한다는 것은 이것이 소멸된 우리 문화유산을 보존하고 계승한다는 차원에서 문화원형의 복원 목적을 갖추고 있으며, 복원한다는 것은 문화원형의 잠재적 활용 가치를 찾는 것이다.

민족문화원형의 활용성

문화원형의 활용성은 먼저 원형성과 잠재성이 확보되어야 성립되는 특성을 갖고 있으며, 이러한 특성을 바탕으로 실질적으로 문화산업에서 활용될 수 있는 가능성을 의미한다. 문화원형의 잠재성이 문화원형 발굴을 목적으로 한다면, 문화원형의 활용성은 발굴한 문화원형을 어떻게 활용할 것인가에 대한 것이다. 여기에는 두 가지 특징이 있는데, 활용성은 바로 직접적인 수용자의 커뮤니케이션이 이루어지는 과정을 중시하며, 어떻게 활용할 것인가에 대한 것은 바로 창조적 상상력의 과정이다.

예를 들어, 2006년 프랑스 파리에서 열린 '후즈 넥스트Who's Next'에서 이상봉 패션디자이너가 선보인 한글 패션은 우리 문화원형이라고 할 수 있는 한글을 캘리그라피로 패션디자인에 활용한 전통문화원형콘텐츠 상품이다. 이 한글을 디자인화한 '한글 패션'이 다양한 문화산업체의 문화상품 기획 및 제작에 영향을 주어 이상봉 한글 디자인으로 휴대폰LG싸이언 샤인 디자이너스 에디션(Shine Designer's Edition), 침구신세계이마트 이상봉 메종(Liesangbong Maison), 주방용품행남자기+유라(Jura) 아트(ART) 시리즈 에스프레소 커피잔 리미티드 에디션, 담배KT&G 에쎄 골든 리프 스페셜 에디션, 아파트금호건설 어울림 & 리첸시아까지 널리 활용되고 있다.

수용자의 커뮤니케이션은 시대적으로 문화 패러다임의 변화를 통해서 그것을 수용할 수 있는 사회구성원의 인식변화에서 찾을 수 있다. 예를 들어, TV 드라마 〈대장금〉이 흥행을 하면서 기존에 왕권이나 영웅 중심의 역사 드라마의 서사성 패턴이 피지배被支配계층의 민중, 여성, 기생, 노비 등으로 사극 드라마의 소재들을 다양화시키는 계기가 되었다. 이러한 대장금의 흥행이 없었다면 아직도 TV 사극 드라마는 영웅 중심과 왕권 중심에

사진 1 문화원형 '한글'을 활용한 이상봉의 한글 디자인 응용 사례[16]

서 벗어나지 못했을 것이다. 그래서 최근에 인기를 끌었던 '도망간 노비를 쫓는 추적꾼'라는 TV 사극 드라마 〈추노〉도 성공하지 못했을 것이다. 물론 이 드라마가 빠른 사건전개와 화려한 액션신이 흥행의 요소로 지목되지만 기존의 TV 사극에서 다루지 않은 흥미적 요소로서 노비 문제를 중심적으로 다루고 있다는 장점이 있기 때문이다. 조선시대에 도망간 노비를 쫓는 추노꾼이 있었다는 것은 드라마적 허구이다. 그러나 이와 비슷한 관청이 조선시대에 존재했다는 것은 역사적 기록에 남아 있는데, 1655년 효종 6년차 도망간 노비를 잡기 위해 추세도감이 있었다. 이 관청은 도망간 노비를 잡는 일을 전문적으로 담당하는 임시관청이었다. 이것이 TV 드라마 〈추노〉의 문화원형이라고 할 수 있다. 결국 이 드라마의 인기는 〈대장금〉과 비슷한 계층의 인물들을 중심으로 다루는 TV 사극 드라마들

---

16 LG-SV420(www.cyon.co.kr); KT&G(www.ktng.com); 행남자기(www.haengnam.co.kr) 사진 인용, 한글 캘리그라피(이상봉 www.liesangbong.com) 인용.

사진 2
KBS 드라마 〈추노〉 포스터,
Copyright © 2010 KBS

이 인기를 끌지 못했다면 나올 수 없는 문화콘텐츠의 소재이다. 결국 대중의 사극 드라마에 대한 기호성이 TV 사극 드라마 〈추노〉를 받아들일 수 있는 문화적 패러다임이 형성되었기 때문이다.

창조적 상상력은 TV 사극 드라마 〈추노〉의 캐릭터들이 실제 존재하지 않은 추노꾼을 가공인물로 창조한 것이다. 즉 문화원형에는 이와 비슷한 소재가 있지만 실제로 추노꾼에 대한 어떠한 역사적 기록도 없으며, 단지 관청이 있었다는 것만 기록되어 있다. 추노꾼을 설정하고 쫓고 쫓기는 사건전개를 통해서 드라마적 흥미를 만들어내는 서사구조는 작가적 상상력에 의해서 가공된 세계이다.

결국 문화원형의 활용성은 그것이 문화콘텐츠로 되었을 때 수용자가 그것을 수용할 수 있는 기호형성에 영향을 받는다는 것이다. 문화원형의 잠재성으로 공공재적 목적성에 치우치게 되면 단지 1차적인 인문학적 가치로서 문화원형이 존재할 수밖에 없다. 하지만 그것이 갖는 파급효과에 대한 활용성을 검토하고, 창조적 상상력에 의해서 그것을 재창조하는 것은 문화원형콘텐츠가 윈도Window 효과나 OSMU 효과처럼 무궁한 콘텐츠 영역으로 활용성을 극대화시킬 수 있는 가능성을 찾는 것이다.

문화콘텐츠의 인문학적 접근 방식은 문화콘텐츠 창작을 위한 소재로 문화원형을 개발 및 제공하여 활용되도록 함으로써 문화콘텐츠 산업의 21세기 신新자원으로 문화원형의 활용 가능성을 제시하였다. 또한 문화콘텐츠 창작의 기반이 되는 인문·예술, 지역문화와 문화콘텐츠 산업

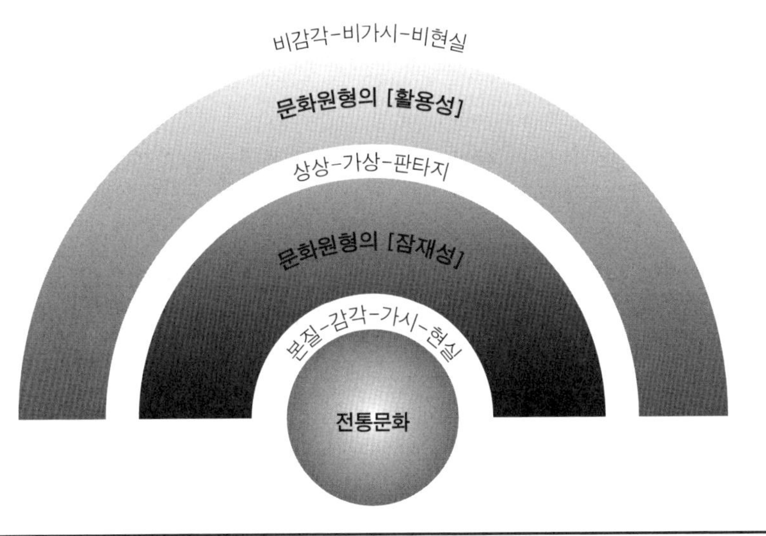

그림 3 문화원형의 특성

간의 교류와 소통을 가능하도록 함으로써 산업의 체질이 개선하였다는 데 그 성과와 의미가 있다.[17] 특히 2009년 한국문화콘텐츠진흥원의 제2차 문화원형 디지털콘텐츠 사업의 중점적인 목표로 제시되는 것이 바로 문화원형의 인문학적 상상력에 중점을 두는 것이다. 문화콘텐츠 산업의 핵심인 다양한 소재를 발굴, 제공함으로써 창작의 편의성을 재고再考할 뿐 아니라 고증과 재현을 바탕으로 한다. 그래서 원형자료에 근거한 작품 제작을 가능케 함으로써 콘텐츠의 완성도를 높이는 계기를 마련하는 데 문화원형의 인문학적 접근방식이 중요하다는 것을 시사해주고 있다.

문화원형이 다양한 문화기술Cultural Technology과 접목되어 문화경제적 가치를 창출한다고 하지만 그 기본 토대를 이루는 것은 인문학적 상상력으로서 기획력과 창의력이다. 예를 들어, 고려속요가 그 시대를 살았던 사람들의 인문학적 상상력으로 만들어진 문학 장르이지만 후대에 와서 그것의 역사적 연구이든 문학적 연구이든 그것에는 학문적 상상력이 필요하다는 것이다. 인문학적 지식에 의해서 고려속요가 갖고 있는 문화원형의 활용가치를 발굴·수집·정리하고, 그것을 다시 다양한 문화적 매체들로 창조할 수 있는 전제조건으로서 문화원형인 고려속요가 인문학을 전제로 한다는 것이다.

따라서 민족문화원형을 다양한 문화콘텐츠로 개발하기 위해서는 먼저 우리 전통문화에 대한 역사적·지리적·문화적 연구로서 인문학적 연구가 토대를 이루어야 한다. 후기 자본주의 사회에서 문화콘텐츠를 생산과 교환의 상품적 가치로 해석하는 것을 경계하는 동시에 문화의 지향

---

17   박상환, 「문화콘텐츠와 인문학의 소통과 가능성」, 『인문과학』 제41집, 인문과학연구소, 2008, pp.219-223.

점으로서 문화콘텐츠의 '소통'의 가치로 새롭게 해석해야 한다. 오늘날 문화콘텐츠는 문화, 철학, 인문학, 예술이 소통할 수 있는 상품적 가치로서 새롭게 문화콘텐츠의 개념이 정립되어야 한다.[18]

민족문화원형을 문화콘텐츠로 개발하는 데는 민족문화가 갖고 있는 원형적 가치로서 인문학, 문화, 철학, 역사 등의 다양한 요소들이 함께 고려되어야 한다. 따라서 문화원형을 문화콘텐츠로 개발하는 데 있어서 거기에 다양한 창조적 상상력으로 스토리텔링, 디자인, 디지털 기술, 문화콘텐츠 장르의 문법과 기술, 데이터베이스 등의 일련 작업들이 필요하다.

2. 문화원형의 활용가치

문화원형의 활용은 문화원형이 갖고 있는 소재적 특성을 유형화시키는 것이다. 일반적으로 문화원형을 분류하는 기준은 현재 학술적으로나 문화정책으로 체계화되어 있지 못하다. 이러한 이유는 문화원형에 대한 충분한 학문적 연구보다는 문화원형의 문화콘텐츠 개발에 대한 정책적 담론이 먼저 선행되기 때문이다.

한국문화콘텐츠진흥원은 2002년부터 2005년까지 우리 문화원형을 '상상', '감동', '역동', '지혜'로 분류하여 각각의 유형에 따른 사업과제를 제시해왔다. 이러한 분류 체계는 시간과 공간축으로 전 시대를 총괄하는 시대에서부터 가상 시공간까지 문화원형을 확대시키고, 네 가지 각각의

---

18   박상환, 전게서, 2008, pp.223-227.

유형별로 선정된 문화원형 개발 과제가 제시되어 있다.[19]

서사성을 갖추고 있는 신화와 전설, 민담, 역사, 문학 등과 관련된 선정과제는 〈상상력에 날개를 다는 우리 이야기〉를 주제로 한 이야기형 문화원형 과제이다. 예술로서 회화, 서예, 복식, 문양, 음악, 춤 등은 한국 고유 미의식의 정수를 추구하는 〈감동적인 아름다움〉을 주제로 예술형 문화원형 과제이다. 전투, 놀이, 외교, 교역 등의 과제는 생생한 삶의 현장을 섭렵하는 〈역동적으로 변화하는 삶의 모습〉을 주제로 전략형 문화원형 과제이다. 또한 건축, 지도, 농사, 어로, 음식, 의학 등의 과제는 〈기나긴 세월동안 쌓아온 삶의 지혜〉를 주제로 한 과학기술형 문화원형 과제이다.[20] 특히 이야기형 문화원형 과제는 스토리텔링을 통해서 스토리뱅크 또는 문화콘텐츠로서 활용하기 위한 것인데, 주로 서사적 요소를 갖추고 있는 것으로 분류하고 있다. 그러나 예술형을 비롯한 과학기술형 문화원형 과제속에서도 충분히 창조적 상상력에 의해서 서사적 요소의 도출이 가능하다는 점이 반영되어 있지 못하다. 예를 들어, 전투, 춤, 의학, 음식 등의 요소들이 스토리텔링을 통해서 충분히 서사성을 갖춘 문화콘텐츠 장르로 개발될 수 있다. 따라서 문화원형의 소재적 활용에 대한 좀 더 세분화되고 전문화된 분류기준이 필요하다.

2008년 한국문화콘텐츠진흥원은 7년 동안 문화원형 선정과제를 총람하면서 문화원형 분류기준을 주제별로 세분화시켰다. 세 가지 중심 주제별로 세분화하여 이야기형 소재, 디자인형 소재, 정보자료형 소재로 제

---

19   한국문화콘텐츠진흥원, 『문화원형 콘텐츠 총람』, 2003-2005.

20   한국문화콘텐츠진흥원, 전게서, 2003-2005.

시하였다. 이야기형 주제의 소재는 구비문학, 기록문학, 정치, 경제, 생업, 종교, 신앙, 인물로 세분화시켰다. 디자인형 주제의 소재는 회화, 미술, 공예, 음악, 군사, 외교, 의식주복식/음식/건축로 세분화시켰다. 정보자료형 주제의 소재는 과학기술의약, 교통, 통신, 지리, 천문, 풍수우주관, 의례, 놀이, 연희, 문화일반 등으로 세분화시켰다.[21]

주제별 분류기준은 좀 더 전문화되고 세분화된 문화원형의 소재활용 기준으로 각 주제별로 제시된 소재들의 범주가 너무 광범위하다는 문제점을 드러내고 있다. 예를 들어, 이야기형 주제의 소재들을 보면 '인물들'에 대한 것은 서사성을 갖추고 있다고 볼 수 있다. 정치, 경제, 생업, 종교, 신앙 등은 작가적 상상력에 의해서 서사적 모티브를 추출하여 스토리텔링의 구조를 갖출 수 있는가에 대한 한계로 지적된다. 또한 정보자료형 소재들에서 '연희'나 '놀이'의 경우 그것의 절차 또는 형식상 일정한 규칙을 갖추고 있다. 그래서 충분히 서사적 모티브를 추출할 수 있는 가능성을 가진 소재이지만 정보자료형 소재들로 분류되었다.

문화원형은 문화콘텐츠의 OSMU 전략에 의해서 다양한 문화상품으로 개발되는 소재를 제공할 수 있다. 또한 출판콘텐츠, 교육콘텐츠, 게임콘텐츠, 영상콘텐츠, 디자인콘텐츠, 공연콘텐츠 등으로 개발되어 경제적인 고부가 가치를 창출한다. 문화원형의 활용도별로 많은 개발사례를 제공하는 것이 바로 디지털콘텐츠이다. 디지털콘텐츠에 활용된 문화원형은 주로 우리 전통문화원형의 발굴과 보존을 위한 아카이브적 활용가치를 높이고, 사용자의 편의성에 맞게 디지털콘텐츠화하여 문화원형을 대

---

21   한국문화콘텐츠진흥원, 『문화원형 콘텐츠 총람』, 2008.

중화하는 데 목적을 두고 있다. 따라서 문화원형을 다양한 문화콘텐츠로 활용하기 위해서 디지털 기술을 사용하여 디지털 아카이브Digital Archive 및 데이터베이스Database를 구축하기도 한다.

문화원형의 활용에 있어서 문화콘텐츠 이용자가 문화원형을 어떻게 응용 활용하는가에 따라 문화원형의 활용 유형을 분류하기도 한다. 이용자의 관점에서 문화콘텐츠를 구성하는 시나리오 기획, 등장인물의 캐릭터 설정, 시대적 배경에 따른 의복, 소품, 건축 등 다양한 요소 중 일부에 문화원형을 활용하는 것으로 분류한 기준이다.[22] 이 기준은 문화원형의 소재를 창조적 상상력으로 기획하고, 콘텐츠의 활용목적에 따라 스토리텔링으로 유용하다. 아울러 문화콘텐츠 시장에서 어떤 유형의 문화원형 소재의 수요가 늘어날 것을 예상하고 이와 관련된 소재 검색 및 제공을 목적으로 하는 문화원형 스토리뱅크Storybank의 구축에 활용할 수 있다. 즉 문화콘텐츠 시장에 관련 분야와의 접근성, 소재의 경쟁력 등을 파악하여 각 주제별 스토리Story 소재의 독창성과 스토리텔링화에 대한 가능성을 파악하여 스토리텔링 데이터베이스를 구축하는 데 활용 가능하다. 또한 스토리텔링과 관련된 텍스트뿐만 아니라 사용자의 이해를 돕기 위한 다양한 디지털 기술들도 스토리뱅크 구축에 필요하다.

---

22 김교빈, 「문화원형의 개념과 활용」, 『인문콘텐츠』 제6호, 인문콘텐츠학회, 2005, pp.12-17.

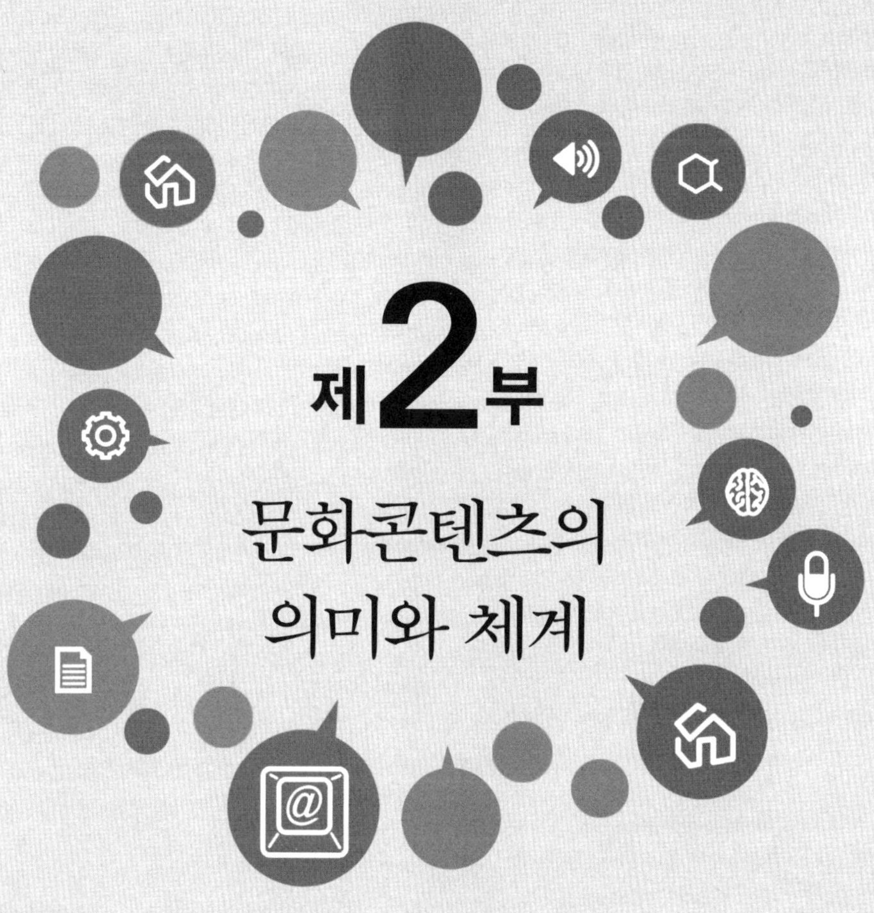

제2부

문화콘텐츠의 의미와 체계

01

문화원형, 문화콘텐츠의 의미와 체계

1. 문화원형의 문화콘텐츠

문화원형은 과거의 것에 머물지 않고 동시대를 살아가는 사람들이 공유하는 의미체계도 담고 있다. 과거의 역사적 사실 또는 역사적 유물이 오늘날 TV 드라마, 영화, 디자인, 게임 등의 문화콘텐츠로 개발되어 대중문화가 되고, 동시대의 문화원형이 변형되어 새로운 문화콘텐츠로 개발되어 새로운 문화산업적 가치를 창출한다. 문화원형은 역사성과 동시대성을 갖추고 있으며, 적층되는 특징을 갖고 있다. 역사적 적층성과 동시대성이라는 것은 문화원형이 역사적으로 소멸되기도 하지만 소멸되지 않고 적층되어 변형을 통해 새로운 의미체계를 계속해서 만들어낸다.

지금까지 문화원형의 문화콘텐츠 활용성은 문화원형이 갖는 원형성이 무엇이고, 이것이 어떻게 문화콘텐츠 장르의 속성에 맞게 변형되거나 원형의 속성이 전승되었는가보다는 원형성이 무엇이고, 결과적으로 어떤 문화콘텐츠 장르로 개발되었다는 결과론적 관점에서 논의되는 한계를 갖고 있다. 이러한 원인은 문화원형이 문화콘텐츠화된 과정에 대한 단순한 인문학적 연구를 확대하여 그것이 만들어낸 사회적 · 정치적 · 문화적인 의미체계를 다양하게 논의되지 못했기 때문이다.

문화연구의 담론은 대중문화연구의 측면에서 머물지 않는다. 전 세대를 걸쳐 축척 · 변형되어온 문화원형이 동시대에 어떠한 의미를 생산하고 실천하는가에 대한 문제도 중요하다. 문화원형에서 소재발굴 및 창조적 상상력에 의해서 문화콘텐츠 상품이 되었을 때, 문화원형이 어떤 원형적 의미와 구조로 문화적 생산물이 되거나 창조적 상상력과 문화기술에 의해서 변형되어 어떤 새로운 의미를 생성하는가는 문화연구와 일맥상통하는 부분이다. 특히 대중이 어떻게 그것의 의미를 해독하고 수용하는가에 대한 논의도 문화원형의 가치활용 만큼 중요한 문화연구의 과제이기 때문이다.

문화에 대한 의미 실천적 개념과 원형의 활용성과 잠재성은 바로 문화의 의미 실천으로서 문화원형을 수용자가 어떻게 수용할 것인가에 대한 의미체계에 대한 논의 함축성을 담고 있다. 문화원형의 활용성에 있어서 대중문화연구의 방법론이 필요하다는 것을 보여준다. 그러나 문화원형에 대중문화연구의 방법론을 대입하는 것에는 몇 가지 전제조건이 필요하다.

첫째, 문화원형의 개념에서 문화가 사회적 공동체가 공유하는 의미체계라고 할 때 이 조건에서 '공유하는'은 일종의 커뮤니케이션이고, '의미체계'는 구조이자 약속된 규칙으로 일종의 코드라고 말할 수 있다. 따라서 문화원형은 커뮤니케이션의 관계형성을 통해서 논의되어야 한다.

둘째, 문화원형은 그 자체가 문화상품으로서 활용되는 경우도 있지만 문화기술 또는 창조적 상상력에 의해서 변형되어 문화콘텐츠 상품이 되는 경우도 있다. 문화원형은 그 자체도 의미체계를 갖고 있지만 문화콘텐츠화된 문화원형은 더 많은 의미체계들을 담고 있다. 따라서 문화원형의 문화적 연구담론에서는 문화원형 그 자체보다는 문화콘텐츠로 개발되는 과정 또는 문화상품화된 문화콘텐츠에서 다양한 의미작용이 가능하기 때문에 문화원형 그 자체의 속성보다는 문화콘텐츠 속에서 다양한 문화연구의 방법론을 활용할 수 있다.

셋째, 문화원형의 의미작용을 해석하는 관점에서 다양한 의미체계와 메시지들을 갖고 있다. 그래서 문화연구의 관점에서 단지 정치적 이데올로기의 측면만으로 사회문화적 컨텍스트들을 해석하기보다는 다양한 문화적 담론들로서 해석될 수 있다. 문화는 일상적 문화 실천을 포함한 총체적 이데올로기를 담고 있기 때문이다. 아울러 문화원형의 역사적 수용과 동시대적 수용에 있어서도 역사적 수용과정에서의 의미체계가 동시대적으로 변용되어 달리 의미체계를 형성하고 수용될 수 있다. 문화원형의 문화콘텐츠로 개발된 문화상품의 경우 역사성과 동시대성을 모두 고려하여 문화연구의 담론으로 수용되어야 한다. 따라서 문화원형에서 문화콘텐츠의 소재와 활용 가치를 이데올로기에 국한시켜서 의미작용을 해석하는 것은 문화원형이 갖고 있는 다양한 의미들을 놓쳐버리는 우를 범할 수 있다.

넷째, "문화는 한 사회 내에서 생산되고 순환되는 의미와 즐거움을 말한다."라는 영국의 대중문화연구가인 존 피스크John Fiske의 말처럼 생산되고 순환되는 의미와 즐거움은 결국 문화의 의미체계와 그것의 커뮤니케이션으로서 공유를 말한다.[1] 이러한 문화적 공유를 가능하게 하는 것이 바로 '커뮤니케이션'과 '기호'라고 할 수 있다. 특히 문화연구에 있어서 문화기호학은 문화현상을 완결된 텍스트로 간주하여 커뮤니케이션 과정을 통해서 사회적으로 구성된 텍스트 속에 숨겨진 문화코드를 연구하는 것이다. 문화 연구에는 다양한 담론들이 존재한다. 문화주의 문화이론, 마르크스주의 문화이론, 대중사회론, 여성문화론, 구조주의 문화이론, 포스트모더니즘 등 다양하다. 특히 문화원형과 관련하여 문화기호학은 문화를 다양한 콘텐츠들로 생성시키는 거대한 문화적 텍스트로서 문화기호의 의미작용체계를 분석하는 것으로 문화원형의 개발과 문화콘텐츠의 실용화에 공헌할 수 있는 대안으로 제시되고 있다.[2]

문화원형의 문화콘텐츠화에 대한 문화기호학적 연구는 문화원형의 기획 · 제작 · 유통 등의 프로세스에서 문화원형의 소재를 발굴하고, 활용가치를 분석하는 데 유용한 방법을 제시할 수 있다. 따라서 문화원형, 혹은 문화콘텐츠의 의미체계는 문화기호학의 관점에서 논의되어야 한다.

2. 문화기호학과 문화콘텐츠

독일의 철학자 에른스트 카시러Ernst Cassirer는 문화와 기호의 상관관계에 대해서 "문화는 기호를 만들고, 문화는 기호를 소비한다. 문화는 기

---

1   존 피스크, 박만준 옮김, 『대중문화의 이해』, 경문사, 2005, pp.6-9.

2   백승국, 『문화기호학과 문화콘텐츠』, 다할미디어, 2006, p.15.

호가 만들어내는 가장 큰 단위의 텍스트이며, 기호는 문화와 문화적 소통의 기본단위가 된다."[3]고 하였다. 이와 같은 맥락으로 문화기호학의 관점에서 문화원형의 문화는 물리적 생산관계와 구조보다는 사회 속에 존재하는 모든 의미를 가진 것들을 기호라 하며, 기호의 기능과 본성, 의미 작용과 표현, 의사소통과 관련된 다양한 상징체계이다. 아울러 원형은 문화적 생산물로서 텍스트로 보고 실현된 실제적인 담론 단위이고, 텍스트 체계는 각 텍스트마다 특수한 것으로 문화적 언표구조의 '모델'이 된다.[4]

문화기호에서 텍스트는 언어를 비롯하여 비언어적인 것들, 그리고 인간의 삶과 관련된 모든 것을 포함하고 있다. 문화원형이 소재로 활용된 문화콘텐츠는 문화원형에서 보편적인 문화코드가 실현된 실제적인 기호이자 텍스트의 체계로 콘텐츠의 생산자와 수용자가 상호 커뮤니케이션의 산물이라고 할 수 있다.[5] 문화콘텐츠가 실용학문으로서 생산자와 소비자 간의 상호 커뮤니케이션을 중요시한다면, 문화콘텐츠의 커뮤니케이션 과정에서 일어나는 메시지의 소통과정 속에서 그것을 어떻게 수용하고 해독하는가에 대한 것이 중요한 논제이다. 문화기호학은 문화원형의 연구를 통한 핵심적이고 보편적인 문화 코드를 도출하여 콘텐츠를 개발하고 유통시키는 전략을 기획하는 총체적인 프로세스를 지향하고 있다. 이러한 논의는 기호학의 관점에서 문화콘텐츠에 대한 개념을 성립하게 하는 요소들을 제시한다. 즉 문화원형에 대한 새로운 접근법과 그것이

---

3   김영순, 『문화와 기호』, 인하대학교 출판부, 2004, p.3.

4   송효섭, 『문화기호학』, 서울: 아르케, 2000, pp.35-36.

5   백승국, 기호학으로 문화콘텐츠 만들기, 2004, p.454(Fontanille & Zinna, *Semiotique des objects*, Limoges: Pulim, 2003).

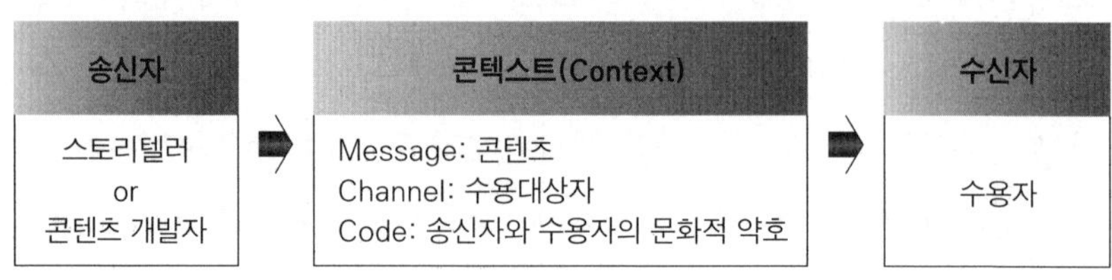

그림 4 문화기호학적 관점에서 문화콘텐츠의 개념 구조

지향하는 목적이다. 문화원형에서 문화적 요소를 발굴하고, 문화원형 속에 숨겨진 의미와 가치로서 문화원형이 갖는 원형성, 잠재성, 활용성을 분석하여 콘텐츠 매체와 결합시키는 새로운 문화 창조의 과정이 문화콘텐츠이다.

문화기호학에서 사회문화적 콘텍스트로서 창출되는 문화기호의 속성을 파악하는 것이 바로 문화콘텐츠를 이해하는 것이다. 문화콘텐츠를 구성하는 심층구조로서 그것이 담고 있는 메시지, 수용대상자, 문화적 약호들로 구성된 기호는 기표와 기의의 결합으로 기표가 지각 차원에서 인간의 감각기관으로 인식할 수 있는 시각적 요소의 의미화 작용이라면, 기의는 인간의 인지 차원에서 기표에 의해 감추어진 의미 작용으로서 그것이 담고 있는 콘텐츠의 내용과 콘텍스트이다.

문화기호는 한 사회의 문화적 구조 체계인 동시에 거대한 콘텍스트이다. 기호학의 관점에서 송신자와 수신자의 코드 해석이 하나의 기표가 하나의 기의와 조합되어 의미가 생성된다면, 문화기호는 이보다 다양한 의미들을 생성한다. 예를 들어, 소위 레드 콤플렉스Red Complex에 대한 사회적 관념으로 냉전주의 시대 빨간색은 우리에게 반공의식의 기호처럼 받아들여졌는데, 2002년 한일 월드컵에서 보여주었던 응원 문화의 의상 및 소품에서 빨간색에 대한 어떤 공포나 편견은 역동적이고 열정적인 한국의 '흥'의 기호로 인식된다. 즉 문화를 이루는 콘텍스트에 따라 다양한 의미 해석을 낳을 수 있다는 것이다.

　　문화원형이 문화콘텐츠에 소스를 제공하고 문화원형이 창조적 상상력과 문화기술을 통해서 문화콘텐츠로 가공되는 과정과 유통 과정을 문화기호학의 관점에서 논의해야 하는 것은 문화콘텐츠의 기획에 있어서 어떻게 문화원형에서 활용 소재를 발굴하고, 어떤 대상에게 유통시켜서 문화원형의 경제적 가치뿐만 아니라 인문학적 가치의 활용성을 높이는 데 중요한 연구방법을 제시한다고 할 수 있다.

　　문화기호학의 원류는 소쉬르Ferdinand de Saussure와 퍼스Charles S. Peirce의 기호학 이론을 바탕으로 발전되었다. 이 두 학자는 20세기 초 유럽과 미국에서 자신의 기호학에 대한 시각과 방법을 달리 취하며 기호학을 문화현상의 분석을 비롯한 다양한 인문학 전반에 영향을 주었다. 이후 유럽을 중심으로 구조주의 문화이론가들이 다양한 담론들로 발전시켜 문화콘텐츠의 텍스트를 분석하는 데 이론적 틀을 제공해왔다. 그러면 소쉬르와 퍼스가 제시한 기호학의 기본개념과 그 후대의 레비스트로스의 신화론, 바르트의 신화론, 그레마스의 행위소 모델과 기호사각형 모델들을 중심으로 문화콘텐츠에 문화기호학을 어떻게 활용할 수 있는지 살펴보겠다.

02

문화콘텐츠의 의미체계와 구조

1. 소쉬르의 기호학 - 언어구조가 문화구조를 형성

소쉬르Ferdinand de Saussure는 언어를 사회 안에서 일어나는 기호들의 삶에서 가장 중요한 기호체계이자 모든 현상을 언어로 소통되기 때문에 기호학은 언어의 기호에 의존한다는 것에서 기호학의 출발점을 찾고 있다. 역사적 언어연구에서 벗어나 공시적 언어연구로서 언어가 어떤 의미를 생성하는가에 더 큰 관심을 갖는다. 언어활동은 '랑그Langue'와 '파롤Parole'의 기본적 구조로 구성되어 있으며, 랑그는 그 사회에서 공인된 언어적 형태이고, 파롤은 언어의 사용 용도 또는 조건에 따라 달라지는 언어 형태이다. 언어가 메시지를 담는 하나의 구조로서 랑그이지만 어떤 언어가 한 사회에서 커뮤니케이션되는 과정에서 어떤 의도와 심리, 어떻게 표현하느냐에 따라 달라질 수 있다. 그래서 소쉬르는 언어를 사용하는 상황에 따라 파롤이 달라지기 때문에 랑그만이 언어학의 연구대상으로 삼고 있다. 소쉬르는 이러한 언어구조로서 언어의 소리는 기표로 시니피

앙Significant, 언어가 지닌 의미는 기의로 시니피에Signifie로 구분하여 기호의 기본 개념을 제시하고 있다.

소쉬르는 기표를 정신적인 심상Image으로서 기의의 운반체이자 기호의 음성적 이미지로 한정하여 사용하였는데, 후대에 기호학자들이 이 개념을 확대시켜서 시청각을 포함한 '의미의 운반체'라고 하였다. 반면 기의는 기표에 대응하는 개념으로서 정신적이고 추상적인 개념의 의미로서 기표자극에 의해서 생성되는 관념이다. 기호는 반드시 기의와 기표의 결합에 의해서 성립되며 둘의 존재를 따로 분리하거나 독립해서는 기호가 생성되지 않는다.[6] 예를 들어, 우리가 오렌지Orange라는 단어를 음성적 언어로 발음할 때와 시각적 언어인 글자로 썼을 때 이것은 기표이다. 머릿속에서 떠오르는 오렌지에 대한 의미는 기의된다. 이러한 언어활동과정에서 '오렌지'라는 기표는 단순히 내용 없는 껍데기에 불과하며, 정신적 작용의 기의와 결합되었을 때 '달콤하고 맛있는 과일'이라는 의미가 발생한다. 그런데 이러한 기표와 기의의 관계는 어떤 자연적 동기와 필연성이 존재하지 않는 자의적 관계이다. 오렌지라는 단어의 의미에는 반드시 오렌지라는 기표가 있어야 할 필연성은 없다. 기표와 기의의 자의적 결합관계는 절대적일 수도 상대적일 수도 있다는 것이다.[7] 이렇듯 우리가 일상생활에서 사용하는 다양한 언어 중 절대적인 자의적 관계로 기호를 생성하는 언어들보다는 여러 기호들이 상대적인 자의적 관계로 결합되어 사용되는 언어가 훨씬 많다.

---

6   박정순, 『대중매체의 기호학』, 나남출판, 1997, pp.102-137.

7   김윤배 · 최길열, 『시각이미지 읽고 쓰기』, 2005, 미담북스, pp.3-4.

언어의 기호는 변별적 특성을 갖는데, 이것은 언어의 음운론으로서 의미분절 기능이 있는 최소의 소리 단위인 음소에 의해 의미를 분별한다. 예를 들어, '배'와 '매'의 다른 의미는 두 음절 중에 'ㅂ'과 'ㅁ'이라는 음소가 다르기 때문인데 기표가 다르면 그에 따라 기의 의미도 달라진다. 그래서 언어의 기호는 체계이고 이 구조는 바로 언어의 변별적 개념으로서 음소가 중심이 된다. 바로 이러한 체계는 자의성을 토대로 일종의 게임 규칙처럼 게임 요소들의 관계와 내적 규칙이 생산되고 이것은 언어에서의 문법과 같다. 이러한 음소의 변별성을 언어의 기능과 가치로 설명하는데, 소쉬르는 인간이 사고하여 그것을 언어로 표현할 수 없다면 그것은 공허하고 모호한 것이며 아무런 가치가 없다고 하였다. 언어 없이는 관념이란 존재할 수 없다. 그래서 언어는 실체가 아니고 형식이며, 동시에 차이만이 존재하고, 그 차이가 언어의 가치이다. 바로 이러한 차이에 의해서 의미가 생산된다[8]고 하였다. 바로 사회적 관습Convention에 의해서 기표와 기의가 결합되어 있으며, 의미의 차이가 발생한다.

소쉬르는 언어의 연구접근 방식으로 통시성Diachrony과 공시성Synchrony으로 구분하였는데, 통시성은 공간축으로서 시간의 흐름에 따라 변화하는 양상으로 연속성을 말한다. 언어의 연구를 변화하는 것으로서 역사적 변화를 의미한다. 반면 공시성은 시간축으로서 시간의 흐름에 직접적인 영향을 받지 않는 동시성의 양상으로 어떤 기호를 사용하는데 동시적으로 갖추어야 할 조건으로서 언어의 규칙과 체계를 의미한다. 소쉬르는 언어의 공시성에 대해 더 많은 관심을 가졌는데, 그 이유는 언어의 통시적

---

8   송효섭, 『문화기호학』, 아르케, 2000, pp.35-36.

현상들은 언어가 그 자체의 변화, 즉 발화인 파롤에 관련된 것으로 어떠한 사회적 관습에 의해서 어떻게 언어가 변화되었는지에 대한 것이 아니기 때문이다. 반면 공시적 현상들은 동시성에 의해서 언어가 어떤 역사적 맥락 속에서 랑그의 의미체계가 변화였는지를 알 수 있기 때문에 언어의 가치를 연구하는 데 중요하다.

언어의 공시성과 통시성은 하나의 문장을 완성하는 형식으로서 단어의 결합관계와 계열관계에 관련이 있다. 예를 들어, "나는 그녀와 노래를 부르며 재미있게 놀았다."라는 문장이 있을 때, 이 글은 단어와 형용사, 또는 주어와 목적어, 그리고 술어의 결합으로 하나의 완전한 의미체계를 형성한다. 완성된 문장의 통합체Syntagme를 구성하기 위해서 선택해야 하는 항목들이 계열체Paradigme에 해당된다. 바로 이 문장이 어떤 메시지를 전달하기 위해서 대명사, 명사, 동사, 형용사 등과 주어, 목적어, 술어를 어떻게 배열할 것인가에 대한 것은 계열체이다. 이러한 항목들을 선택하는 예시된 문장을 하나의 텍스트로 본다면 이 텍스트에는 각각의 대립되는 관계를 형성할 수 있다. 그래서 텍스트의 통합체 분석은 그 텍스트의 명시적 의미를 보여주기만 한다. 그러나 계열체 분석은 이 텍스트가 갖고 있는 구조로서 함축적인 의미를 보여준다. 즉 텍스트를 구성하는 요소와 요소가 결합하는 양상과 그것의 전개에 대한 것이 통합체 분석이라면, 텍스트를 구성하는 요소들이 어떻게 사용되었는가에 대한 것은 계열체 분석이다.[9]

소쉬르의 공시적 언어이론은 문화기호를 연구하는 데 있어서 문화

---

9   소쉬르, 최승언 옮김, 『일반언어학 강의』, 믿음사, 1997, pp.3-18.

기호 자체의 내용보다는 기호의 체계 내에서 기호의 차이를 분석함으로 써 문화기호의 가치를 발견할 수 있다는 것에 중요한 문화연구의 기본적인 개념들을 제시한다. 소쉬르의 언어기호학은 언어가 가장 중요한 기호 체계이며 단지 기호학의 한 분야 이상의 의미를 가질 수 있다. 언어가 문화의 한 분야이기도 하지만 언어는 다른 분야를 기술할 수 있는 틀이 될 수 있기 때문이다. 이와 같은 맥락에서 언어는 언어가 아닌 다른 것을 설명하는 메타적인 기능을 갖고 있으며, 문화콘텐츠에 대한 수용과 해독의 차원도 언어를 통해 이루어지기 때문에 소쉬르의 언어학 이론을 통해 문화콘텐츠의 의미와 체계를 읽는 데 중요한 기본 개념들을 제공해준다.

　　문화원형을 연구함에 있어서도 통시적 접근 방식과 공시적 접근으로서 전자는 시대를 초월하여 어느 시대에 통하는 문화원형의 역사성에 초점을 둔 것이라면, 후자는 어느 특정 시대에 보편적으로 통용되는 문화원형의 보편성에 초점을 둔 것이다. 그래서 문화콘텐츠의 관점에서 통시성과 공시성의 관계는 '원형의 소재'와 '활용 가치'이다. 어떤 문화원형이 있을 때 문화원형의 가치는 시대의 문화적 패러다임에 의존하며, 다양한 문화적 요소들과의 관계에 의해서 가치가 생성된다. 동시대의 문화적 관습에 의해서 문화원형의 활용성이 생성되고 가치사슬이 형성된다.

2. 퍼스의 문화기호학 – 기호 연쇄작용으로 다양한 의미 생산

　　공시적 언어학에 기반하여 문화기호학의 이론을 제시하였던 소쉬르와 달리 미국의 철학자 퍼스Charles Sanders Peirce는 인간의 사고와 현실의 일반적 형식을 밝히는 분석주의 철학과 논리학에 기반을 두고 해석학적으로 기호학을 발전시켰다.[10] 소쉬르가 언어 구조에서 랑그와 빠롤의 이원적 기호모델로 기호의 현실구조와 외부세계와 분리된 기호현상을 설명하였다면, 퍼스는 기호의 본질적인 기능이 어떤 일반적 규칙을 규정함으로써 기호가 갖는 현실적 효용성을 중시하였다. 그래서 그는 기호가 인간의 지식과 사고의 매개체로서 기능한다고 주장하였으며, 기호를 대상체Object, 해석체Interpretant, 표상체Sign의 세 가지 요소로 구분하여 문화현상을 기호의 삼원구조로 설명한다.

퍼스는 기호를 기호가 취하는 형태소로 보고 표상체Sign로서의 기호가 일단 생성되면 기호가 대표하고 있는 대상체Object를 항상 지시하는데, 대상체는 기호의 존재에 의해서 있어도 되고 없어도 되는 존재가 된다. 해석체는 본래의 기호에 의해 마음속에 동일한 기호로 혹은 더 발전된 형

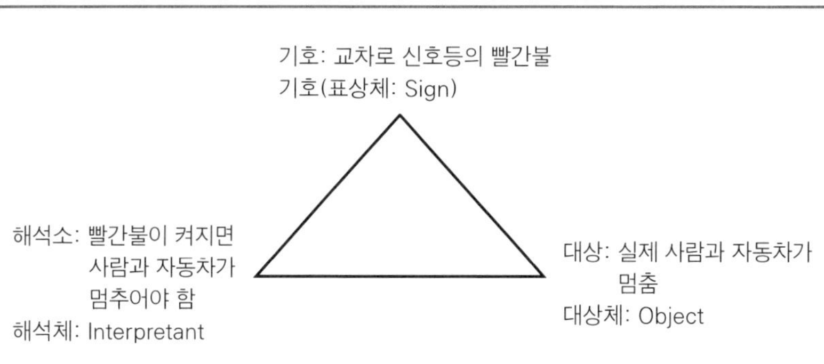

그림 5 퍼스의 기호 삼원구조[11]

10   송효섭, 전게서, 2000, pp.7-11.

11   김경용, 전게서, 1994, p.30.

태의 기호로 나타난다.[12] 예를 들어, 신호등 체계가 갖는 기호를 퍼스의 기호 삼원구조로 설명한다면, 사람들은 교차로가 설치된 신호등의 빨간 신호등을 본다. 이때 빨간 신호등은 기호가 되는 것이다. 사람들은 이 빨간 신호등이 켜지면 멈춰야 한다는 생각을 한다. 이때 사람들의 마음속에서 빨간 신호등에 대한 의미 해석을 하는데 이것은 해석체이다. 그리고 빨간 신호등일 때 자동차들은 멈춘다. 이때 멈추어선 자동차들은 대상체가 되는 것이다.

이처럼 기호는 형태소, 대상체, 해석체의 상호작용에 의해 생성되고, 기호는 대상체를 대표하고 동시에 기호의 연쇄작용으로 새로운 해석체들을 생성한다. 퍼스의 기호모델에서 기호는 소쉬르의 기표와 유사하며 해석소는 기의와 유사하다. 하지만 소쉬르는 기의개념을 인간의 정신 속에 분절된 개념으로 보았지만 퍼스의 해석소는 기호해석자의 마음속에 투사되는 또 하나의 기호로 보는 것이 소쉬르의 기호개념과 다르다.[13]

기호는 기호의 대상을 지시하면서 기호의 해석소를 결정하며, 그 해석소는 다시 기호의 대상을 지시하면서 끊임없이 새로운 해석소를 결정하는 기호의 연쇄작용을 한다. 퍼스는 이 연속적인 기호작용의 과정을 통해서 어떤 문화적 텍스트의 문화적 의미를 해석할 수 있다고 보았다. 예를 들어, 문화원형으로서 '은장도'를 퍼스의 기호의 연쇄작용으로 문화적 의미를 해석한다면 다음과 같은 도식으로 해석될 수 있다.

퍼스는 삼원적 기호모델을 기반으로 기호유형을 구분하였는데, 기

---

12   김경용, 『기호학이란 무엇인가』, 민음사, 1994, p.30.

13   송효섭, 전게서, 2000, pp.71-72.

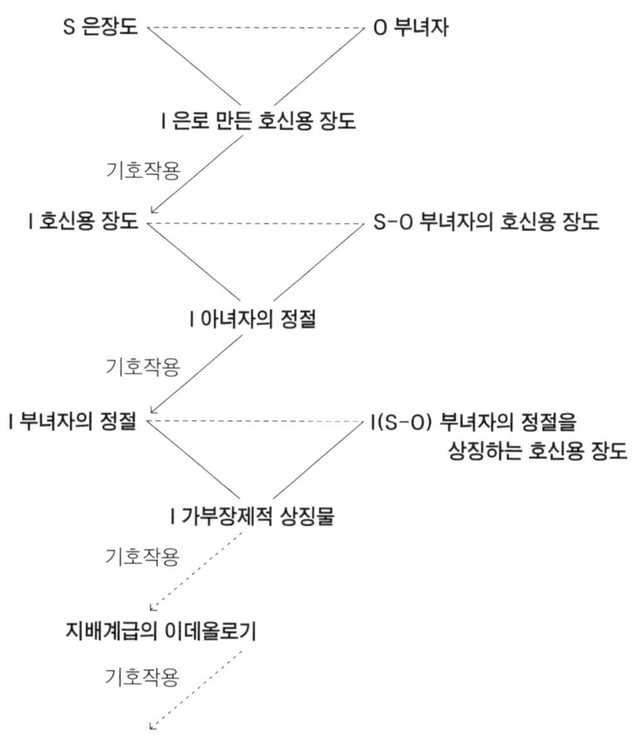

그림 6 문화원형 '은장도'에 대한 기호의 연쇄작용

호가 외부대상에 대해 보이는 '유사성'을 근거로 기호를 '도상Icon', '지표Index', '상징Symbol'으로 분류하였다.

첫째, 도상은 현실세계를 모방하고 있는 기호를 말한다. 우리 일상생활에는 수많은 도상기호들이 있는데, 상형문자, 의성어, 교통신호판, 초상화, 증명사진 등이 대표적이다. 이것은 실제 순수한 도상이 아니라 모방된 도상기호들로서 인간의 문화적 관습에 영향을 받은 상징기호의 요소가 포함된 도상기호들이다.

둘째, 지표는 물리적으로 또는 실존적으로 대상과 직접적인 관련을 맺고 있는 기호를 말한다. 지표와 대상의 관계성은 인과적 관계를 형성하는데, 어떤 대상이 보여주는 현상으로 지표기호의 의미를 파악할 수 있다. 예를 들어, 경보음을 울리고 달리는 소방차는 어디서 화재가 발생했다는 것을 알 수 있는 지표이고, 온도계는 온도를 알려주는 지표기호이다. 또한 백화점에 진열된 명품가방은 부의 척도를 알려주는 지표기호이다.

셋째, 상징은 어떤 대상의 실존적·물리적 현상과 관련 없는 임의적인 약속에 의해서 만들어진 기호이다. 이러한 상징기호가 자의성에 의해서 의미를 생성할 수 있는 것은 인간의 관습·성향·규칙 등에 의해서 상징기호의 해석을 유도하기 때문이다. 이것은 소쉬르의 기표와 기의의 결합처럼 자의적으로 결합된 기호이다. 우리 일상생활에서 사용하는 언어는 대표적인 상징기호인데, 알파벳, 숫자, 고유명사 등은 어떤 대상과 인과성에 의한 동기를 통해서 의미가 생성된 기호가 아니라 자의적으로 해석되는 상징기호이다. 예를 들어, 한국 축구응원단 '붉은 악마'를 상징하는 도깨비 문양은 고대 배달민족의 위대한 전쟁신 '치우천황'이 도깨비의 변형된 형태로 축구응원단의 상징으로 사용된 것이다. 이것은 붉은악마 응원단과 현실적으로 아무런 관련이 없는 단지 자의적인 관행에 의한 상징기호일 뿐이다.

퍼스는 '동기화Motivation'와 '자의성Arbitrariness'에 의해서 세 가지 기호의 특징과 기호의 충실도를 설명하는데, 기호와 대상 간의 자연적 상관관계를 동기화라면 기호가 의미를 생성하기 위해서 인위적 관습에 의존하는 정도는 자의성이다. 그래서 지표기호는 현실적인 대상과 밀접한 연관성을 지니고 있기 때문에 동기화가 높은 기호인 반면 자의성이 낮은 기호

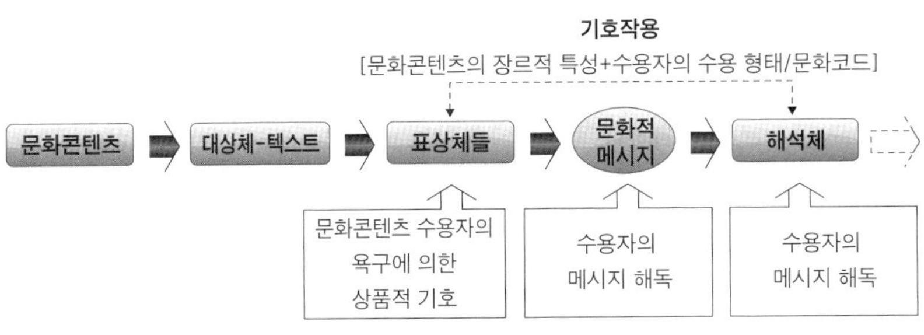

그림 7 퍼스의 기호작용에 의한 문화콘텐츠의 의미작용

이다. 그러나 상징기호는 어떤 현실적인 대상과 관련이 없는 임의적 관습에 의한 기호이기 때문에 동기화가 낮고 대신에 자의성이 높다. 이것은 퍼스의 기호이론이 기호화되어가는 과정과 방향을 지향하는 기호목적론의 특성을 가지고 있기 때문이다.[14]

문화콘텐츠의 연구에서 퍼스의 기호학은 어떤 문화콘텐츠를 대상체의 텍스트로 보고 그것이 생성한 표상체들의 연쇄적인 기호 작용이라고 할 수 있다. 즉 그것이 갖는 문화적 메시지를 전달하는 매개체로서 최종적으로 문화콘텐츠 수용자가 해석체를 해석하는 것이고, 그 해석체는 항상 고정된 의미로 남는 것이 아니라 불확정적으로 새로운 의미를 역동적으로 생산하는 것이다. 문화라는 텍스트 속에서 문화콘텐츠는 표상체과 해석체의 커뮤니케이션을 통해서 문화콘텐츠 수용자에 따라 기호의 해석을 다양하게 할 수 있다. 따라서 퍼스의 기호학은 문화콘텐츠가 갖는 한정된 기호체계에서 벗어나 문화콘텐츠가 무한한 순환성을 가지며 생

---

14   송효섭, 전게서, 2000, pp.74-78.

산적인 텍스트로서 문화콘텐츠의 다양한 의미들을 분석할 수 있는 방법
론을 제시해준다.

3. 레비스트로스의 신화론
- 신화체계로서 문화, 신화적 담론체로서 문화콘텐츠

구조주의 문화인류학자 클로드 레비스트로스Claude Lévi-Strauss의 신화
론은 시간과 공간을 초월하여 모든 인간의 문화를 관통하는 일반적이고
보편적인 구조로서 문화체계를 분석하는 데 유용한 문화이론이다. 특히
문화원형이 스토리텔링에 의해서 콘텐츠화된 문화콘텐츠들의 구조 체계
를 이해하는데 그것의 의미체계가 신화체계를 담고 있다는 것에 중요한
논제를 제공한다. 문화콘텐츠 속에 문화원형의 본질이 어떻게 신화체계
를 이루고, 그것이 어떻게 문화콘텐츠의 장르, 문법 등에 의해서 변용되
었는가를 분석하는 데 유용한 방법론을 제시해준다.

레비스트로스의 신화론은 소쉬르의 공시적 언어학에서 파롤과 랑그
의 대립관계 형성, 랑그의 공시태를 구조주의 인류학 연구에 수용한 것이
다. 인간이 외부세계를 어떤 정신적 작용에 의해서 인지하고 그것을 수용
하여 어떤 보편적인 사고원칙에 의해서 의미의 분류와 체계를 만들어내
는가에 목적을 두고 있다. 그래서 서구 문명사회의 모순을 해결하고, 상
대주의적 문화관을 형성하는 데 영향을 주었다.

신화론에서는 문명과 야만을 일반적이고 보편적인 공통된 구조로
파악하고 오늘날 문명화된 사회 속에서 드러나지 않는 심층구조의 중요

성을 강조하는데, 인간의 보편적인 사고체계 중에서 변증법적 원리로서 사고의 방향성이 이원적 대립관계를 형성한다. 예를 들어, 남자와 여자, 인간과 자연, 선과 악, 자연과 문명, 날것과 익힌 것 등으로 모든 문화권에서 보편적인 사고구조로서 단지 그 표현의 방식만 다를 뿐 그것의 내적 질서체계를 살펴보면 사고의 보편적인 구조로서 신화체계를 갖추고 있다. 결국 신화체계를 분석하면 모든 인간에 타당한 보편적인 사고구조들을 발견할 수 있다.

신화의 체계가 외향적으로 드러내는 것이 자칫 자의적이며 복잡한 것으로 상이한 의미소들의 결합이라고 할 수 있으나 그 내부에는 동일한 구조의 신화를 공유할 수 있는 규칙성과 체계성으로서 신화소를 갖추고 있다. 바로 이것이 레비스트로스가 주장하는 어떤 문화현상에 대해서 의미생산의 형태를 설명해주는 것으로서 '심층구조'이다.[15] 이것을 이루는 단위는 신화소이다.

신화소는 언어가 모든 의미생산의 구조라는 소쉬르의 기표와 기의의 관계형성 개념을 포함한다. 그리고 무의식은 언어처럼 구조화되어 있어서 이것의 상징을 통해 인식한다는 자끄 랑캉Jaques-Marie Lacan의 무의식의 언어적 개념을 발전시킨 것이다. 신화소는 어떤 문화현상이 아직 분명하게 규정되지 않은 모종의 규칙들에 따라 결합되어 서로 상반되는 관계들을 형성함으로써 구성된다. 신화소에 의해 형성된 서로 상반되는 관계들이 바로 사고구조의 토대가 된다.

레비스트로스는 언어의 의미생성 층위와 다른 층위에 있는 신화를

---

15   클로드 레비스트로스, 김진욱 옮김, 『구조인류학』, 종로서적, 1987, pp.31-48.

비롯한 친족, 종교, 예술 등은 이미 의미가 있는 의미소를 바탕으로 이루어진 체계이기 때문에 이런 용어들은 이미 의미가 있는 단어들로 이루어져 있다. 그래서 그 용어들이 갖고 있는 의미에 따라 해석하는 것이 아니라 용어들의 호칭들 사이에 존재하는 대립관계를 통해서 의미의 체계를 분석하여 신화소의 의미 생성원리를 밝히려고 하였다. 그는 실제 아메리카 인디언들과 관련된 800여 개의 여러 신화들을 민속지학의 관점에서 조사하였으며 인디언들의 신화들을 서로 비교 분석하였다. 그래서 그 신화들 속에서 일종의 기본적인 유형을 발견하고, 그 신화들에 담긴 내적 의미의 체계를 찾으려고 하였다. 특히 인간이 야만에서 문화 영역으로 넘어오게 된 것이 바로 친족 간의 '근친상간 금지'로 보고, 이러한 제도를 그는 언어와 같은 교환의 원칙으로 설명하였다. 교환의 원리에 따라 근친과의 혼인을 금지하는 것은 내 것을 타인에게 주고 타인 것을 내가 갖는 것으로서 가족의 딸이나 누이를 다른 가족의 딸과 누이로 주고받는 교환법칙이 확대된 것이다. 그것이 집단과 집단으로 교환법칙이 이루어질 때 내 집단과 타 집단 간의 대립관계를 교환을 통해서 하나의 집단으로 통합하고 교류하는 방식이다.[16]

결국 이러한 교환의 원리는 모든 개인과 집단들 간의 대립을 통합하고, 더 나아가 물질을 포함한 인간의 모든 내외적 모든 요소들로서 감정·의무·가치관이 수반되어 사회 구성의 통합원리가 된다. 특히 개인과 집단 간의 대립관계는 신화의 구조로서 이항대립의 관계로 설명된다. 예를 들어, 한민족의 '단군신화'를 신화체계로 설명한다면, 하늘과 땅, 천

---

16   클로드. 레비스트로스, 박옥줄 옮김, 『슬픈 열대』, 한길사, 1998, pp.7-15.

신과 동물, 신과 인간, 남자와 여자, 인내한 곰과 인내하지 못한 호랑이 등으로 상호보완적인 이항대립의 관계가 설정된다. 그리고 이것들은 신화소로서 대립관계에서 발생하는 서사구조, 즉 인물설정, 갈등관계, 교환의 관계 등이 단군신화가 갖는 홍익인간의 가치관을 담는 의미 체계를 생성한다. 그런데 이런 신과 인간의 대립관계를 통한 신화의 해석은 각 나라의 개국신화 등과 비슷한 의미체계를 갖고 있다. 따라서 신화 속에 등장하는 다른 신화소들 간의 대립관계를 분석하면, 보편적으로 신화구조를 이루는 의미의 체계를 찾을 수 있다. 신화소들의 대립관계를 형성하는 방법은 다양한데, 신화소들이 변환 또는 치환 그룹이 어떻게 형성되는가에 따라서 같은 구조를 가진 신화도 다양한 내용으로 표현될 수 있다. 결국 문화현상 속에 숨어 있는 보편적인 차이와 유사의 관계가 상징과 의미를 만들어내며, 이것이 이원적 무의식 구조로서 문화형성의 원리이다.

레비스트로스의 신화체계는 문화콘텐츠의 텍스트보다 텍스트를 이루는 구조에 중요한 연구논제를 제공해준다. 텍스트의 구조는 바로 신화소의 개념으로서 이항대립 관계를 형성한다. 그래서 그는 문화콘텐츠의 이면 속에도 이러한 원시적 신화의 요소들이 숨겨져 있으며 단순히 문화콘텐츠 상품이 상품적 가치만이 중요한 것이 아니라 문화콘텐츠 상품에 내재된 신화적 요소들도 중요한 가치가 된다.

예를 들어, 1950년대 할리우드 영화에서 인기를 끌었던 서부극 장르들은 대부분 영웅주의의 관점에서 인디언과 서구인, 강자와 약자, 선과 악, 개척지와 미개척지, 문명과 야만 등의 이항대립 관계를 형성한다. 이러한 신화소들이 영화와 같은 서사구조를 갖기 위해서 내러티브를 갖는데, "주로 안정된 마을이 악당의 위협으로 위기에 처하게 되고 악당을 물리칠 영웅적인 주인공이 등장하여 악당을 물리치고 마을은 안정을 찾는다"는 정형화된 내러티브를 갖는다. 이 내러티브의 구조 속에서 미국인의 무의식에 내재된 가치관을 읽을 수 있다. 즉 서부극에서 승자는 서구인으로서 야만 속에서 문명이 승리하고, 그 믿음이 상징적으로 미국식 영웅주의를 보여준다. 따라서 서부영화는 미국식 신화의 가치체계를 담고 있는 영화콘텐츠라고 할 수 있다.

레비스트로스의 신화체계는 문화원형이 스토리텔링으로 서사적 문화콘텐츠 장르로 개발된 문화상품을 분석하는 데 유용한 방법론을 제공한다. 예를 들어, 신화, 민담, 전설 등의 서사적 모티브를 갖추고 있는 문화원형이 서사적 요소를 구축하고, 내러티브를 형성하는 데 중요한 모티브를 제공해준다. 신화에는 집단 또는 어떤 민족공동체의 문화를 응축한 인물들이 등장하고, 그 이야기 속에는 시공간을 뛰어넘는 무한한 배경이 존재한다. 그러나 그 신화 속에는 과거나 현재의 세계를 구성하는 원리를 갖고 있으며 이것을 어떻게 창조적 상상력과 문화콘텐츠 장르의 문법으로 이끌어내는가에 달려 있다.

레비스트로스는 장례에 대한 구조적 담론에서 신화적 요소가 의례 또는 형식을 중시하면서 변화되었지만 여전히 그 형식 속에 신화적 요소는 원형으로 남는다고 하였다. 문화원형의 변형과정도 이러한 관점에서 논의할 수 있다. 궁중정재 '처용무'는 처용설화의 원형성을 갖고 있는데, 이것이 고려시대와 조선시대를 거치며 춤의 형식으로 변화되면서 춤의 동작들이 갖는 상징성으로서 '벽사진경'의 신앙적 제의성과 '군왕송축'의 왕실번영·태평성대를 기원하는 새로운 신화체계를 형성하였다. 처용무에 대한 문화원형이 오늘날 문화콘텐츠의 관점에서 처용무의 신화는 화

 처용설화의 신화체계 변용과정

처용설화 변형과정	신화체계	신화의 변용 형태	변용 사례
설화	신화	설화	이야기
제의	벽사퇴치	나례	처용탈
예술	벽사진경 및 군왕송축	궁중 정재	처용무
	마술적 사실주의로 신화 재해석	고려가요	처용
문화콘텐츠	불륜과 용서	단편영화	처용의 다도

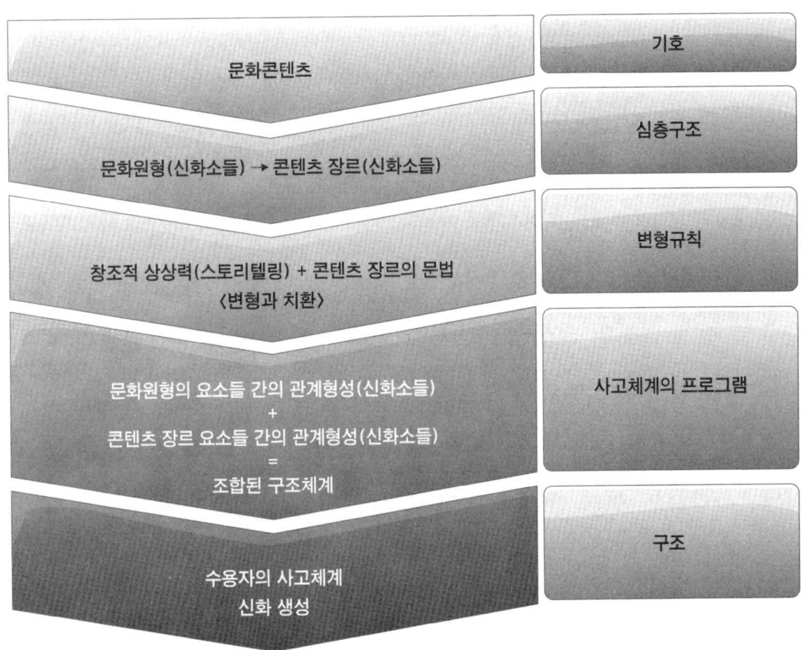

그림 8 문화콘텐츠의 신화체계

해와 평안의 지배계급의 이데올로기만을 구조화시킨 것이 아니라 그것
이 문화콘텐츠 장르로 변형되면서 그 안에는 원형에 대한 스토리텔링의
해석이 입혀지면 영웅적 드라마나 영화의 소재 등으로 활용되어 새로운
신화를 만들어낼 수 있다.

결국 레비스트로스의 신화체계는 어떤 문화콘텐츠의 기호가 심층구
조를 갖추고 있으며, 이 구조는 변형과 치환의 규칙을 갖추고 있다. 그래
서 문화콘텐츠 속에 활용된 문화원형의 변형과정으로서 그것을 수용하
는 수용자의 사고체계에 의해서 문화콘텐츠가 전하고자 하는 내재된 의
미 구성방식을 밝히는 것이다.

4. 바르트의 신화론 – 문화콘텐츠 속의 일상적 신화

레비스트로스의 신화론이 인류학에 기반을 두고 그 안에서 구조주
의 문화인류학의 새로운 장을 열었다면, 롤랑 바르트Roland Barthes의 신화
론은 우리 보편적인 일상생활의 대중문화 속에서 문화적 생산물의 수용
적 측면을 활발한 담론의 장으로 이끌었던 기호학이다.

소쉬르의 관점에서 문화콘텐츠 상품의 기호는 외적 기표로서 상품
명 또는 상품의 형태 등이 하나의 내적 기의로서 상품의 사용목적과 기
능이 결합되어 그 상품의 기호가 획득된다. 그러나 바르트의 신화론의 관
점에서 문화콘텐츠 상품의 외적 기표는 하나의 상품의 기호에 대한 총체
적인 기표이며, 상품의 기의는 하나의 내적 기의를 생성시키는 것이 아니
라 상품의 소비자가 사회문화적 경험하고 어떻게 상품과 소비자 상호 작

용하느냐에 따라 특정의미를 만들어내는지 다양하게 해독될 수 있다. 문화상품은 사회문화적으로 상품기호 가치의 기준과 소비자의 상품기호의 해독에 따라 상품의 기의가 다양해질 수 있다.

바르트는 문화콘텐츠 상품 생산자의 전략보다는 소비자의 상품기호 해독의 중요성을 강조하며, 소쉬르의 기표와 기의 개념을 언어적 차원에서 문화적 층위로 확장시킨다. 따라서 바르트의 관점에서 문화콘텐츠를 구조적으로 분석하는 것은 실제 명시적으로 드러나지 않는다. 이것은 문화콘텐츠가 문자 이상의 의미를 내포하고 있으며 이미지, 그래픽, 그림, 영상 등의 다양한 텍스트의 구성요소들을 갖추고 있기 때문이다. 그래서 문화콘텐츠의 기호가 갖는 내적 의미를 파악함으로써 문화콘텐츠의 텍스트가 생성하는 사회문화적인 함의로서 생성된 고정관념으로서의 신화를 밝혀내는 것이다.

신화 분석은 일상생활에서 문화콘텐츠 상품이 갖는 기능과 목적, 그리고 그 외형적 이미지가 파생하는 상품의 수용작용으로서 외연의미 해독이 아니라 어떻게 이 외연의미가 우리 일상생활에서 일상적 이데올로기를 정교하게 구축되어왔는지를 밝혀 내포의미를 분석하는 것이다.

바르트는 신화로서 의미를 획득하는 과정이 기호의 의미작용이고, 이 의미작용에는 두 가지 질서체계가 존재하는데, 1차 질서는 '현실 수준의 질서'이고 2차 질서는 '문화 수준의 질서'이다. 1차 질서는 소쉬르의 기호개념처럼 기표와 기의가 결합되어 이루는 기본적인 의미작용이다. 이 질서에서 기호는 상징적이지 않은 객관적인 명시의미만을 생성한다. 즉 현실의 표상으로서 외시의미Denotation만을 생성한다. 이 1차 질서 의미작용은 소쉬르의 기호체계처럼 기표와 기의의 1차적 의미 작용으로서 하

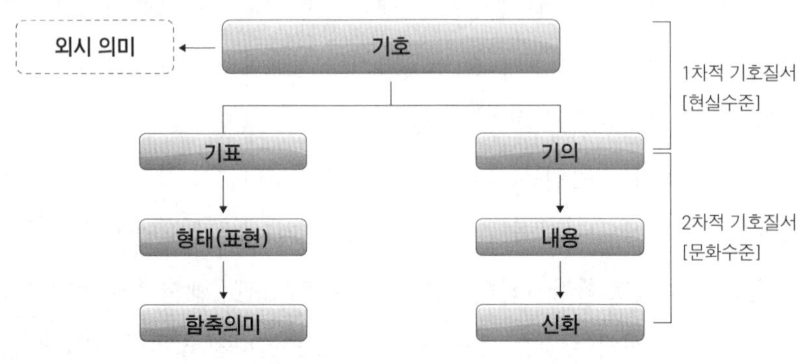

그림 9 기호의 의미작용[17]

나의 명시적 기호 내용만을 생성하는 현실 수준의 질서 층위이다. 2차 질서는 바르트의 기호학에서 중요한 기호의 의미작용 과정으로 기표의 2차적 의미작용으로 '함축의 질서'가 생성되고, 기의의 의미와 함축의미가 결합되어 '신화의 질서'가 생성된다. 1차 질서에서 기표가 2차적 의미작용으로 어떤 형태 또는 표현의 특성들이 자의적인 의미, 즉 함축의미 · 내적 의미Connotation를 생성하는데 이것이 '함축의 질서'이다. 이 의미작용은 어떤 특정 문화범주 안에 존재하는 기호를 통해 그것이 표상하는 현실을 설명하는 수단이 된다. 그리고 신화의 질서는 첫 번째 단계에서 기표가 여러 기의들을 마음속에 활성화시키고, 이렇게 활성화된 기의들은 두 번째 단계에서 하나의 연쇄적 고리를 이루면서 신화가 된다. 바르트는 이러한 신화를 "함축 의미의 체계"라고 정의한다. 바로 이 신화는 우리의 고정관념 또는 이데올로기라고 말한다.[18] 이러한 바르트의 신화생성의 질서

---

17   김경용, 전게서, 1994, p.167, 재구성.

18   김경용, 전게서, 1994, pp.166-168.

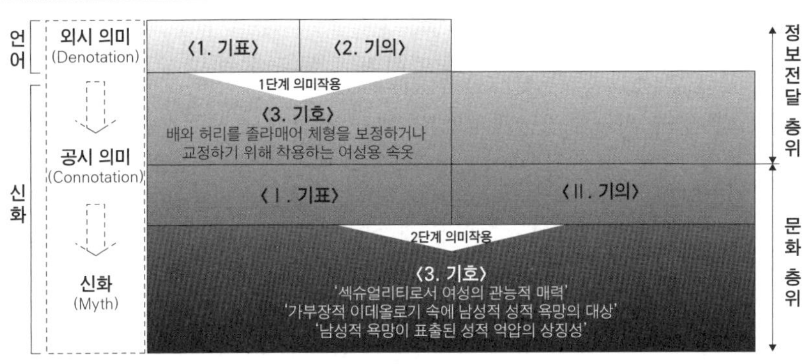

그림 10 코르셋의 의미작용

는 옐름슬레우Louis Hjelmslev의 기호와 언어의 언리적 모델 그리고 구조와 텍스트, 체계 등의 정의들[19]을 토대로 기호의 질서체계를 제시하였다.

예를 들어, 여성 속옷 코르셋Corset이 갖는 신화를 분석한다면, 〈1. 기표〉 단계에서는 그 기표에 부과된 사전적 내지는 명시적인 개념의 〈2. 기의〉가 결합되어 외시적 차원에서 〈3. 기호〉 의미가 성립된다. 코르셋이라는 기표에 대해 '배와 허리를 졸라매어 체형을 보정하거나 교정하기

---

19 구조주의 언리학자 옐름슬레우는 언어학에서 랑그 내에서 표현의 측면과 내용의 측면이 구별된다. 이 두 측면들은 관계에 의해 결합되어 하나의 총체인 체계를 형성한다. 즉 체계를 이루는 세 요소는 표현, 내용 그리고 관계라고 하였다. 그런데 이렇게 구성된 체계는 그 자체가 결과적으로 그 체계를 확대시킨 또 다른 어떤 제2체계의 단순한 한 요소가 될 수 있다는 것이다. 이 두 체계들은 두 개의 상이한 조음점의 층위에서 분리될 수 있으며 두 가지 체계의 가능성을 지닐 수 있다. 제1체계가 제2체계의 표현의 측면을 구성한다. 이때 제1체계는 외연(denotation)의 측면을, 제2 체계는 내포(connotation)의 측면에 해당된다. 제1 체계가 제2 체계의 내용의 측면을 구성한다. 여기에서 제1 체계는 대상으로서의 언어, 즉 대상언어를, 제2 체계는 메타 층위의 메타언어에 해당된다. 따라서 내포 층위와 메타언어의 층위는 제2 체계 내에서 제1 체계의 위치에 따라 서로 대립된다. 옐름슬레우에 따르면 메타언어는 '작용'이며 독창적 기표들의 총체적 기의로 파악되는 실제적인 체계를 제공하는 역할을 한다. 이와 반대로 내포적 측면은 사회 · 문화적인 차원으로 환원되며, 이데올로기적인 2차 의미에 대해 지주적 역할을 한다. 바로 이것이 바르트가 자신의 기호모델을 제시하는 데 영향을 준 외연과 내포의 체계이다. 옐름슬레우는 그레마스와 제자로 구성된 연구그룹인 파리학파에 지대한 영향을 끼쳤다. 물론 바르트와 에코 그리고 영화기호학의 메츠에까지 그 영향이 이어졌다(박정순, 『대중매체의 기호학』, 커뮤니케이션북스, 2009, pp.257-260).

위해 착용하는 여성용 속옷'이라는 이 속옷의 쓰임새에 대한 사용 용도의 기의가 결합된 외시적 기호의 의미가 생성된다. 이렇게 생성된 〈3. 기호〉 코르셋의 의미는 2단계의 의미작용 단계에서 새로운 〈Ⅰ. 기표〉로 작용하여 '코르셋'이라는 기호에 내포된 사회문화적이고 주관적인 의미를 새롭게 생성시킨다. 그래서 '섹슈얼리티로서 여성의 관능적 매력', '가부장적 이데올로기 속에 남성적 성적 욕망의 대상', '남성적 욕망이 표출된 성적 억압의 상징성' 등 다양한 〈Ⅱ. 기의〉를 생성시킨다. 이런 의미화 과정에서 추출된 〈Ⅲ. 기호〉는 본래의 '코르셋'에 대한 외연적 의미에 덧붙여진 이미지 또는 수사학적 개념을 내포한 새로운 공시적 의미체로서 신화이다.

바르트의 기호모델은 단순히 일상적인 문화로 치부해버리는 대중문화생산물들이 신화로서 교묘하게 이데올로기가 고착화되는가에 관한 연구이다. 문화콘텐츠에서 영화, 광고, 회화, 조각, 무용, 연극, 애니메이션, 건축 등 다양한 시각콘텐츠 장르들이 갖는 문화코드를 사회문화적 기호로 확장시키며 문화적 영역에서 고정관념으로 신화가 어떻게 생성되는가에 대한 문화적 의미획득 과정을 중요시한다.

예를 들어, 소주 광고가 있는데, 이 광고는 사람, 상품, 광고문구들로 구성된 사진 텍스트이다. 이 광고는 세 가지 종류의 메시지들[20]로 구성되어 있다. 첫째, '코드화되지 않는 도상적 메시지'는 이 광고 사진에서 명시적으로 드러나는 것들로서 이 광고 사진에서만 확인할 수 있는 모든 대상

---

20 바르트는 1964년 『이미지의 수사학』에서 판자니 파스타 광고를 '언어적 메시지', '코드화된 도상적 메시지', '코드화되지 않은 도상적 메시지'의 종류로 구분하여 광고가 갖는 사회문화적 신화를 분석하였다(주디스 월리암슨, 박정순 옮김, 『광고의 기호학』, 나남, 1998, p.38).

사진 3
진로 소주 '참이슬'
광고 포스터,[21] Copyright
© 2010 하이트진로(주)

들을 가리키며 이것은 외연의미이다. 둘째, '언어적 메시지'는 이 광고사진내 모든 언어의 표현들, 즉 광고문구를 비롯한 상품명, 회사명 등의 문자텍스트들이다. 셋째, '코드화된 도상적 메시지'는 이 광고 사진에서 존재하는 도상적 이미지들로서 내포의미를 만들어내는데, 이 광고 사진에서 광고문구·상품·인물 등의 어떻게 배치되어 있고, 이 요소들의 인물설정·시선·대비·색상·조명각도 등 시각적인 모든 차원들의 관계에서 파생되어 내포의미를 만들어낸다.

---

21   (주)하이트진로 홈페이지 하이트 진로 광고(http://www.hitejinro.com/promote/cf.asp) 사진 인용.

구 분	내 용
광고문구	1. 한번 봐야지는 그냥 하는 말, 정말 보고 싶다면… 오늘, 소주 한잔 할까? 2. 사람이 있다. 참이슬이 있다.
상품의 설명	대나무숯으로 3번 걸러 깨끗한 소주
회사명	창립 80주년 진로

소주 광고에 사용된 언어적 메시지들은 세 가지 광고의 기능에 따라 세 가지로 분류된다.

이 소주 광고에 쓰인 언어적 메시지 중에서 문자 텍스트가 가장 돋보이게 쓰인 광고문구는 1이다. 우리 일상생활의 대화에서 자주 사용하는 말로서 특히 친구나 동료 등과 같은 친근한 사람들과의 전화 안부인사에서 사용하는 말이다. 특히 '한번 봐야지'와 '오늘 소주 한잔 할까?'는 친숙한 동료나 친구 등과 나누는 대화의 말이다. 따라서 광고문구 1은 감성적인 언어 메시지로서 '친근함' 또는 '친밀감'이라는 정서적 내포의미를 형성한다. 광고문구 2는 상품명과 결합된 문구로서 '사람'과 '참이슬'이 상호 우호적 관계를 맺는데, 여기서 '사람'이라는 것은 '감성'에 호소하는 의미를 내포하고 있고, '참이슬'이라는 "순수하고 깨끗한 아침이슬의 상큼함"이 결합된다. 더구나 느낌표(!)는 감성에 호소하는 상기된 마음의 기호작용을 일으킨다. 결국 문구 2의 의미는 "사람과 사람의 좋은 또는 진실된 만남에는 참이슬이라는 소주를 마시자!"라는 의미 연상작용을 일으킨다. 더구나 광고문구 1의 일상적 체험의 언어와 광고문구 2의 감성적 호소의 언어와 결합되어 '친밀감'이라는 내포의미를 더욱 강화시키는 기호작용을 한다. '상품 설명'의 언어적 메시지는 단순히 상품의 기능과 특징을 설명하는 것이 아니라 '깨끗한 소주'라는 문구와 광고문구 2의 ''참이슬'이라는 상품명과 결합되어 기호작용을 하여 '참이슬'이 갖는 단어의 의미를 마음속 기호로 각인시켜 정서적으로 친근감을 강화시켜준다. 반면 회사명과 관련된 언어적 메시지는 단순히 상품을 만든 회사를 소개하는 것인데, 회사명 앞에 붙은 창립 80주년이라는 언어를 통해서 오랜 전통을 가진 회사로 상품에 대한 신뢰감을 제공하는 데 빈약한 기호적 의미를 생성한다.

이 소주 광고에서 '코드화된 도상적 메시지'는 명시적으로 복잡하게 얽혀 있는데, 먼저 두 명의 사람, 소주병, 술잔, 어느 가게로 배치되어 있다. 일반적인 이미지 광고에서 상품의 배치처럼 참이슬이라는 소주병은 사진의 오른쪽 하단에 배치되어 있다. 이 광고 사진에서 중심이 되는 이미지는 음식점 또는 술집에서 여자가 어떤 사람과 술잔을 맞대고 미소 지으며 어떤 사람을 친근하게 바라보는 표정의 배치이다. 이러한 배치는 '친근감'의 내포 의미를 생성시킨다. 또한 사진 이미지에서 여자를 바스트 샷으로 잡고 공간의 배경과 여자의 앞의 인물은 포커스 아웃을 시켜서 여자의 얼굴이 부각되게 하였다. 특히 여자는 '김태희'라는 여배우를 등장시켜서 그녀가 갖고 있는 신화적 이미지를 활용하고 있는데, 대중은 '김태희'라는 스타를 "관능적인 아름다움보다는 맑고 지적인 아름다움을 갖춘 스타"로 인식하고 있다.

이 소주 광고에서 코드화되지 않은 도상적 메시지는 명시된 그대로의 대상체로서 '참이슬이라는 소주'와 '김태희'이라는 인물, 그리고 소주 광고 내에 있는 모든 언어적 텍스트들이다.

이 소주 광고에서 기호작용은 김태희라는 여배우가 갖는 '신선한 매력은 바로 참이슬이라는 소주의 특성과 같다'는 내포의미를 생성하고, 그 결과 사람의 마음속에서 기호작용을 통해서 소주는 소시민이 즐기는 주류이다. 그래서 우리 일상생활에서 평범한 소시민들의 소박한 체험오늘, 소주 한잔 할까?의 정서적 공감대로서 '친밀감'을 '신선한 매력'의 신화적 이미지를 가진 김태희라는 여배우와 결합시켜서 맑고 깨끗한 참맛의 소주라는 메시지를 전달한다. 아울러 이 소주 광고의 역동적인 기호작용은 상품의 단순한 기능과 특성의 장점들을 제시하는 광고가 아니라 스타의 이미지를 활용한 이미지 광고로서 이 광고가 만들어내는 내포의미들이 단순히 제품에 대한 호감도와 관련된 것이 아니라 역동적인 기호작용으로 사회문화적 맥락에서의 이데올로기로서 신화를 만들어낸다. 이 소주 광고에서 언어적 메시지로서 평범한 일상의 체험적 감성이 느껴지는 광고문구가 김태희라는 스타의 신화적 이미지를 활용하지 않고, 우리 일상생활 속에서 보는 평범한 여자를 대입하게 되면 이 광고에 대한 사회문화적 맥락에서 신화는 '단순한 일상적 체험'으로서 소비자는 단순한 제품이 갖는 특징만으로 이 제품의 내포의미만을 만들어낸다. 하지만 김태희라는 스타의 신화적 메시지는 소시민의 기호식품인 소주로서 제품이 갖는 하급문화적 기호를 고급문화적 기호로 이끌어내는 기호작용을 하는데, 이것은 이 광고에서 김태희가 맑은 미소를 지으며 어떤 사람과 술잔을 맞대는 연출적 이미지 속으로 소비자를 끌어들인다. 특히 소주는 성인남성의 기호식품으로서 관능적인 섹슈얼리티보다는 '참이슬'이라는 상품명과 상호 친밀한 관계형성을 통해서 청순하고 지적인 섹슈얼리티에 대한 호감도를 느끼게 한다. 결국 남성 소비자들의 마음속에 생성된 내포의미로서 그것이 사회문화적인 맥락에서 아름다운 성적 매력으로서 "김태희 같은 여자와 소주 한잔 하면 어떤 기분이 들까?" 하는 '성적 욕망의 이데올로기'의 신화를 만들어낸다.

바르트의 의미생성 모델의 관점에서 문화콘텐츠의 기호모델은 기호를 해독하는 수신자의 수용 콘텍스트에 의해 다양한 의미가 생성된다는 것을 보여준다. 사회문화적 콘텍스트 속에서 기호를 발신하는 송신자의 의미와 다르거나 전혀 새로운 의미를 수신자가 해독한다. 따라서 기호를 전달하는 송신자는 수신자의 사회적 콘텍스트를 고려한 커뮤니케이션 전략이 의미 작용을 최적화하는 수단임을 생각해야 한다. 결국 문화기호와 그것의 의미를 읽어내기 위한 문화코드 등은 신화와 상호 커뮤니케이션 작용을 통해서 기호와 신화를 생성·유지시킨다. 즉 문화콘텐츠에서 생성되는 의미들은 그 문화콘텐츠와 그것의 수용자가 존재하는 사회문화적 이데올로기 프레임 속에서 해독되며, 특히 영상콘텐츠의 미디어 매체들은 이러한 문화콘텐츠의 의미들을 지속적으로 반복생산하기 위한 이데올로기적 장치라고 할 수 있다.

5. 그레마스의 기호학
- 서사의 행위소 모델과 서사의 의미체계 읽기

그레마스Algirdas J. Greimas의 구조기호학은 텍스트에 잠재적으로 내재하는 의미 생성 요소들의 의미 작용의 형식을 이론적으로 정립하는 것을 목표로 한다. 그래서 그는 구체적으로 기호의 의미 생산과 수용을 포괄하는 역동적 발현 과정을 지시하기 위해 의미 작용을 사용한다.[22] 그레마스의 기호학에 대한 학문적 목표는 기호학적으로 문화콘텐츠에 접근할 때 수신자에게서 하나의 기표가 하나의 의미로서 기의를 생성되는 것이 사회문화적 맥락에서 다양한 기의를 생성할 수 있다는 것에 대한 논점을 제공해준다.

그레마스의 기호학은 어떤 현상론적 문화 텍스트의 분석에 국한된 것이 아니라 문화콘텐츠의 다양한 영역들이라고 할 수 있는 영상, 공연, 애니메이션, 문학, 광고 등 스토리텔링이 허용하는 어떤 분야에도 적용 될 수 있는 속성을 갖고 있다.[23] 특히 그레마스의 기호학 체계에 중심을 이루는 것은 텍스트 분석으로서 텍스트에서 내러티브 구조를 분석하는 것이다. '행위소 모델'과 '기호사각형'은 문화콘텐츠의 스토리텔링 서사구조의 행위자 모델 형성과 수용자의 콘텐츠 의미 수용에 대한 유용한 분석틀을 제시하는 이론이다.

그레마스는 소쉬르가 제시한 텍스트 내의 기호가 의미를 생성하는 구조적 컨텍스트와 코드체계로 기호가 조직화되는 구조적 형식으로서 통합체와 계열체 분석을 서사구조 체계로 발전시켰다. 어떤 문화콘텐츠

22　이동연, 「기호의 사각형과 의미화 과정: 그레마스의 『의미에 대하여』」, 『문화과학』, 2004, p.340.

23　그레마스의 기호론의 경우 문화콘텐츠 분야에서 아직 다른 기호학들에 비해 폭넓게 활용되고 있지 못하다. 주로 시각적 이미지, 공연, 건축, 문학, 영화 등에서 활용되고 있는 데, 고려속요와 같은 시가문학의 경우 이어령의 문학공간론에서 시의 공간적 층위에 그레마스의 기호사각형과 동위소 체계의 부가의미화 과정을 활용하고 있다(이어령, 「이어령 문학강의 Ⅶ: 窓의 공간기호론」, 『문학사상』 제186호, 문학사상사, 1988). 김동근은 이어령의 공간기호학을 재활용하고 있다(김동근, 『서정시의 기호와 담론』, 국학자료원, 2001). 반면 그레마스의 기호론은 감성의 의미체계를 분석하는 데 활용하기도 하는데, 감성의 유형들을 그레마스가 제시한 기호사각형으로 텍스트에서 모순, 대립, 함축관계가 설정된 언어들의 관계형성을 통해서 텍스트에 내재된 감성의 의미체계를 분석하는 데 활용하고 있다(박창민, 「김춘수 시의 기호학적 연구: 초기 시를 중심으로」, 강원대학교 석사학위논문, 2010). 또한 상품적 의미 생성구조, 마케팅, 광고 등에 내재된 감성의 기호를 분석하는 데 활용된다.

이든 간에 이들이 지닌 구조는 통합체와 계열체를 모두 갖고 있다.

통합체와 계열체의 의미를 영화콘텐츠로서 해석한다면, 영화는 사건의 단위로 시퀀스Sequence, 동일한 시간과 동일한 공간을 기준으로 시퀀스를 이루는 여러 개의 신Scene, 그리고 장면전환이 일어나기 전까지 연속적으로 이어진 필름이 쇼트Shot로 구성된 통합체이다. 그리고 이러한 영화 기본단위로서 통합체를 구성하는 기본적인 계열체로서 영화에서는 등장인물, 인물의 대사와 행위, 영화적 시공간 등이 있다. 즉 쇼트의 앞뒤를 비교 분석하며, 다른 시퀀스에서 사용된 같은 쇼트는 매우 다르게 읽힐 수 있다. 특히 영화 통합체는 시적 통합체를 제한하는 것이 아니라 스틸 사진에서도 발견되는 공간 통합체를 포함한다. 시간 통합체는 몽타주에서 나타나는데, 이것은 쇼트가 연속적으로 나열되는 것이다. 그리고 공간 통합체는 미장센으로서 각각의 프레임을 구성하는 것이다. 이러한 계열체의 기호적 요소들이자 영화의 내러티브를 구성하는 요소들로 상호 이항대립의 관계를 형성한다. 영화분석을 위해서 영화를 구성하는 통합체와 계열체의 요소들을 모두 고려해야 하는데, 우선 영화 텍스트의 통합체 분석으로서 텍스트의 진행양상과 구조를 분석하기 위해서 필요한 것이 바로 텍스트를 사건들의 연쇄에 의한 내러티브의 전개로 보고 시퀀스-신-쇼트로 구분하여 구조적으로 분석하는 것이다. 영화텍스트의 체계는 구조적으로 분절되어 있으며, 통합체를 구성하는 계열체의 요소들 간의 이항대립 관계 속에서 내러티브가 어떻게 전개되고 그것이 어떤 영화적 결말을 만들어내는가를 분석하는 것이다.

이러한 영화 텍스트 분석을 위한 통합체와 계열체 분석에 있어서 그레마스의 행위소 모델과 기호사각형 모델은 유용한 방법을 제시해주는

데, 그는 러시아의 민속학자인 블라디미르 프로프Vladimir Jakovlevic Propp의
민담 형태론에서 러시아 민담의 서사 내용에서 보편적으로 이야기를 구
성하는 인물상과 역할, 그리고 사건 형식의 서사적 구성요소의 체계와 레
비스트로스의 신화적 상징의 체계로서 이항대립의 원리를 수용하여 그
것을 서사적 구조를 갖춘 다양한 문화콘텐츠 장르의 구조를 분석하는 데
'행위소 모델'과 '기호사각형 모델'을 제시하였다.

그레마스의 '행위소 모델'은 언어학에서 문장을 구성하는 문법처럼
주어, 목적어, 동사의 구성요소들이 결합되는 관계에 착안하여 뤼시엥 테
니에르Lucien Tesniere의 통사론적 언어의 구조 이론에 영향을 받았다. 테니
에르는 의존문법에서 언어는 단어핵와 그 의존 요소 사이의 관계에 의해
결정되며, 특히 동사를 중심으로 여러 항의 문장의 요소행위소들이 관계를
맺는 문법을 제시하였다. 그레마스의 행위소라는 개념은 바로 테니에르
의 행위소의 개념을 차용한 것이다.

예를 들어, "나는 빵을 그녀에게 주었다."라는 문장에서 행위의 주
체는 주어인 "나는"이 되고, 어떤 대상으로 직접적인 목적어가 되는 것은
"빵을"이다. 그리고 어떤 대상을 제공받는 자 또는 수혜자로서 간접목적
어에 해당하는 것은 "그녀"이고, 문장에서 술어로서 동사는 "주었다"이
다. 이 동사의 형태에 따라 목적어가 다른 것을 대체될 수 있는데, '꽃', '사
과' 등으로 대체될 수 있다. 테니에르는 행위소의 개념을 제시하였는데,
제1 행위소는 주체 또는 주어로서 행동을 수행하는 자, 제2 행위소는 대
상 또는 목적어로서 행동을 당하는 자, 제3 행위소는 간접목적어로 수혜
자, 반주어Contrasubject는 수동태 문장에서 주어로 구분하였다. 구조의미론
의 관점에서 그레마스는 문장에서 제1 행위소와 제2 행위소는 이항대립

관계가 성립되는데 제3 행위소는 대응되는 행위소가 성립되지 않는다는 단점을 지적하였다. 그래서 문장에서 동일한 주어라도 직접목적어로서 대상에 대해서는 주체라고 규정하고, 수혜자에 대해서는 시혜자라는 행위소로 규정하여 수동문의 주어인 반주어를 제외한 테니에르의 제3 행위소를 두 개의 행위소 쌍으로 변형시킨다.[24]

그레마스의 행위소는 증여 또는 제공 형식의 의미를 담고 있는 문장에서 주체와 대상, 시혜자로서 발신자, 그리고 수혜자로서 수신자를 기초로 하여 서사를 담고 있는 텍스트의 통합체의 구조 모델을 제시하였다. 그레마스는 서사물의 텍스트 분석에서 문장 행위소 모델의 주어와 목적어를 관계형성과 그것의 역할에 대해서 프로프의 민담형태론의 구조로 차용하였다. 프로프는 러시아에 전하는 100개의 민담을 대상으로 서사물에 등장하는 인물유형, 인물의 역할, 시공간적 배경에서 보편적인 공통점을 찾으려고 하였는데, 명시적으로 드러나는 인물과 배경은 민담마다 다르지만 내부적으로 인물들의 기능과 역할은 규칙성을 갖고 있으며, 반복적으로 여러 민담에서 변형된 형태로 드러난다. 그래서 이러한 행동들을 '기능'으로 추상화시켰는데, 이야기의 전개 속에서 차지하는 상황에 따라 정의된 인물의 행동을 드러난다고 하였다. 그리고 이러한 민담에서 인물의 유형을 일곱 가지로 제시하고, 인물행위를 31개의 기능들이 일정한 순서로 수행되면서 전개된다고 하였다.

그레마스는 프로프가 제시한 일곱 가지 인물군의 역할을 세 가지 서사 통합체로 정리하였는데, 각 인물군의 관계형성은 일종에 '계약의 성립

---

24   김태환, 「그레마스의 행위소 모델 수용의 문제점: 발신자/수신자 개념을 중심으로」, 『독일어문화권연구』 제 10호, 서울대학교 독일어문화권연구소, 2001, p.110.

표 4 프로프의 7가지 인물군과 그레마스의 행위소 모델 비교[25]

그레마스의 행위소 모델	프로프의 인물군
주체	주인공(The Hero)
대상	찾는 인물(Personnage Recherche)
발신자	위임자(Mandateur)
수신자	주인공(The Hero)
조력자	증여자(Donateur), 원조자(Auxilaire)
반대자	악한(Agresseur), 거짓 주인공(Faux Hero)

과 파기', '계약에 따른 과업과 투쟁', '보상에 의한 승인 또는 징벌'로 맺어진 관계이고, 이 계약은 특정한 가치체계를 기반으로 하고 있다. 이 세 가지의 기본적 이항 대립이 서사물에서 주제, 인물유형, 행위유형 등을 이루며 인물에게 부여된 기능에 따라서 주체와 대상, 발신자와 수신자, 조력자와 반대자로 구분하였다. 여기서 '주체'는 찾는 사람으로 주인공이고, '대상'은 찾고자 하는 대상이며 이것은 사람일 수도 있고 어떤 특정 물건·욕망·정신적 대상 등일 수도 있다. '발신자'는 무엇을 보내는 사람인데, 사람일 수도 있고 어떤 사건일 수도 있다. '수신자'는 발신자가 보내는 무엇을 받는 사람이다. '원조자'는 행동을 돕는 사람으로 주인공이 대상을 찾을 수 있게 돕는다. 반면 '대립자'는 그것을 방해하는 사람이다. 이러한 인물군의 관계설정은 서사물의 구조를 이루는 '주체와 대상'과의 관계, 대상을 전달하는 '발신자와 수신자'의 관계, '원조자와 대립자'의 관계

25 A. J. Greimas, *Semantique Structurale*, Complexe-PUF, 1966, pp.193-194(김남재 외, 「MMORPG 서사구조 분석」, 한국게임학회 춘계학술대회 논문집, 2011, p.42 재인용).

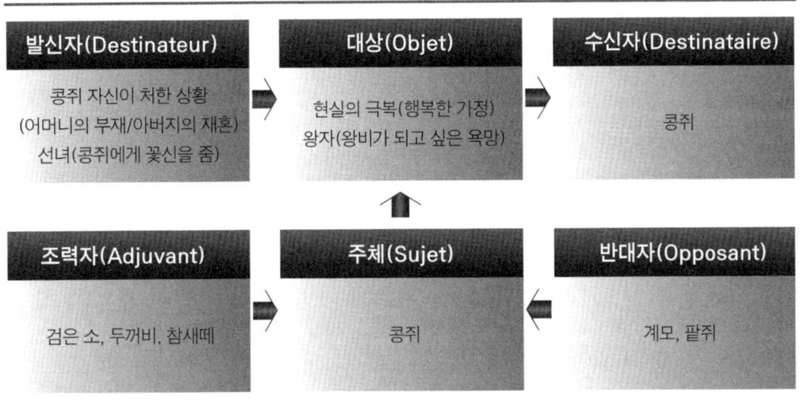

그림 11 한국 전래동화 〈콩쥐팥쥐전〉의 행위소 모델

로 주체를 중심으로 인물 간의 의사소통 관계를 표시하는 것이다. 바로 이러한 각 인물군의 이항대립 쌍을 통해서 서사물에 등장하는 인물들이 작품 속에서 어떻게 관계를 맺고, 이를 통해 텍스트의 서사구조 속에서 사건 주체들의 기능을 파악하는 것이 행위소 모델의 개념이다. 예를 들어, 한국의 전래동화 〈콩쥐팥쥐전〉을 그레마스의 행위소 모델로 해석하면 〈그림 11〉과 같다.

그레마스의 행위소 모델은 서사적 문화콘텐츠 장르에서 서사의 내러티브, 즉 통합체 속에서 등장인물이 자신이 수행해야 할 역할에 따라 사건을 순차적으로 진행하며 내러티브를 전개시키는 데 기여한다. 결국 행위소는 연쇄적인 행동들로 이루어진 서사의 구성체로서 이런 행위소들 간의 결합을 통해서 하나의 통합체로서 서사물이 완성되는 것이다.

그레마스의 '기호사각형' 모델은 단순히 '기표-기의'의 배치를 말하는 것이 아니다. 그레마스에게 기호들의 배치는 의미 계열과 그 계열의 분절체인 의미소들의 배치로서 이것은 두 가지 점에서 의미 생산의 복합성을 낳는다. 먼저 의미소들의 배치는 차이에 의해서 이루어지는데 이 의미의 차이는 단순히 대립 관계만이 아니라 대립, 모순, 함축 관계에 의해서 생산된다는 점이다. 메타적 차원에서 의미소들 간의 4각형 구도는 그것이 의미의 영역에서 사회적·문화적·정치적 배치로 확대된다. 또한 기호사각형을 이항 대립의 중첩 형태로 본다면, 이항 대립의 개념적 확장이 기호사각형의 모델이라고 할 수 있다.[26]

이러한 기호사각형의 모델 도출 방식을 남성과 여성의 존재로 비교하여 예시한다면, 남성과 여성은 서로 반대 관계에 있지만 동시에 이 둘은 '사람'이라는 공통점을 갖고 있다. '사람'이라는 의미의 범주는 공통의 의미 축이다. 즉 '남성'의 의미를, '여성'이라는 대립 관계에 위치에 있을 때 '사람'이라는 더 큰 의미의 범주 속에서 남성과 여성이라는 의미가 생성되는 것이다. 그런데 남성Male의 의미는 그와 반대 관계에 있는 여성Female과의 차이에서도 만들어지지만, 모순 관계에 있는 존재로서 '남성이 아닌 존재비남성, Non-Male'와의 차이 속에서도 의미가 생성된다. 또한 여성의 의미도 역시 남성의 반대 관계가 아닌 '여성이 아닌 존재비여성, Non-Female'를 통해서 의미가 생성된다. 여기서 남성과 여성이 아닌 존재, 그리고 여성과 남성이 아닌 존재의 관계를 함의含意관계 또는 상보적相補的관계라고 말한다.[27] 즉 남성 혹은 여성의 의미를 대립 관계와 모순관계 그리고 함의관계와 그 차이를 통해 밝혀낼 수 있는데, 기호사각형이란 바로 이러한 의미화 과정의 기본 구조로서 다음 〈그림 12〉와 같이 도식화하였다.

---

26   주경복, 『레비스트로스(문학의 이해와 감상 75)』, 건국대학교 출판부, 1996, pp.101-103.

27   백승국, 「음식 기호학과 기호사각형」, 『프랑스학 연구』 제26권, 프랑스학회, 2003, pp.133-146.

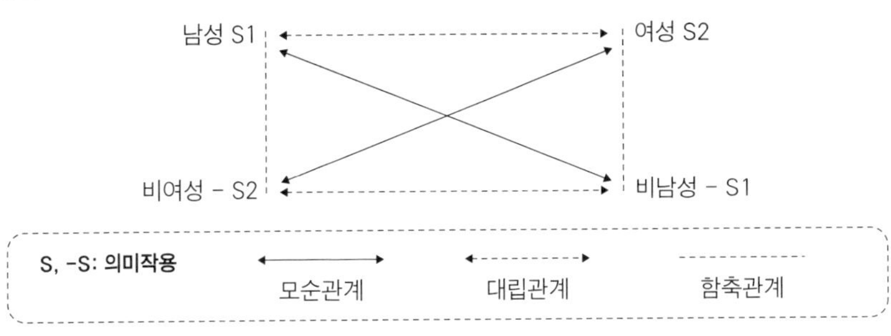

그림 12 그레마스의 기호사각형 모델을 통한 남성과 여성의 의미생성 모델

여기서 의미 작용 S가 하나의 의미론적 축으로 나타나게 된다면, 그 것은 그 의미의 절대적인 부정을 취하는 –S와 대립된다. 또한 의미론적 축 S는 두 개의 의미소들로 분절된다. 이때 분절은 대립적 지위에 있는 의미소들$S1 \leftrightarrow S2$과 모순적 위치에 있는 의미소들$-S1 \leftrightarrow -S2$로 분절된다. 의미론적 축 S는 S1과 S2로 분절된 후에 복잡한 의미소들로 재정의되는데, 가령 위의 도식에서 S1과 S2, –S2와 –S1의 관계가 이접의 관계라면, S1과 –S1/S2와 –S2는 연접의 관계이다. 이러한 기호사각형의 의미화 과정은 세 가지의 기호학적 체계의 구조로 설명될 수 있다.

첫째 '위계적인 구조Hierarchical'로서 의미론적 축 S와 S1/S2, –S와 –S1/–S2 사이의 관계를 말한다. 둘째 '범주적 구조Categorical'로서 여기에는 모순적 관계$S1, -S1/S2, -S2$와 대립관계$S1, S2/-S1, -S2$, 함축관계$S1, -S2/S2, -S1$로 범주화된다. 셋째, '층위적인 구조The Dimensions'로서 대립, 모순, 함축으로 구분된 범주가 다시 여섯 개의 의미소 쌍들로 구분될 수 있다.[28] 이러

---

28   이동연, 전게서, 2004, p.342.

구성적 관계망	구조적 층위망	의미소적 구조망
대립관계	S축(복합적) : -S축(중립적)	S1+S2
모순관계	도식 1 : 도식 2	S1+-S1 : S2+-S2
단순함의	지시체계 1 : 지시체계 2	S1+-S2 : S2+-S1

한 의미소들의 관계망은 〈표 5〉와 같다.

그레마스는 이러한 의미소 층위들이 단순히 기능적인 도식이 아니라 의미의 규칙들과 사회성을 담는 도식으로 보고 있다. 즉 의미소들은 문법적인 배치만이 아니라 가치판단과 이데올로기 입장들의 배치이기도 하다. 그런 점에서 의미소들의 층위는 '사회적 규칙들의 지형'으로 이행하게 된다. 의미소들의 '대립, 모순, 함축 관계들'은 사회체계 내에서 부정과 긍정, 규정과 금지, 그리고 비규정과 비금지 등등의 의미들을 복잡하게 생산한다.[29]

그레마스의 의미생성의 기호학은 언어 텍스트로 이루어진 문학적 텍스트의 분석을 넘어서 서사 장르가 허용되는 다양한 문화콘텐츠 장르의 스토리텔링의 구성과 그것이 담고 있는 의미분석을 하는 데 유용한 방법론을 제시해준다.

---

29 이동연, 전게서, 2004, p.343.

6. 문화원형의 의미생산 구조와 스토리텔링의 가능성

문화기호학의 다양한 담론들은 콘텐츠 개발자가 어떤 문화원형을 문화콘텐츠로 개발하여 소비자가 그 콘텐츠 상품이 갖는 사회문화적 컨텍스트를 읽을 수 있는가에 중요한 논제를 제공한다. 특히 문화원형의 스토리텔링에 있어서 원형서사와 스토리텔링의 상관성은 바르트, 레비스트로스, 그레마스로 이어지는 구조주의 기호학에서 신화 또는 민담을 원형으로 삼아 서사적 해석의 모델로 활용할 수 있다. 이러한 방법론들을 통해서 원형서사에 담긴 플롯의 기본원리를 밝혀내고, 이를 스토리텔링에 의해서 영화 · 애니메이션 · 게임 등의 서사적 문화콘텐츠 장르들에 활용할 수 있는 방법을 모색할 수 있기 때문이다.

사실 그리스로마 신화는 미토스Mythos로서 '이야기'와 '틀'의 의미를 갖고 있다. 그래서 신화의 보편적인 주제는 신적 영역 또는 비문명화된 사회에서 문명화된 사회로 자연의 영역을 끌어들여 인간의 육체와 정신 속에서 잠재해 있는 것들을 어떻게 커뮤니케이션할 것인가에 대한 일종의 원형적 패턴의 속성을 담고 있다. 신화는 전승집단의 근원적 상상력과 문화적 상징성으로 원형성을 갖고 있다. 그래서 신화는 서사의 프레임에서 잘 짜인 이야기이고, 그것을 원형서사로서 이해할 때, 우리는 이야기의 구성요소들과 내러티브의 프레임을 짤 수 있다.

신화와 민담이 고유 원형으로서 갖추고 있는 서사적 요소들로서 인물, 사건, 시공간, 그 세계를 움직이는 규칙 등은 그 시대의 문화적 상상력이 담겨 있고, 그 상상력은 단지 과거의 시공간에 머물지 않고 현대사회에서도 여전히 유효한 인간의 존재론적 본질을 함축하고 있다. 오히려 이것들은 오늘날 문화콘텐츠 산업시대에 서사 구성, 캐릭터 설정, 시공간의 질서 및 세계법칙을 탐색하는 것으로 다양한 형태의 스토리텔링의 영역으로 끌어들여 콘텐츠 장르가 갖는 다양한 표현양식과 문화기술이 입혀져 원형서사의 신화가 현대적 시각에서 문화콘텐츠의 패러다임 속에서 새롭게 조명된다.

한국의 민족신화 또는 각 지역의 민담에 등장하는 인물을 형상화시켜서 캐릭터 상품으로 개발하거나 인물유형과 사건 등을 분류하고, 이를 활용하기 위한 문화원형 뱅크를 통해서 문화콘텐츠 장르의 소재로 활용하기도 한다. 오늘날 문화콘텐츠의 스토리텔링에 대한 중요성이 부각되면서 문화원형의 소재를 어떻게 기획하여 그것을 대중들이 쉽게 수용할 수 있는가에 따른 기획 마케팅 전략에 문화원형 스토리 소재 제공에 유용한다. 즉 문화콘텐츠 시장에서 어떤 유형의 문화원형 소재의 수요가 늘어날 것을 예상하고 이와 관련된 소재 검색 및 제공을 목적으로 하는 문화원형 스토리뱅크Storybank의 구축에 활용할 수 있다.

이러한 문화원형의 분류에 따라서 스토리텔링의 소재를 제공하는 문화원형은 문화콘텐츠 시장에 관련 분야와의 접근성, 소재의 경쟁력 등을 파악하여 각 주제별 스토리Story 소재의 독창성과 스토리텔링화에 대한 가능성을 파악하여 스토리텔링 데이터베이스를 구축하는 데 활용가능하다. 또한 스토리텔링과 관련된 텍스트뿐만 아니라 사용자의 이해를 돕기 위한 다양한 디지털 기술들도 스토리뱅크 구축에 필요하다.

예를 들어, 고구려 고분벽화에 그려진 다양한 문양과 인물들을 소재로 영화를 제작한다고 했을 때, 여기서 말하는 고구려 고분벽화는 문화원형이고, 이것을 영화화하는 것은 바로 문화콘텐츠화한다는 것이다. 따라

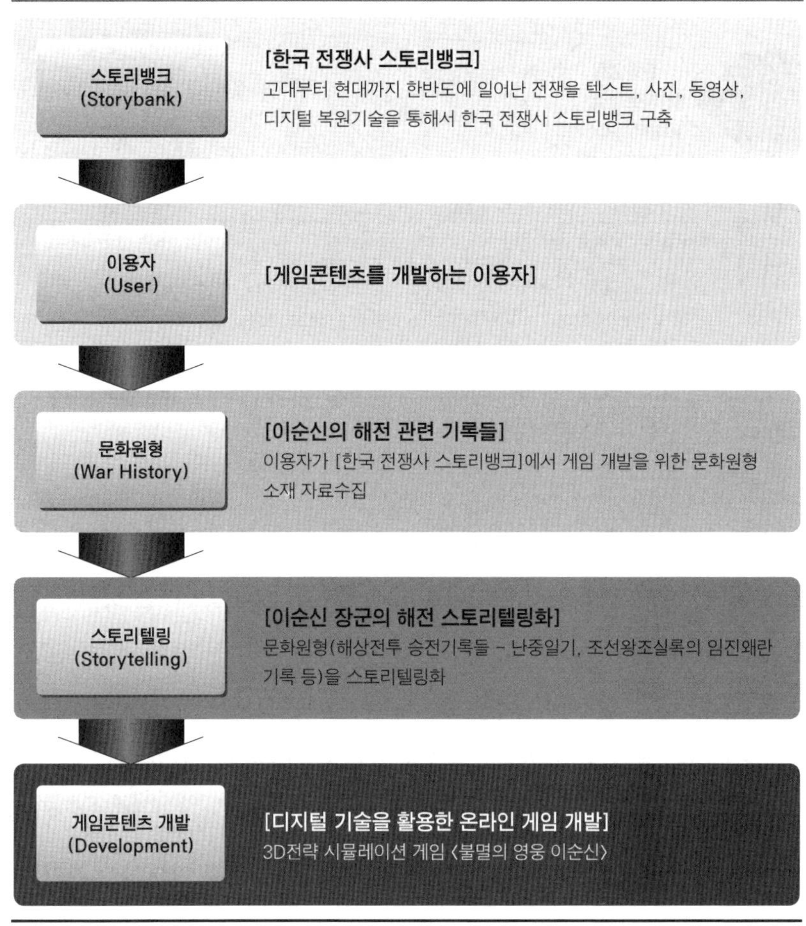

그림 13 스토리텔링 관련 문화원형의 스토리뱅크 활용도

서 고구려 고분벽화의 문화원형을 영화로 창조하기 위해서는 먼저 고분벽화에 대한 역사적·지리적·문화적 연구를 토대로 거기에 창조적 상상력으로 스토리텔링화하여 시나리오를 비롯하여 고증작업이 필요할 것이다. 따라서 바로 이 과정이 문화원형으로서 고구려 고분벽화의 인문학

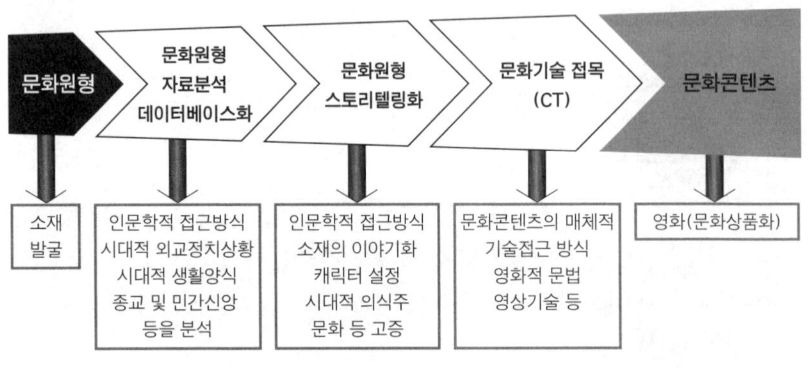

그림 14 문화원형의 문화콘텐츠 과정

적 가치를 평가하는 동시에 이러한 1차적 인문학적 상상력의 결과물을 토대로 문화기술을 접목하여 영화라는 문화콘텐츠를 만들어내는 것이다. 고구려 고분벽화와 마찬가지로 문화원형의 범주에 속하는 신화, 전설, 민담, 노래, 언어, 풍속, 말, 놀이, 예술, 문학작품 등은 인문학적으로 사회정치학적 · 철학적 · 예술적 · 문학적 연구의 소재를 제공한다. 따라서 인문학에 근거한 다양한 문화원형 창작소재 개발과 콘텐츠 산업계에서 활용의 유기적 연계가 이루어지는 창조사업으로서 정착될 수 있기를 기대하고 있다.

제3부
스토리텔링,
서사와 문화콘텐츠

01

스토리텔링과 문화콘텐츠

1. 문화콘텐츠 시대의 스토리텔링

인간이 만들어낸 이야기하기를 우리는 '서사Narrative'라고 부른다. 서사구조는 우리가 일상생활에서 접하는 모든 인쇄매체나 영상매체 등에 모두 담겨 있다. 문화기호학자 롤랑 바르트Roland Gérard Barthes는 "이 세상에는 다양한 매체와 형식들로 구성된 무수히 많은 이야기récits들이 존재한다."[1]고 하였다. 따라서 바르트의 논점에서 살펴보면 이야기를 담는 형식의 문제이지 이 세상의 모든 것은 인간에 의해 이야기의 담론으로 풀어낼 수 있다는 것이다.

하찮은 사물이라도 그것이 어떤 상황의 조건에 있느냐에 따라 그 사물에 의미를 부여하고, 그것에 부여된 의미는 바로 이야기의 담론일 수

---

[1] Roland Gérard Barthes, 「Introduction à l'analyse structurale des récits, L'analyse structurale du récit」, *Communications*, 8, Points, 1966, p.7.

있다는 것이다. 따라서 이야기는 서사성을 토대로 하는 장르에만 국한된 것은 아니다. 인간의 원초적인 몸짓과 음성, 사진, 동영상 등은 인과관계를 가진 사건이나 이야기 구조를 갖는 전통적인 극예술 장르에서 벗어나 유형과 무형의 문화유산을 포함한 모든 것을 어떻게 표현하는 방식에 따라 새로운 디지털 미디어를 포함하여 모든 문화콘텐츠에 의해서 서사 또는 스토리텔링의 구축을 가능하게 한다.

우리가 '이야기하기'를 통해서 세계를 이해하고 인식하는 방법이 이야기를 전달하는 전통적인 서사와 스토리텔링으로 구별하는 것은 바로 세상을 이해하는 방식에 논리와 인과적 질서를 부여하는 것이다. 따라서 일반적인 서사와 스토리텔링의 차이점은 이야기의 창작, 전달, 소비 방식을 이해하는 것이고, 더 나아가 소통의 담론에 따라 새로운 문화 이해의 장이 되는 것이다.

서사의 역사는 인류가 탄생하여 개인이 아닌 집단 공동체를 이루면서 상호 소통을 위해서 시각적인 몸짓과 음성적 소리, 상징적 그림 또는 사물, 기호, 문자, 인쇄술, 영상매체 등으로 발전해오면서 오늘날 디지털 매체로까지 발전해왔다. 시대마다 새롭게 등장하는 서사 표현매체의 발전은 인간의 삶과 사고방식까지 변화를 주었는데, 그것은 인간이 표현하는 상상력의 한계를 넘어서는 과정이라고 할 수 있다. 특히 오늘날 디지털 매체는 시공간을 초월하는 가상의 세계에서 과거와 현재, 미래를 모두 체험할 수 있도록 무한한 상상력을 제공하고 있다. 그래서 우리가 예전의 신화와 전설을 문자 중심의 텍스트로 이해하고, 정신적 작용에 의해서 그것을 상상했다면 오늘날 이러한 상상은 구체적인 현실이 되어 드라마, 영화, 게임의 가상 현실세계가 되고 있다.

서사는 문화콘텐츠 시대에 스토리텔링을 통해서 문화를 비롯한 사회의 다양한 영역으로 파급되고 있는데, 이것은 스토리텔링이 갖고 있는 상호작용성으로 수용자와 쌍방향 커뮤니케이션이 가능하다는 것과 단편적인 지식정보 제공에서 벗어나 흥미와 오락성을 갖추고 있어서 교육과 오락이 결합된 에듀테인먼트Edutainment 산업, 브랜드 마케팅 등 비서사非敍事 장르에까지 활용 영역이 확장되고 있다. 따라서 디지털 서사시대의 스토리텔링은 '이야기하기'에서 소비자가 참여하는 순간에 대한 현재성을 부여하고, 공간적 한계를 넘어서 상황이나 장소에 따라 달라지는 현장성을 부여한다. 또한 제작자와 소비자의 상호작용인 행위성을 기본 바탕으로 한다.

스토리텔링Storytelling은 '이야기Story', '말하기Tell', '현재의 상황Ing'이 결합된 합성어이다. 바로 이 용어를 구성하는 세 가지 단어들은 스토리텔링을 구성하는 요소이다. 'Story'는 이야기의 속성, 즉 서사구조를 갖고 있는 것이며, 'Tell'은 그 의미 자체로 말하는, 즉 구술성을 갖고 있다. 마지막으로 'Ing'은 현재성의 상황을 공유하는 현장성 내지 상호작용성을 말한다.

스토리는 인간이 세계를 인식하고 발화하는 근본적인 한 가지 방식이며, 무수히 다양한 형태로 존재하지만 문학과 같은 서사학이 갖추어야 하는 기본적인 서사구조가 성립되어야 한다. 서사의 구성요소에서 인물은 스토리 속에 설정된 허구적 인물을 의미하며, 스토리에서 인물의 행위모델에 따라 사건과 연관성을 갖는다. 어떠한 사건이 일어나는 것에 따라 인물의 반응이 변하고, 그에 따른 행동양식도 변한다. 사건은 인물이 놓인 상황에서 인물에게 어떤 일이 벌어지는 것을 의미하며 이것은 인물에게 갈등을 불러 일으켜 인물의 행동을 유발시킨다. 시공간적 배경은 사건이 발생하거나 인물에게 처해지는 상황으로 시간과 공간을 의미하며, 이것은 사건에 사실성을 부여하며 인물의 심리상태와 사건의 전개를 암시하는 역할을 한다. 플롯은 사건이 플롯에 따라 어떻게 전개되는가에 대한 것으로 플롯 구조를 말한다. 플롯 구조는 발단, 갈등, 절정, 대단원의 네 가지 단계구조를 갖는다. 발단부는 스토리의 도입에 해당하는 부분으로 인물, 배경 등이 소개되고, 갈등부에서는 사건이 전개되면서 인물 사이에 갈등이 고조된다. 절정은 이야기 내의 갈등이 극에 달하고, 이야기가 해결되는 전환점이 된다. 대단원은 이야기 내의 갈등이 해소解消되고 귀결되는 부분이다. 이러한 플롯의 전개구조는 유기적으로 인과관계에 의해 연결되어 있어야 하고, 모든 사건은 선행사건에서 기인해야 하며, 또 나름의 사건에 분명한 원인을 제공해야 한다. 스토리텔링에서 스토리는 문학작품에서 구성되는 서사구조를 갖추고 있어야 재미있는 스토리가 되며, 플롯 구조를 통해서 사건들이 일련의 관계성을 갖추고 있어야 한다. 이러한 일련의 사건들 속에서 수용자는 스토리에서 재미를 느낄 수 있는 스토리가 전달하고자 하는 메시지를 읽을 수 있는 것이다.[2]

스토리텔링에서 '말하다Tell'는 단순히 '말한다'를 의미하는 것뿐만 아니라 스토리를 표현하는 매체의 특성에 맞게 표현 또는 전달한다는 의미를 갖고 있다. 아울러 이 의미에는 시각적인 커뮤니케이션 외에 촉각, 청각, 후각 등 다른 감각들까지 포함한다. '말하기 개념'은 감각적이고 구체적이기 때문에 체험성을 내포內包하고 있다. 구체적인 체험성이라는 것

---

2   최혜실, 「스토리텔링(Storytelling) 개념 등장의 시대적 배경」, 『문학수첩』 창간호, 2003, pp.193-195.

은 바로 허구적인 사건이라도 실제 현실에서 일어났던 사건처럼 포장하는 것, 실제 구체적으로 일어난 현실의 사건을 좀 더 매력적이게 청자 또는 수용자에게 전달하는 것, 누구나 일상생활에서 경험할 수 있는 일 등을 포함한다.[3] 텔Tell은 커뮤니케이션으로서 스토리를 전달하는 매체이기도 하다. 스토리의 전달매체는 시대에 따라 변화되어왔다. 문자매체가 탄생하기 전 구비시대에 스토리 전달수단은 목소리로서 화자는 목소리, 몸짓, 표정, 그리고 스토리 전달에 사용되는 일련의 소도구 등을 활용하였다. 구텐베르크의 인쇄혁명으로 인해 활자시대가 열리면서 문자 텍스트와 스토리를 보조하는 그림 등을 삽입한 스토리들이 한 장소에 국한되지 않고, 보다 광대한 지역으로 전달되었다. 20세기 초·중반 영상시대가 열리며 스토리는 비디오, 오디오가 결합된 영상매체에 의해서 좀 더 효과적으로 스토리를 전달할 수 있었다. 대중들은 문자 시대의 스토리 수용보다 좀 더 감성적으로 스토리를 수용할 수 있었다. 21세기 디지털 매체의 시대에는 아날로그 시대의 모든 소스가 디지털화되어 자유로운 스토리의 편집 및 일방적으로 화자에 의해서 스토리를 전달받았던 청자는 이제 '사용자User'의 개념으로 바뀌어 사용자와 화자가 쌍방향으로 서로 소통하는 인터랙티브한 스토리텔링의 시대를 맞이하고 있다. 더 나아가 유비쿼터스의 시대로 변화하며 시공간적 한계를 넘어서 언제 어디서나 우리 주변에서 사용하는 일상 생활용품 또는 일상에서도 스토리를 전달받을 수 있는 환경으로 변화하고 있다.

---

3   소강춘 외, 『스토리텔링과 문화산업』, 전주대학교 문화산업총서 1, 글누림, 2009, pp.46-47.

표 6 스토리를 전달하는 시대별 매체와 커뮤니케이션 문화

시 대	매 체	문 화
구술시대	목소리, 표정, 몸짓, 기타 소도구들 활용	구연, 구비문학
활자시대	텍스트(문자), 그림	문학
영상시대	비디오와 오디오의 결합체인 TV, 필름 등 영상매체	영화, 드라마, 애니메이션
디지털 시대	멀티미디어(오디오, 비디오, 동영상, 애니메이션, 3D 텍스트 등) 기기들, 컴퓨터, 모바일	게임, 블로그, UCC 등
유비쿼터스 시대	멀티디미어 외 생활 주변의 환경에서 사용 가능한 전자기기들까지 포함	게임, 블로그, UCC 외 콘텐츠 선택에서 시공 선택의 진일보

스토리텔링에서 현재성Ing의 의미는 직관적이고 감각적인 것을 추구하는 감성공동체의 경향을 단적으로 제시하는 의미를 내포하고 있다. 기술이 발달하면서 현대의 문화산업은 보고 듣고 느낄 수 있는 오락거리의 증대增大를 가져왔다. 놀이문화는 놀이적 속성으로서 감각적인 속성을 말한다. 감각적 속성은 문화산업 전반으로 확산되고 있으며, 일반 산업계에까지 영향을 주어 이제는 물질적 생산의 가치보다 기호의 가치를 산출하는 산업적 패러다임으로 변화하고 있다. 그에 따라 상품의 미학적 가치가 중요한 속성이 되고 있다. 스토리텔링은 그러한 미학적 가치의 핵심으로 부상하고 있다.[4] 상품의 미학적 교환가치는 바로 문화산업이 꿈과 감성을 교환한다는 것이다. 대량생산 · 대량소비 사회에서 소비자의 제품에 대

---

4   소강춘 외, 전게서, 2009, p.47.

한 구매심리가 제품이 갖고 있는 편리한 기능에 의존했다면 문화산업시대에 소비자는 제품이 자신에게 주는 감성적인 코드로서 그것이 환상과 욕망을 자극하는가에 따라 구매 욕구를 느끼는 경우가 많다. 더 나아가 온라인 게임의 경우 팀워크 형성을 통해 함께 게임에 참여하고, 게임과의 상호작용을 통한 연대감이 형성된다. 이러한 관점에서 볼 때 스토리텔링의 현재성 속에는 화자와 청자의 연대감 형성 및 공동체적 체험이 형성되어 있다. 결국 스토리텔링의 목적이 인간의 세계를 인식하는 또 다른 장이 되는 것처럼 문화산업에서 성공적인 스토리텔링이라는 것은 화자와 수용자의 연대감 형성으로 고객지향적인 향유자 중심으로 커뮤니케이션이 변화하는 것이다.

스토리텔링의 현재성에서 체험은 자신에게 일어날 듯한 일 또는 자신도 경험할 수 있는 가장 익숙한 이야기를 선호하는 경향이 있다. 예를 들어, 현대자동차 그랜저 광고에서 사용된 스토리텔링을 보면 체험의 속성이 소비자를 어떻게 자극시키는가를 알 수 있다. 이 광고의 스토리는 30대 남성 둘이 어느 가게 앞에서 만나는 장면으로 시작되는데, 이 두 명의 신사는 옛날 동기동창인 것으로 묘사되고 있다. 여기서 화자의 시점인 나의 모습은 가려져 있다. 대신 친구의 모습은 정면으로 보인다. 친구의 말을 이 광고 안에 화자인 내가 대신 말한다. "요즘 어떻게 지내냐는 친구의 말에, 그랜저로 대답했습니다."라고 광고안의 화자인 내가 말한다. 그리고 문자 텍스트가 영상 프레임에 뜬다. 그리고 친구가 약간 부러워하는 표정으로 차를 쳐다보는 모습이 바스트 샷으로 보이며 바로 그랜저 차 모습이 영상에 등장하며 "당신의 오늘을 말해줍니다."라는 문자 텍스트가 뜬다. 30초 광고 안에 제품 홍보를 위해서 '30대 남성의 로망'이라고 할 수

사진 4 현대자동차 '그랜저' 방송광고 영상,[5] Copyright ⓒ 2010 (주)현대자동차

있는 '성공한 남자의 품위'를 자동차라는 매개체로 적절히 활용한 것이다.

이 광고의 스토리에는 30대 남성이라면 누구나 경험해보고 싶은 욕망이 광고 속 화자의 말, 그리고 영상으로 보이는 문자 텍스트로 담겨 있다. 이 스토리는 사회적 지위와 명성을 얻고 싶어하는 30대 남성이라면 누구나 공감할 수 있는 스토리텔링의 소재인 동시에 보편적인 체험의 소재이다. 또한 제품의 편리적 기능과 장점을 광고하는 것이 아니라 상품이 갖는 사회적 명성의 가치 또는 미학적 가치를 교환가치로 제공하는 광고이

---

5   현대자동차 홈페이지 그랜저 광고(http://www.hyundai.com/kr/main.aspx) 사진 인용.

다. 결국 이 광고는 스토리텔링의 직감적이고 감성적인 효과를 노린 것이라고 할 수 있다.

스토리텔링의 현재성Ing 안에는 상호작용성의 특성이 포함되어 있다. 스토리는 인식, 가공, 가치지향, 소통의 네 가지 단계를 거친다. 인식은 화자가 말하고자 하는 방향과 그 범위 내에서 청자가 공감할 수 있는 소재를 화자 주변의 현실, 상황 등에서 찾는 것을 의미한다. 가공은 화자가 찾아낸 소재를 청자에게 제공하기 위해 다양한 형태로 변형시켜 스토리 요소를 담는 과정을 말한다. 가치지향은 소재를 가공하는 과정에서 개연성과 논리성을 바탕으로 가치체계를 구성하여 스토리에 의미를 부여하는 것을 말한다. 위 세 가지 과정을 통해서 완성된 스토리를 상호작용을 고려하여 화자는 청자에게 전달의 형태로 변화시킨다. 스토리를 전달하는 매체를 수용하는 청자는 스토리를 수용하면서 몰입, 심리적 공감, 연계적 사고, 피드백의 단계를 거친다. 청자는 우선 스토리텔링을 통해 스토리에 몰입하고, 자신의 경험을 바탕으로 심리적인 공감을 느끼게 된다. 차후 스토리가 진행됨에 따라 스토리 자체가 가지고 있는 연결성으로 인해 청자는 연계적 사고의 단계를 거치게 된다.

이와 같은 과정으로 청자는 정보를 획득, 정보의 연계작용, 사고 확장의 순서로 내면적인 변화를 거쳐 지식의 수용을 촉진하게 된다. 이러한 단계를 거치면서 마지막으로 청자는 스토리의 수용과정에서 생긴 의문점, 느낌 등을 화자와 소통하여 피드백하게 된다. 이 피드백 과정은 청자는 스토리 전달매체를 활용하여 화자가 전달한 스토리를 편집 및 재구성할 수 있고, 새로운 스토리를 화자에게 전달할 수 있는 상호작용이 일어나게 된다. 이러한 상호작용성은 스토리 전달매체와 사용자에 따라서 그

정의가 달라지는데, 사용자가 스토리를 수용하는 과정에서 수용하는 시공간적 한계를 넘어서 실시간으로 매개된 환경에서 내용과 형식을 변형하는 데 참여할 수 있는 정도를 말한다. 따라서 상호작용성이라는 스토리텔링의 현재성ing 속에 일어나는 작용이라고 할 수 있다.

2. 문화콘텐츠의 스토리텔링 활용

스토리텔링은 문화산업을 비롯한 일반산업 분야까지 활용성이 확장되고 있다. 일반산업에서 스토리텔링을 홍보 마케팅의 기법, 브랜드 아이덴티티 구축, 조직문화의 유연성을 위한 조직관리 시스템 등에 활용하는 데 이러한 접근방식은 일종의 전략적 측면에서 고려되는 스토리텔링의 활용성이다. 반면 문화산업에서 스토리텔링은 콘텐츠 매체의 속성과 결합되어 스토리 자체가 생산 미디어를 통한 재생산, 유통 및 소비되는 상품적 성격을 갖고 있는 동시에 창조적 상상력으로 소재의 매체적 성격에 맞게 서사성을 부여하여 흥미와 오락을 이끌어내는 기획 분야에서 활용적 가치를 인정받고 있다.

이러한 스토리텔링과 문화콘텐츠의 상관관계는 스토리텔링이 각각의 문화콘텐츠 분야에서 어떻게 활용되는가에 따라 분류할 수 있다. 또한 문화콘텐츠의 OSMU 전략에 의하여 스토리텔링은 문화콘텐츠 분야 간의 유기적인 활용도를 극대화시킬 수 있다.

문화콘텐츠의 대표적인 장르에 따라 스토리텔링의 활용도를 살펴보면, 영상콘텐츠 분야에서 영화, 애니메이션, CF, 방송 드라마, 뮤직비디오,

구 분	영상콘텐츠 분야	공연콘텐츠 분야	기타 콘텐츠 분야
스토리	극본, 시나리오, 콘티, 스토리보드	희곡, 대본, 가사	스토리 콘티
목적	흥미	흥미	학습+흥미
서사 성격	허구적 서사	허구적 서사	논픽션 서사
콘텐츠 성격	엔터테인먼트	엔터테인먼트	인포메이션+에듀케이션
유형	영화, 애니메이션, 게임, 방송 드라마 뮤직비디오, CF	연극, 뮤지컬, 오페라, 무용극, 콘서트, 전통극(창극)	출판만화, 테마파크 축제, 전시, 출판물, 에듀테인먼트

게임 등의 시나리오로 활용되고, 공연콘텐츠 분야에서는 연극, 뮤지컬, 오페라, 전통극 등의 희곡과 대본으로서 활용된다. 또한 비서사성 장르의 공연 분야들인 무용, 콘서트 등에서도 무용극 대본, 콘서트 대본으로서 얼마든지 스토리텔링화하여 공연 분야의 대중적 접근성을 높이는 데 활용된다. 그 외 에듀테인먼트, 테마파크, 축제, 출판만화, 패션쇼 등에서 스토리 콘티로 활용된다. 특히 영상콘텐츠와 공연콘텐츠는 다른 문화콘텐츠 분야에 비해 스토리텔링의 서사성이 매우 중요하게 여겨지는 분야이다.

스토리텔링은 인문학적 지식을 기반으로 하는 대표적인 지식기반 산업이다. 문화콘텐츠 상품의 중심이 되는 이야기로서의 스토리텔링은 다분히 인간의 감성적인 부분에 호소하는 경향이 짙다. 그리고 이러한 정서적인 만족 이외에도 지적인 만족 또한 주어야 하는 것이 바로 스토리텔링의 역할이다. 이것은 창의력을 바탕으로 하면서 이야기 구성능력, 트렌드를 읽는 기획능력 등을 필요로 한다. 이러한 요소의 기본이자 중심이 되는 지식은 인문학적인 지식이다. 문화콘텐츠 상품의 제작과정 중 스토리텔링이 가장 인문학적인 지식과의 연관성이 강하다.[6]

　　스토리텔링은 문화콘텐츠의 문화기술CT: Culture Technology과 결합되어 새로운 문화콘텐츠 상품을 생산할 수 있다. 문화기술은 문화산업을 보다 체계적으로 만들어 세계화할 수 있도록 밑바탕을 다져주는 기술이라고 할 수 있다. 문화와 기술이 결합되어 새로운 문화적·경제적 고부가가치를 창출하는 콘텐츠와 관련된 기술을 말하며, 여기서 기술은 공학적 기술을 포함하여 인문사회학, 디자인, 예술 분야의 지식과 감성적 요소까지 총괄한다. 문화기술을 통해서 문화 관련 상품의 기획, 개발, 제작, 유통, 소비 등 이와 관련된 서비스에 필요한 총체적인 기술을 말한다. 특히 문화콘텐츠진흥원은 문화기술의 개념을 더 확장시켜서 '문화기술 이전 Culture Technology Transfer'으로 하여 문화기술의 매매하는 경제적 행위뿐만 아니라 넓은 의미로 개발된 기술의 사업화 전략을 추구하고 있는데, 문화기술 이전에는 모든 경제적 행위까지도 포함하여 특허권의 매매와 라이선스, 노하우, 아이디어 제공, 기술 평가, 기술 이전, 공동개발 등의 기술 협력, 기술 투자, 합작, M&A, 컨설팅, OEM 생산시스템 구축, 문화기술 인력 양성까지 관련 분야에 포함시켰다.[7]

　　스토리텔링은 소프트웨어를 제공하는 것이며, 문화기술은 하드웨어로서 스토리텔링을 콘텐츠적 문화기술과 접목하여 문화콘텐츠 상품으로

6　　김태웅, 「원 소스 멀티 유즈 문화콘텐츠의 스토리텔링 구조 비교분석」, 경성대학교 디지털디자인대학원 석사학위논문, 2005, p.11.

7　　조예진, 「문화콘텐츠의 역동적 바람, CT(Culture Technology)란 무엇인가?」, 한국문화콘텐츠진흥원 CT NEWS, 2007.

만들 수 있는 것이다. 마케팅 시장의 수요와 공급의 법칙으로 스토리텔링이 문화기술과 어떤 관계를 맺는지를 적용해보면, 생산 중심의 과정에서 스토리텔링이 원천 소스의 아이디어를 구체적인 현실로 옮겨놓는 창조적 상상력에 의한 제품개발 전략에 속한다면, 문화기술은 개발된 제품을 생산하는 생산라인이 되는 것이다.

스토리텔링은 스토리 자체에 대한 권리가 중심이 되는 저작권 중심 산업이다. 스토리의 출판 및 그것을 활용한 2차 저작권 등의 권리가 중심이 되는 것이다. 영국은 창조산업을 "개인의 창의성, 기술, 재능을 이용해 지적 재산권을 만들고, 이를 상업적으로 활용함으로써 경제적 부가가치와 고용창출을 가져오는 모든 산업 활동"이라 규정하고 있다. 이는 스토리텔링의 저작권 관련 산업 특성을 나타낸다. 이러한 저작권은 저작권의 판매와 관리, 그리고 2차 저작권을 통한 활용 등을 포함한다. 이는 창작자의 저작권을 보호함과 동시에 이용 증대를 위함이다.[8]

문화산업은 문화적 트렌드에 가장 민감한 산업이다. 그래서 스토리텔링을 빠른 문화기술의 발전 융합시키는 전략을 통해서 그 시너지 효과를 얻을 수 있기 때문에 문화기술의 미래에 핵심이 되는 원천 소스로서 스토리텔링에 대한 개발도 끊임없이 관심을 가져야 한다.

오늘날 문화콘텐츠의 윈도 효과로 인해 문화산업은 고유의 매체적 정체성이 모호해지고, 서로 융합되어 탈장르화된 컨버전스의 시대로 전환되고 있다. 또한 탈장르화와 장르와 장르 간의 융합은 문화산업의 새로운 시장 형성에 영향을 주고 있는데, 음악 시장은 음반에서 음원으로, 만

화 시장은 단행본에서 웹툰으로, 캐릭터 시장은 아바타로, 영화 시장은 홈시어터로, 방송 시장은 모바일 방송으로 새롭게 시장이 형성되는 등 시장의 경계가 허물어지고 있다. 따라서 컨버전스 시대에 문화콘텐츠는 장르와 장르 간의 시너지 효과로 문화적·경제적 고부가가치를 창출하기 위해서 서로 교감하며 소통한다. 이러한 교감과 소통이 가능한 것은 문화콘텐츠의 OSMU 마케팅 전략인데, 이것의 핵심적인 원형은 바로 스토리텔링이다. 문화콘텐츠의 매체적 속성만 다를 뿐 좀 더 대중적이고, 재미있고 흥미를 유발하는 커뮤니케이션 방식의 원형으로서 스토리텔링은 기본적으로 서사성을 갖는다. 즉 문화콘텐츠에 속하는 각각의 장르들은 스토리텔링의 원형을 각각 장르에 맞는 매체적 특성과 접목하여 각 문화콘텐츠에 맞는 서사 형식을 만들어낸다.

스토리텔링은 문화콘텐츠 상품의 OSMU를 유발시키는 시작점이자 핵심사항으로 OSMU 전략에 의해서 하나의 스토리텔링은 다른 매체로 옮겨가면서 매체 변주를 하게 되고 새로운 표현방식을 획득하게 된다. 이러한 현상 자체가 OSMU를 대변하며 하나의 콘텐츠가 여러 매체의 콘텐츠로 변주되면서 문화상품을 양산하는 문화콘텐츠 산업의 특징을 보여준다. 문화콘텐츠 중에서 한 장르가 성공했을 때 다른 장르로의 활용, 개발되는 것은 디지털 컨버전스 시대의 특성이다. 이제 중요한 것은 하나의 스토리텔링을 매체 장르에 맞게 각색하는 방법이다. 이 때문에 원 장르와 활용될 장르의 매체 특성을 정확히 파악하고 재능 있는 시나리오 작가를 개발하는 노력이 병행되어야 한다.[9]

---

9   최혜실 외, 전게서, 2003, p.18.

　문화원형과 스토리텔링의 결합은 경제적인 부가가치 창출뿐만 아니라 국가 브랜드 가치 재고에도 기여할 수 있다. 문화원형 분야의 CT가 성과를 거둔 사례를 한국 문화원형 디지털콘텐츠화 사업 부문을 보더라도 파악할 수 있다. 전통문화유산 속의 문화원형을 추출해내 이를 다른 문화콘텐츠 분야에서 활용 가능토록 함으로써 문화원형 소재가 다양한 문화산업에 적용될 수 있게 됐다.

　문화콘텐츠화되어 문화상품이 된 문화원형을 수용자가 좀 더 쉽고 재미있게 수용할 수 있도록 하는 문화콘텐츠 개발자는 문화원형의 소재에서 서사적인 요소를 추출해낸다. 그리고 그것은 다양한 매체의 스토리텔링 등에 이용 가능하게 한다. 문화원형 스토리텔링의 디지털콘텐츠화 사업이 소기의 성과를 거두면서 최근에는 TV 드라마를 중심으로 게임, 영화, 뮤지컬, 연극을 비롯하여 패션, 음악 등 다양한 분야에서 문화원형에 관한 스토리텔링 개발이 이뤄지고 있다.

02

서사와 스토리텔링

1. 서사의 속성과 서사담론

오늘날 문화콘텐츠 산업에서 가장 대표적인 커뮤니케이션 전달방식은 스토리텔링이다. 서사학에 기반을 둔 스토리텔링은 대부분의 문화콘텐츠 장르들에 있어서 그 의미의 구성과 전달형식으로서 서사적인 형태를 갖추고 있다. 스토리텔링의 스토리를 이루고 있는 원형질은 사건의 소재와 이야기의 구조이다. 어떤 사건의 소재가 이야기의 구조를 갖는 것은 바로 서사성Narrative을 갖는다는 것이다. 따라서 스토리텔링의 기능과 역할, 그것이 담고 있는 의미를 비교분석하는 것은 바로 스토리텔링에서 스토리텔링의 서사구조를 분석하여, 그것이 스토리이게 하는 정체성과 스토리에 포함된 모든 요소들이 갖고 있는 의미들을 밝혀내는 것이다. 결국 문화원형을 스토리텔링화한다는 것은 문화원형에 새로운 생명력을 불어넣는 것이며, 그것이 문화콘텐츠로 될 수 있는 탄탄한 스토리에 기반을 둔 문화콘텐츠의 핵심을 비교분석하여 밝혀내는 것이다. 이러한 스토리텔링의 원형질인 스토리의 구조는 서사학에 기본 바탕을 두고 있다. 시학의 반발에서 탄생한 서사학은 문화적 담화를 넘어서 다양한 서사현상들을 대상으로 그것들이 갖고 있는 공통점과 차이점을 규명하는 것이다. 즉 서로 다른 형태나 매체로 이루어진 서사물들이 내재하는 보편적 의미의 구조로서 형식, 내용, 기능 등을 비교분석하는 것이다.

서사는 인간사회에서 상호소통을 위한 본성적인 문화적 체험의 한 부분이다. 서사, 즉 이야기는 인간이 세계를 인식하고 수용하는 데 있어서 가장 보편적인 커뮤니케이션의 수단이다. 그래서 우리는 서사를 단지 소설이나 영화와 같은 서사 장르에만 국한시키는 것이 아니라 일상생활에서 겪는 체험의 모든 것들은 다른 사람에게 전달할 때 그것을 이야기화시키는 경향이 있다. 일상적 체험의 것들을 이야기화시킨다는 것은 소통에 있어서 수신자가 가장 쉽게 발신자의 메시지를 쉽게 이해하고 해독할 수 있기 때문이다. 서사는 인간의 커뮤니케이션에 있어서 화자가 청자에게 어떤 일상적 체험 또는 어떤 현상을 효과적으로 전달하기 위해서 그것을 이야기적 소재로 치환함으로써 누가 언제 어디서 무엇을 어떻게 하였다는 육하원칙의 구성을 통해서 인물을 등장시키고, 일정한 의미와 가치를 지닌 것으로서 보편적 관심의 대상이 될 수 있는 사건의 시공간적 요소를 재배치함으로써 발단, 전개, 결말과 같은 하나의 시간연속 진술형식으로 전달하는 것이다. 즉 서사물에는 화자의 서술행위, 내용의 재현, 내용의 구성 과정이 담겨 있다.

일반적인 서사연구의 접근방식은 메시지 내용의 서술행위Narrative Act, 메시지 내용의 재현과 의미Representation, 메시지 내용의 서사적 구조Structure에 대한 것이다.

첫째, 메시지 내용의 서술행위Narrative Act는 화자가 청자에게 메시지의 내용을 전달하는 과정에 대한 접근방식이다. 즉 서술자가 메시지의 내용을 어떻게 이야기화시켜서 전달하는가에 대한 서사의 서술행위Act에 대한 것이다. 서사물의 층위를 '서술행위'와 '서술대상'으로 구분한다면 전자는 "어떻게 이야기하느냐"이고, 후자는 "무엇을 이야기하느냐"인데, 전자에 대한 것이다. 서술을 사건들이 제시되는 서술에 국한해서 논의한다면 그것은 스토리텔링과 같은 의미로서 '이야기하기'로 이해하기 쉽다. 일반적으로 서사물에서 화자의 발화 전체를 이야기하기의 서술로서 이에 상응하는 화자의 서술방식인데, 서술대상이 무엇이고 그것과 관계해서 서술형식으로서 사건 제시형과 비사건 제시형으로 구분할 수 있다. 전자는 다시 사건 전체 또는 스토리 전체의 제시와 관계되는 서술 형식과 부분 사건의 제시와 관계되는 서술형식으로 구분된다. 그래서 서사의 일반적인 원리로서 사건 축소와 그 방식을 다룬다. 후자는 공간적인 것의 서술과 화자 자신의 코멘트가 포함된다. 이 두 서술형식은 기본형에 비해 '부수적인 서술형식'이 된다.[10] 시간연속 진술형식의 관점에서 본다면 스토리는 한 시간의 연속으로서 어떤 서사물의 스토리도 일정한 시간 길이를 갖고 있으며, 이 서술시간은 측정될 수 있다. 소설의 페이지수와 영화의 쇼트수 등은 서술시간을 측정하는 매개체가 된다. 이러한 서술행위에 대한 것은 쥬네트와 채트먼의 서사이론에서 구체적으로 논의될 접근방식이다.

둘째, 메시지 내용의 재현과 의미작용은 서사가 어떤 현상이나 사건

---

10   한일섭, 「소설에서의 이야기하기의 순서와 기능」, 『서강인문논총』 제6호, 1997, pp.109-136.

에 대해서 그것을 표현하고 의미화시키는 방식에 대한 재현Representation이라는 측면의 접근방식이다. 이때 재현은 현실반영적이어야 하는데, 그것이 현실에 근거한 실제한 사건이라든지 신화적 세계관에 입각한 초현실적인 사건이라도 그것은 엄연히 현실의 토대 위에 구축된 신화적 세계관이다. 서사가 현실을 반영하는 재현물이라면, 현실세계를 반영하는 문화콘텐츠 장르들은 현실을 반영해야 하고, 수용자는 문화콘텐츠에 반영된 현실세계의 의미들을 해독하는 것으로 서사적 문화콘텐츠 장르들에서 수용자는 단지 이야기만을 해독하는 것이 아니라 그것안에 반영된 현실적 담론들로서 이야기의 관습적 문법을 비롯한 그것이 표상하는 이데올로기까지 해독하는 것을 의미작용으로 보고 있다. 서사적 문화콘텐츠 장르들이 갖는 서사의 장르적 관습이란 일종의 멜로드라마, 스릴러, 서부극 등의 영화콘텐츠 장르들이 갖는 고유의 이야기 전개방식과 전형적인 인물유형으로서 이러한 서사적 관습성은 독자들에게 자연스럽게 그 장르의 문법을 통해서 이야기의 세계관과 그것이 반영하는 현실세계를 이해한다는 것이다. 그런데 이러한 문화콘텐츠 장르들에 반영된 현실세계는 객관적인 현실이 그대로 반영된 것이 아니라 단지 리얼리티성만 반영하고 있을 뿐 문화콘텐츠 장르 특유의 현실반영 재현 관습에 의해서 반영된 현실이다.

셋째, 메시지 내용의 서사적 구조Structure는 구조주의의 관점에서 서사를 구성하는 요소들인 인물, 배경, 사건 등이 독특한 하나의 전체성을 이루기 위해서 결합되는 방식에 관한 접근방식이다. 즉 서사의 구조 안에서 그것을 구성하는 요소가 그 자체 홀로 독립적 의미를 지니는 것이 아니고, 그 요소를 얽어매고 있는 형식 아래서 오직 의미를 지닐 수 있는 것이 전체성을 의미한다. 즉 서사의 구조주의적 접근방식으로서 현실에 대한 객관적인 재현이 아닌 서사가 리얼리즘의 의미를 성립시키는 데 활용되는 재현의 방식과 그것의 구조를 지배하는 서사적 관습에 초점을 두고 있다. 구조주의의 관점에서 서사에 대한 연구 접근방식은 두 가지로 구분할 수 있는데, 소쉬르의 언어의 구조가 서사의 구조로 변형되는 체계로서 의미작용의 관점과 서사물이 현실의 담론이며 그것이 심층구조로서 신화적 생산물이라는 관점이다.

전자는 서사가 언어의 발화체로서 그것의 의미작용은 계열체와 통합체의 두 축으로 구조화되어 외연적 수준의 의미생성으로서 통합체적 표층적 서사방식과, 내연적 수준의 의미생성으로서 계열체적 심층적 방식의 의미작용의 결합이다. 이것을 통해서 서사는 범주화와 구조화되어 보편적인 서사구조를 분석하는 것이 구조주의의 서사구조에 대한 기본적인 틀이다. 시모어 채트먼Seymour Chatman에 의하면 서사는 구조로서 서사물이 하나의 연속적인 구성체로서 그 안에 서사를 구성하는 요소들은 상호 관련적이거나 상호 수반적이다. 따라서 이야기가 하나의 매체에서 다른 매체로 자유롭게 전이될 수 있는 것은 서사물이 자기 조정Self-Regulation의 기능을 가지고 있기 때문이다. 구조가 그 자체로 지탱되고 완결되는 것인데, 피아제는 "하나의 구조 속에 내재된 변형들은 결코 그 체계를 넘어서지 않고 언제나 그 체계에 속하며 그것의 법칙을 보존하는 요소들을 발생시킨다."고 하였다.[11] 즉 문학적 서사물이 자기 조정과 변형성을 통해서 비언어적인 문화콘텐츠 장르로도 변형될 수 있다는 가능성을

---

11   한용환, 『서사 이론과 그 쟁점들』, 문예출판사, 2002, p.56.

제시하고 있다.

후자는 서사물이 현실의 담론인 동시에 심층구조로서 신화적 생산물인데, 레비스트로스의 신화론과 바르트의 일상적 이데올로기의 신화에 초점을 두고, 레비스트로스는 이 심층구조를 이항대립을 통해서 현대적 서사를 구체적인 신화의 재현으로 분석하였다. 반면 바르트는 일상적 문화체험 또는 통속적인 서사물 등에서 관습적인 표상체계로서 신화를 해석하고, 신화는 일상생활의 재현형식과 그 안에서 자연스럽게 헤게모니화된 사회문화적 이데올로기의 상징성을 발견하고자 하였다.

결국 이러한 구조주의적 서사의 구조는 어떤 서사물에서 인물은 서사물을 구성하는 요소로서 인물이 내러티브를 전개하는 데 어떤 기능을 하는가에 대한 것으로서, 프로프의 민담형태론 분석과 채트먼의 서사의 구성요소들에 대한 유용한 논의점을 제공해준다.

서사이론은 1920년대 후반 러시아의 민담 연구가 블라디미르 프로프Propp의 민담형태론에서 유래되었다. 프로프의 서사이론은 구조주의 언어학에 있어서 서사물이 갖고 있는 이야기 구조로서 형식과 구조, 서사요소들 간의 상호작용에 의한 기능들을 연구하는 데 유용한 방법론을 제시해준다.

구조주의 언어학에서 이야기 구조는 서사체를 분석하기 위해서 그것을 언어학적 구조로 개념화시키는 것이다. 그래서 서사물을 구성하는 요소들 간의 관계형성을 통해서 유사성과 차이성을 분석하고, 변별성과 전체성으로서 서사체를 구성하는 구조를 궁극적으로 밝혀내는 것이다. 예를 들어, 서사 텍스트 속에서 인물설정, 시공간적 배경, 인물의 행위소와 서술자의 행위, 화자의 시점 등을 개별적인 서사단위로 보고 그것을 하나의 기호로서 언어와 이미지가 상호 기능하는 의미작용을 끌어들이는 것이다. 여기서 이미지를 개별 발화체로 보고, 언어를 언어체로서 서사문법과 구조로 보았으며 개별적인 서사물에서 반복적으로 드러나는 인물유형, 플롯전개 등의 규칙성이 여기에 해당된다. 이것은 특히 구조주의 서사이론에서 중요한 연구대상이 된다.

이러한 구조주의 서사이론에서 서사문법은 서사물에 있어서 플롯 구조의 형식적 분석에 중요한 방법론을 제시하였던 츠베탕 토도로프Tzvetan Todorov의 『데카메론의 문법』을 비롯하여 서사물의 구성요소와 담론체계를 구조적으로 제시한 채트먼의 서사담론, 서사물에서 인물의 행위소모델을 통해서 그것이 함축하는 의미의 체계를 분석하는 데 유용한 그레마스A. Greimas의 서사기호학으로 발전되었다. 이러한 서사이론가들의 서사문법들은 개별적인 이야기들에서 보편적으로 반복되는 어떤 유형을 서사의 모델로 유형화시키고, 이 모델을 통해서 담화의 구조를 만들어 다른 개별적인 이야기들과 비교 분석을 통해 서사에 담긴 여러 담론들을 하나의 거시적 구조들로 밝혀내는 것이다.

2. 채트먼의 서사이론

문학의 대표적인 장르인 소설에 대한 서사연구는 영화로까지 확대되어 매체적 특수성을 넘어서는 서사의 공통적인 특성들이 문화적 담론의 영역으로까지 확장하게 된다. 바로 시모어 채트먼Seymour Chatman은 구조주의 서사학Narratology의 개념과 방법 등을 문학의 언어적 특수성을 넘어 영화와 소설에 공통되는 서사이론의 확립을 추구했다.

채트먼의 서사이론은 영국과 미국의 새로운 서사형식을 시도했던 현대소설 기술방법론을 전승하는 동시에 프랑스 구조주의 서사학의 결합을 시도하려고 하였다. 그래서 그는 구조주의 서사학의 장르적 · 매체적 개방성이 융합된 새로운 서사시학의 양상을 보여준다. 그의 서사이론은 문학과 예술의 기존 가치가 심각하게 의문시되는 시대적 분위기 속에서도 러시아 형식주의와 영미 계열의 소설 기법론 등 문학이론의 전통을 계승하면서 미학적 · 가치 지향적 관점을 고수하고 있다. 한편 다른 그의 이론은 영화가 대중적 친화력과 영향력 면에서 이미 소설을 압도하며 주도적인 서사장르로 부상한 오늘날의 상황에서 변화된 시대의 요청을 적극적으로 수용하는 열린 시각을 보여준다. 채트먼의 서사이론이 지닌 심미적 차원의 가치지향성과 매체적 측면의 개방성은 다양한 관점에서 전통적 문학이론의 폐쇄성을 넘어서려는 서사학의 전반적인 경향들 가운데서[12], 그의 이론이 차지하는 독특한 위치를 대변해준다.[13]

예술작품의 형식은 현실 내용의 현실화와 전달매체언어, 소리, 색채의 구조화로 이루어진다. 이것은 예술작품의 형식을 내적 구조와 외적 구조로 구분하며 내적 형식은 현실세계를 반영한 시대적 사람들의 생활 · 사고 · 정서의 방식에서부터 문화 · 정치 · 사회 등을 포함하는 모든 것을 의미하며, 외적 형식은 내적 형식을 담는 매체의 구조화를 의미한다. 외적 형식의 응집성이 큰 정도에 따라서 문학 장르가 구분된다. 따라서 이

---

12   구조주의 서사학은 장르와 매체와 가치의 차원 등등에서 전통적인 문학이론의 배타적 성격을 극복하려는 경향이 있다.

13   박진, 「채트먼의 사사이론」, 『현대소설연구』 제19호, 한국현대소설학회, 2003, p.363.

야기를 통한 현실인식을 매개로 자기인식에 도달하는 양식을 서사 장르라고 하고 있다.[14]

문학의 텍스트 구조를 문화콘텐츠의 요건에 적용한다면 내적 형식은 본래의 예술작품이 갖고 있는 내용인 원형성 안에서 창조적으로 내용을 현실화시키는 것이다. 외적 형식은 현실화된 내용을 담는 매체로서 창조성과 차별성에 의해서 그것을 담은 형식을 소설, 공연, 영화, 애니메이션 등으로 표현할 것인가에 대한 매체 간의 상호작용성과 관련된 것이다. 즉 문학의 텍스트 구조를 문화콘텐츠화 과정으로서 내적 형식은 원형성을 현실화시키기 위한 창조성으로서 서사구조와 등장인물의 설정이 중심축이 된다는 것이다. 창조적 작업에 의해서 내용을 현실화시킨 것은 상호작용에 의해서 그것을 담는 매체를 선택하고, 선택된 매체의 속성에 맞게 변형하는 과정은 창조성과 차별성의 작업이 수반되는데 이것은 스토리텔링Storytelling 방식과 관련이 있다. 특히 오늘날 문화콘텐츠에 속하는 영화, 방송, 극예술 분야의 장르 간 교섭을 가능하게 하는 방식으로 스토리텔링이 많이 활용되고 있다. 종래 문학 중심으로 논의되던 서사학Narratology을 지양하고 새로운 이야기학으로서 '스토리텔링'의 개념이 제시되는데, 스토리텔링은 서사형식의 원형질로서 각각의 문화콘텐츠에 속하는 장르들은 스토리텔링이란 공통점을 지니면서도 매체의 특성 때문에 형식상의 차이를 띠고 있다.

채트먼 서사이론의 중요한 기본개념은 이야기를 사건적 요소의 연쇄작용과 인물과 배경의 사물적 요소가 결합되어 있으며, 담론은 이야기

---

14   나병철, 『소설의 이해』, 문예출판사, 1998, p.18.

의 표현 또는 이야기의 내용이 전달되는 방식으로 보고, 그에 따른 내러티브 구조를 이야기Story와 담론Discourse으로 구분한다.

채트먼의 서사이론에 따르면 서사물은 '전체성', '변형과 자기규정'의 핵심개념을 갖고 있다. 서사물은 하나의 전체로서 사건적 요소들 및 사물적 요소들 자체와 그러한 요소들로 구성된 서사물은 서로 다른 것이기 때문이다. 사건적 요소나 사물적 요소들은 고립적이며 불연속적이다. 그러나 서사물은 하나의 연속적인 구성체이다. 특히 서사물 속에서 사건들은 우연성에 의한 편집으로 구성된 것이라기보다는 상호 연관되어 수반되는 경향을 띠기 때문에 임의적인 사건들의 구성과는 달리 사건들은 뚜렷한 유기적 조직체로서 묘사된다.[15]

서사물은 변형과 동시에 자기규정Self-Regulation을 수반하는데, 하나의 이야기 구조 속에 내재된 사건들은 이야기 구조 자체에 내재되어 있으며 사건의 전개 또는 표현되는 과정에서 변형이 일어나며, 이러한 변형은 이야기 구조를 벗어나지 못한다. 채트먼은 이것을 변형이라 하였고, 자기규정은 서사의 구조가 그 자체로 지탱되고 완결되는 형식을 말한다. 스토리텔러가 인과적인 연속에 따라 사건들을 기술하거나 혹은 사건의 인과적 연속을 뒤돌려 보는 플래쉬 백Flash Back 기법으로 그 연속을 뒤바꾸는 것 등의 기법을 통해서 변형과 자기규정의 서사구조를 활용한다.

채트먼은 서사의 표현 영역을 서사적 담론으로 보았다. 이야기가 서사적 표현의 내용이라면 담론은 그 표현의 형식이다. 담론은 이야기의 물리적 발현으로서 말을 비롯한 다양한 표현체를 말한다. 표현체는 그것이

---

15   시모어 채트먼, 한용환 옮김, 『이야기와 담론(Story and Discourse: Narrative Structure in Fiction and Film)』, 푸른사상, 2003, pp.22-24.

언어적 도구로도 가능하며, 비언어적인 기호들에 의해서 표현이 가능하다. 그리고 그 기호들은 인간이 의식적으로 만든 약호들에 의해서 서사의 내용을 상징적 의미로 전달된다. 따라서 기호학적 관점에서 서사구조를 달리 표현하면 '표층구조Paroles와 심층구조Lagues'이다. 표층구조가 담론이라면, 심층구조는 이야기이다. 즉 서사물은 전달의 구체적인 언어적 매체, 혹은 다른 매체들의 표층구조paroles를 통해 운반된 심층구조langues인 것이다.

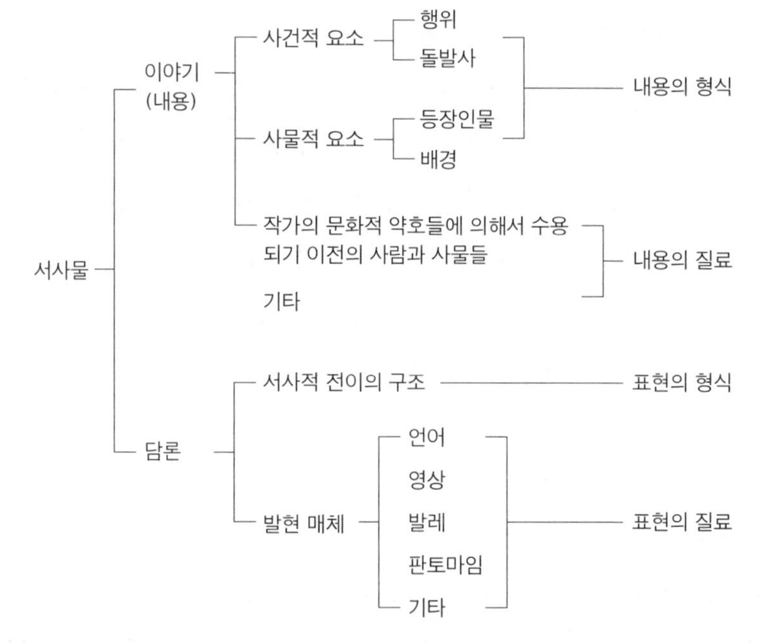

그림 15 서사물의 구성요소[16]

16　시모어 채트먼, 한용환 옮김, 전게서, 2003, p.19.

　　채트먼의 이야기의 정의에 따르면 '사건events: 행위; actions, 사고; happenings
의 내용contents'을 의미하고, '그 연쇄 및 사물적 요소existents: 등장인물; characters,
배경; settings'를 의미한다. 또한 '표현expression, 즉 내용이 전달되는 방식'을
의미한다. 따라서 내러티브에는 '이야기', '화자', '청자'로 구성되며, '내
용'과 '표현'이라는 이중적 구조를 취한다. 또한 '무엇을'과 어떻게'에서
전자는 이야기Story를 의미하고, 후자는 어떻게 표현되는가에 대한 담론
Discourse을 의미한다. 여기서 이야기는 '행위'와 '사고'를 포함하는 '사건',
'등장인물'과 '배경'을 포함하는 '사물적 요소', 그리고 '작가의 문화적 양
상에 따라 미리 처리된 것들'로 구성되어 있다. 이때 사건과 사물적 요소
는 내용의 형태를 구성하며, 그 나머지 요소들이 내용의 질료로 사용된
다. 또한 담론은 '서사 전달의 구조'와 '표현방식'으로 나뉘는데, 각각 표
현의 형태와 질료를 구성하게 된다.[17]

　　서사구조에서 이야기는 사건들의 요소들과 사물적 요소들은 '전체
성'을 뜻하는 것이며, 동시에 서사의 질료가 된다. 질료는 스토리텔러의
작가적 상상력에 의해서 모방할 수 있는 모든 것을 의미하며 어떤 대상
들, 사건들, 관념들이 포함된다.

　　어떤 텍스트를 서사화할 것인가에 대한 것은 기호학적으로 서사물
자체가 하나의 의미구조를 갖는다는 것이다. 기호학의 관점에서 기표
Signifiers와 기의Signifies의 의미에 따라서 이야기와 담론을 구분하면, 기의
signifies는 이야기를 구성하는 요소들인 사건, 인물, 배경들이 되고, 기표
signifiers는 어떤 표현전달 매체이든 서사적 진술 속에서 사건, 인물, 배경

17　　시모어 채트먼, 한용환 옮김, 전게서, 2003, pp.19-22.

중에 하나를 대표할 수 있는 요소들이다. 사건의 요소는 육체적이거나 정신적인 행위의 모든 유형들을 포함하며, 인물의 요소는 모든 인물들이거나 인격화된 모든 존재들을 포함한다. 배경적 요소들은 시공간적 배경을 환기시키는 모든 것을 포함한다. 이것은 서사구조가 표상관계를 통해서 사건, 인물, 배경에 각각의 특성을 부여하기 때문이다.

서사는 단순히 물리적 처리에 의해서 어떤 실제적인 대상을 기술하는 것이 아니라, 실제적인 대상에서 미적 대상으로 형상화하는 것이다. 서사물이 인쇄매체에 의한 소설책이든, 영상매체에 의한 영화든, 배우와 무대를 통한 연극이든 우리가 실제적으로 보는 실제 대상을 수용자는 자신의 정신적 작용에 의해서 실제 대상 속에서 새로운 의미를 발견하는 것이다. 또한 실재하는 대상과 그 속에서 발견하는 미적 대상이 다를 수도 있다.

예를 들어, 다이아몬드는 실재하는 물리적 대상이다. 그러나 수용자가 다이아몬드를 관찰하며 보는 것은 단순히 그것이 귀한 보석이라는 의미 이상의 의미를 부여하는데, 그 다이아몬드가 보석 상품이 되어 팔리기 위해서 벌어지는 인간의 노동력 착취 등을 상기할 수도 있다. 이것은 수용자 자신이 다이아몬드에 대한 어떤 지식 이면에 존재하는 것을 매체를 통해서 접한 정보와 결합시켜 새로운 의미를 부여하게 되는 것이다.

따라서 발현체의 어떤 물리적 대상이든 미적 대상은 실제적 대상의 부재 속에 존재하며, 실제적인 발현체가 부재하더라도 우리의 상상력에 의해서 어떤 미적 경험을 할 수 있다. 발현의 매체들인 언어, 음악, 영상은 서사를 실제화하여 실질적인 대상으로 만든다. 그러나 그 실질적인 대상에서 수용자는 그 매체가 갖는 외형적인 표면만을 인식하는 것이 아니라 그 내면적인 의미도 함께 인식하여 서사물을 인식하는 것이다.

이야기의 발현체라고 할 수 있는 모든 문화콘텐츠 상품들에 내재된 미적 대상으로서 의미를 인식한다는 것으로 이러한 의미를 인식케 하는 것은 서사물이 질서와 선별을 통해서 가능하다. 이것은 서사적 추론, 선별, 일관성을 의미하는 것으로 '질서'라는 것은 사건의 인과적인 연속이나 사건 전개의 변형을 말하는 것이며, '선별'이라는 것은 인용자가 사건과 대상들에 관해 실제로 말하는 것과 단지 암시만 할 것을 선택하는 담론의 선택적 수용을 말한다.

어떤 서사물이 영화로 상영될 때 수용자는 영화에 대한 해석을 통해서 서사물에 대한 반응을 한다. 구체적인 결말을 제시하지 않은 영화의 경우 관객은 미완의 결말을 자신이 영화를 통해서 이해한 사건요소들을 추론과 자신의 영화 외적 경험을 통해서 영화 결말을 해석하기도 한다.

서술의 일관성이라는 것은 등장인물과 시공간적 배경인 사물적 요소들이 사건들의 전개에 따라서 변화하지 않고 동일한 존재로 전개되어야 한다는 것이다. 만약 사건적 요소에 따라 사물적 요소들이 변화하게 되면 스토리텔러가 궁극적으로 전달하려고 했던 메시지는 왜곡되고, 수용자는 스토리의 내용을 이해하지 못한다. 그러나 사건적 요소에 따라 사물적 요소를 변화하게 하려는 것이 작가의 의도라면 그에 따른 명시적이거나 묵시적인 묘사와 진술이 필요하다. 다시 말하면, 서사물 속에 등장하는 대상들의 정체가 고정되어 있으며 연속적이라는 일정한 감각이 작용해야 한다는 것이다.

담론은 이야기를 진술하는 것이다. 이야기의 핵심이 되는 사건과 사물적 요소의 진술에서 "언제 어디서 누가 무엇을 했는가"는 행위적 사건의 진술이고, "언제 어디서 무슨 일이 일어났는가"는 사건적 진술이다. 이러한 이야기의 진술을 채트먼은 두 가지 유형으로 구별하고 있는데, '경과Process진술'과 '정체Stasis진술'이다. 경과진술은 '하다Do' 또는 '일어나다Happen'의 형태로 진술되는 것인데, 그렇다고 이렇게 구체적인 단어들의 진술로 표현되는 경우도 있지만 추상적인 표현의 범주로 존재하기도 한다. 좀 더 구체적으로 부연한다면, 경과진술은 서사물 속에서 어떤 하나의 사건이 명료하게 제시되는지 아닌지에 따라, 화자가 진술한 그 자체로 표출되는지의 여부에 따라 사건을 '자세히 설명한다'거나 '실연實演한다'고 말해진다. 서사 행위 자체와 실연 사이의 대조는 인물의 말을 전달하는 두 가지 근본적인 형식으로 간접화법과 직접화법이 여기에 속한다.[18] 반면 정체진술은 '있다' 또는 '이다Is'의 형태로 진술되는데, 완전한 정체진술의 형태들로 이루어진 텍스트는 어떤 사건 또는 사물의 존재만을 진술하는 것으로 그 내면에는 서사를 함축적으로 포함하고 있다. 따라서 정체진술은 이야기에서 어떤 상황 묘사에 대한 중개에 따라 '드러내기'도 하고, '제시하기'도 한다.

　사건적 요소들은 사물적 요소들을 함축하거나 그에 대한 '색인'이 되어줄 수 있다. 반대로 사물적 요소는 사건적 요소를 '투사'할 수 있다. 결국 하나의 사건적 요소는 다른 사건적 요소를 함축하고, 하나의 사물적 요소는 다른 사물적 요소를 함축한다. 엄격한 의미에서 모든 진술은 '중개된다'고 할 수 있다. 왜냐하면 그것들은 누군가에 의해 구성되기 때문이다. 모든 서사물은 전적으로 '보이는' 것이거나 혹은 중개를 거치지 않

18　시모어 채트먼, 한용환 옮김, 전게서, 2003, p.37.

은 것일지라도, 결국 그것을 고안해낸 사람, 즉 작가를 가지고 있다. 그러나 '화자'란 말이 그러한 의미로 쓰여서는 안 된다. 오히려 화자란, 화자의 음성을 최소한도로 억제하려는 경우에도 수용자에게, 혹은 수용자의 청각적 기능에 실질적으로 이야기를 들려주는 사람 — 사람이든 어떤 존재이든 — 을 의미하는 것일 뿐이다. 그와 같은 존재에 대한 느낌을 부여하지 않는 서사물, 즉 두드러지게 화자의 존재를 무시할 수 있을 정도의 서사물은 '비서사적인 것' 또는 '서사화되지 않은 것'으로 불리는 것이 합당할 것이다.[19]

스토리텔링Storytelling의 개념을 채트먼의 서사구조로 해석한다면, 이야기Story는 내러티브Narrative이고, 말하기Telling는 담론Discourse이 된다. 앞서 살펴본 제1부 문화원형의 소재적 활용도별 분류 기준에 따른 이야기형, 디자인형, 정보자료형으로 유형화시킨 문화원의형 소재적 활용 기준과 콘텐츠 이용자의 응용요소에 따른 문화원형의 활용기준을 채트먼의 서사구조이론에 대입하여 스토리텔링에 맞는 문화원형의 소재적 활용 모티브를 유형화시켜보겠다. 특히 스토리텔링의 관점에서 새로운 문화원형의 소재적 모티브를 유형화는 문화원형의 소재적 활용 모티브를 하나의 문학적 텍스트가 갖는 서사성의 요소들에 따라 분류하는 것이다. 즉 채트먼의 이야기 구성요소에 따라서 문화원형의 소재적 활용 모티브를 도출한다.

채트먼의 서사이론에서 이야기Story의 구성요소에 따라서 서사적 모티브를 도출하였는데, 이것은 문화원형의 소재에서 사물적 요소와 사건

---

19   시모어 채트먼, 한용환 옮김, 전게서, 2003, p.39.

적 요소를 활용하는 것이다. 서사적 모티브는 문화원형의 소재별 모티브에서 이야기형 소재와 비슷하다. 채트먼의 서사이론에서 사물적 요소에 속하는 시공간적 배경에서는 도상적 모티브를 도출할 수 있다. 도상적 모티브는 문화원형의 소재별 활용에서 디자인형 소재와 비슷하다. 정서적 기호체계에서 도출한 심상적 모티브는 바로 문화원형에 내재된 정서와 감성을 활용하는 모티브이다. 마지막으로 사료적 모티브는 문화원형의 소재별 모티브에 의한 정보자료형 모티브에 속하며, 주로 역사적 사실에 입각한 소재적 활용성을 말한다.

반면 말하기Telling의 발현은 서사적 전이구조를 문화콘텐츠의 발현형식으로서 대체하여 각각의 문화콘텐츠의 장르들이 갖는 속성들로서 사진, 영상, 그림, 몸짓, 문자 등을 의미한다. 발현매체는 문화콘텐츠 장르들로서 영상, 게임, 공연, 교육용, 디자인용 등 다양한 문화콘텐츠 장르들로 대체할 수 있다.

따라서 채트먼 서사구조를 위에서 제시한 문화원형의 소재별 모티브를 대입하여 문화원형의 스토리텔링의 구조로 도출하면 〈그림 16〉과 같다.

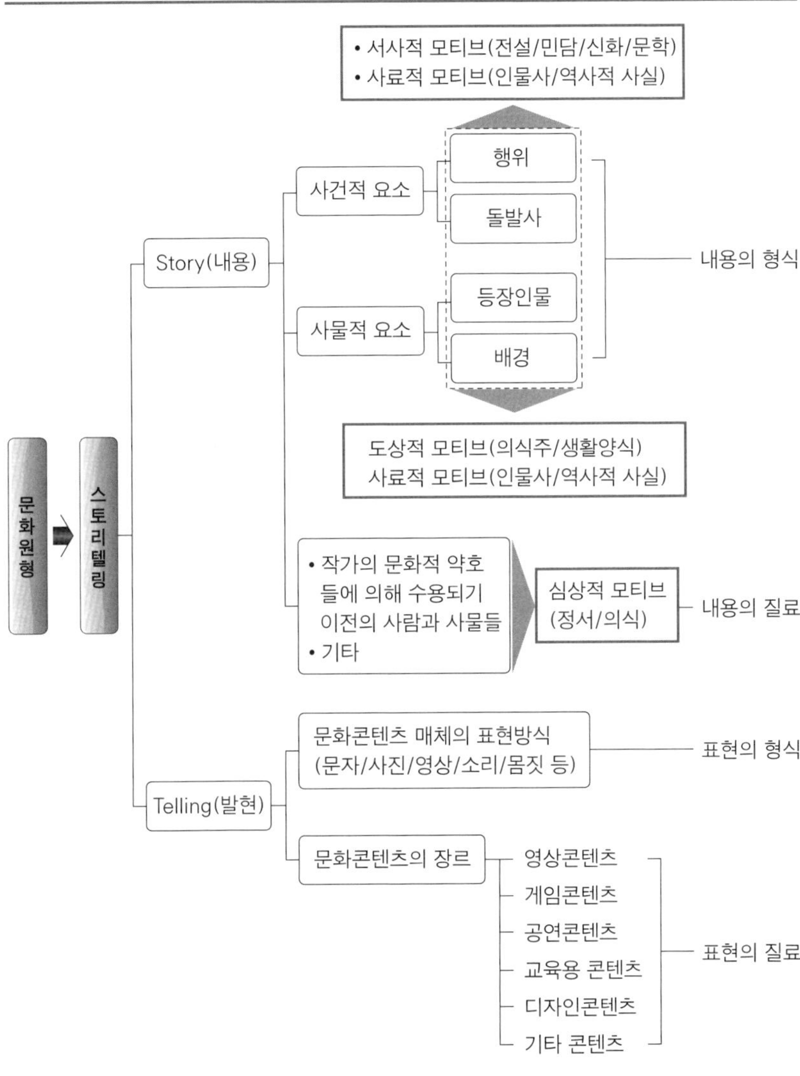

그림 16 문화원형의 스토리텔링 구조

사건적 요소의 구성

　　이야기 속의 사건적 요소들을 배열 및 구성하는 것을 '플롯Plot'이라
고 한다. 일찍이 아리스토텔레스는 시학에서 플롯을 '미토스Mythos'로 사
건들의 배치라고 정의하고, 구조주의 서사이론에서는 플롯을 담론에 의
해 진행되는 작용이라고 하였다. 이 의미는 스토리에서 사건적 요소들
은 담론에 의해서 플롯으로 전환되는 것을 의미한다. 이러한 전환은 이
야기가 구조로서 플롯이 반드시 논리적 전개를 따를 필요가 없다는 것을
함축한다. 일반적으로 소설, 영화, 연극 등으로 된 다양한 담론매체를 통
해 발현되는 이야기로서의 플롯은 특정한 이야기 속에서 사건적 요소들
을 강조하거나 약화시키고, 또 어떤 사건들을 해석하거나 추론의 대상으
로 남겨놓기도 한다. 또한 사건 중심으로 플롯을 전개시키느냐 아니면 인
물 중심으로 사건을 전개시키느냐에 대한 것으로 어떤 것에 초점을 두
는가에 따라 사건적 요소들의 플롯이 다르게 구성될 수 있다는 것이다.

　　채트먼은 사건적 요소를 '행위'이거나 '돌발사'로 구분했다. 행위는
행위의 주체에 의해 발생한 또는 행위의 객체에 미친 상태의 변화를 말하
며 그것에 플롯이 구성되면 행위의 주체와 객체는 '등장인물'이 된다. 돌
발사는 등장인물이나, 혹은 초점이 맞추어진 다른 사물적 요소가 서사적
객체가 되는 술어 형태를 수반한다. 또한 사건적 요소의 발생요인은 어떤
원인이 제공되는 계기에 의해서 사건이 발생하는 경우와 우발적인 것에
의해서 사건이 발생하는 '우발적 사건'과 '필연적 사건'으로 나누어지고
이것은 인과성을 띠고 있어야 한다. 인과성은 사건적 요소들이 상호 관련
이 있으며, 구속적이고 수반적인 관계로 되어 있다. 이것은 플롯에서 공
개적으로 드러날 경우 수용자는 즉각적으로 반응하고, 이것이 암시적으

로 드러날 경우 수용자는 사건적 요소들 간의 인과관계를 통해서 추론을 하게 된다. 암시적 인과성은 사건적 요소들이 플롯의 전개에 따라 다른 결과들에 영향을 주기도 한다.

서사의 이야기는 그것이 얼마나 실제와 가깝게 구현되는가에 대한 이야기의 현실성Reality을 갖고 있어야 한다. 진실 또는 사실과 유사하게 재현된 '그럴듯함plausiblity'을 핍진성逼眞性: Vraisemblance이라고 부른다. 서사물에서 핍진성은 수용자로 하여금 그들의 상상력을 동원하여 텍스트 내의 해석적 그물망을 채우고, 사건적 요소나 사물적 요소들을 일관된 전체로 조화시켜나갈 수 있기 때문이다. 이러한 핍진성은 서사적 일관성의 바탕을 이루는 것이다. 또한 어떤 사건의 계기가 없는 우발적인 사건적 요소들도 동기부여가 된 상태에서만 사건적 인과성이 형성되는 것이다.

서사물에서 사건적 요소는 상호 관계의 논리에 의한 구성뿐만 아니라 그 중요도에 따라 서열의 논리에 의해서 중핵Kernel사건과 주변Satelite사건으로 나누어진다. 중핵사건은 지향성을 갖고 있는데, 사건들에 의해 정해진 방향으로 문제들을 발생시키는 서사적 계기들이다. 중핵사건은 서사의 뼈대가 되는 것으로 이것이 파괴되면 이야기를 형성할 수 없다. 반면 주변사건은 선택을 수반하지 않으며, 다만 중핵사건에 의해 만들어진 선택을 완결한다. 주변사건은 반드시 중핵사건을 내포하지만 그것의 역은 성립되지 않는다. 주변사건은 중핵사건을 보충하는 역할을 한다.[20]

---

20   시모어 채트먼, 한용환 옮김, 전게서, 2003, pp.63~68.

사물적 요소의 구성

일반적으로 영화에서는 보이는 이야기의 공간은 프레임Frame이다. 이 프레임 안에 보이는 세계는 일부분인 반면, 함축된 이야기의 공간은 프레임 밖의 관객에게 보이지 않은 공간이다. 그러나 영화 속 등장인물에게는 보이거나 들리는 공간이며 등장인물은 행동을 통해서 프레임 밖의 묘사를 관객은 암시적으로 이해할 수 있다. 따라서 서사에서 사건적 요소의 중요한 핵심이 시간이듯이, 사물적 요소의 중요한 핵심은 공간이다. 사물적 요소에서 말하는 공간은 사건들을 수행하거나 또는 사건에 의해 영향을 받는 실재물을 말한다.

언어를 매체로 하는 서사물에서 이야기와 공간의 관계는 영화처럼 프레임 안에 나타난 이미지들이 제공해주는 아이콘이나 유사물들이 존재하지 않는다. 따라서 소설과 같은 문학적 서사물에서 공간은 독자의 정신적 작용에 의한 상상 속에서 그려지는 공간의 이미지이다. 즉 문자매체로 된 서사의 텍스트에서 이야기와 공간은 이야기 속에 등장하는 인물의 감각을 기초로 하거나 이야기를 말하는 화자의 정보를 기초로 하여 수용자가 상상력 속에서 창조하는 공간인 것이다. 반면 영상매체에 의한 서사의 텍스트는 프레임 안의 모든 미장센프레임 안의 모든 것들, 인물, 시공간배경, 소품적 요소들에 의해서 실제적으로 수용자가 인식한다.

이야기의 사물적 요소들인 등장인물또는 인격화된 존재들과 배경이 서사의 구성에서 어떠한 기능과 역할을 하는지 채트먼의 서사이론에 따라 살펴보면 다음과 같다. 이야기에서 등장인물登場人物의 구성은 허구적 존재로의 전이가 갖는 관례성이 강조되며, 말하기의 방식과 보여주기의 방식으로 구성된다. 말하기 방식의 경우 스토리텔러 자신이 등장인물의 행위,

심리적 동기, 기질적 특성을 묘사하고 평가하기 위해 자주 스토리 속에
인물의 내부로 개입하는 것을 말한다. 반면 보여주기 방식은 스토리텔러
가 등장인물이 말하고 행동하는 것을 차분한 관찰에 의한 묘사로 제시할
뿐 등장인물에 개입하거나 주관적인 평가를 하지 않는다. 따라서 등장인
물의 대사, 독백, 어떤 행동이 언어적 묘사나 영상적 묘사로 그려지는 것
에 어떤 동기가 숨어 있는가는 수용자가 그것을 정신적 작용에 의해서 파
악해야 한다.[21]

사물적 요소로서 배경은 사건적 요소들과 사물적 요소로서 인물이
존재하는 시공간을 말한다. 배경은 이야기를 구성하는 필수적인 자질일
뿐더러 이야기의 심미적 양상을 좌우하는 결정적인 요건이라고 할 수 있
다. 배경은 가시적인 상상의 공간을 독자에게 제시함으로써 작품의 의미
를 확대하거나 심화시키기도 한다. 따라서 배경은 인물과 행동의 신빙성
을 높이고, 인물의 심리적 동향과 이야기의 의미를 암시하고, 분위기의
조성에 결정적으로 기여하는 역할을 한다.

이야기는 사건적 요소와 사물적 요소가 함께 존재할 때만 가능하게
된다. 사물적 요소 없이는 사건적 요소가 존재할 수 없다. 그리고 텍스트
가 사건적 요소 없이 사물적 요소만을 가질 수 있다는 것이 사실이라고
할지라도, 어느 누구도 그것을 서사물이라고는 생각지 않을 것이다. 논리
의 전개에서 서론과 결론이 있듯이 서사에서 발단, 전개, 위기, 절정, 결말
의 플롯 구성이 있다. 현대소설의 미학에서 플롯 없는 서사는 없다. 단지
사건 또는 사물적 요소의 일반적인 플롯 구성의 원칙을 벗어나는 사건의

---

21   시모어 채트먼, 한용환 옮김, 전게서, 2003, p.46.

배열, 사건적 요소의 변형을 통해서 일반적인 서사의 원칙에 길들여진 수용자가 새롭게 접근하기 때문에 플롯이 없는 것처럼 느껴진다. 따라서 플롯이 없는 서사물이란 논리적으로 불가능하다.

3. 이야기의 구조

구조주의의 관점에서 문화콘텐츠는 송신자와 수신자의 상호 커뮤니케이션의 작용에 의해서 의미작용이 발생하여 문화콘텐츠가 하나의 사회문화적 의미를 획득하는 것이다. 따라서 서사를 커뮤니케이션의 과정이라고 볼 때 화자가 자신이 갖고 있는 메시지 내용을 이야기하기의 재료로 활용하여 메시지 내용을 수신자가 흥미있고 쉽게 이해할 수 있도록 하는 커뮤니케이션의 수단이 되는 것이다. 여기서 메시지는 일종의 이야기하기의 재료로서 서사적 구성요소들을 갖추고 있어야 한다. 그래서 어떤 현실적 사건은 인간 행위자에 의해서 또는 그에 의거한 시간상의 사건 또는 시간상에 존재하는 행위자의 정신적 상태 등을 묘사한다. 발생된 사건은 다른 사건들과 첨가와 결합을 통해서 시간적으로 배열된다. 이러한 사건의 구성은 각기 독립적으로 발생하는 것이 아니라 플롯의 범주 안에서 사건적 요소와 사물적 요소들이 상호 관계를 형성하며 전개되는 것이다.

이야기는 행위소 또는 시공간적 변환의 여러 개의 장면이 모여 하나의 구분된 시퀀스Sequence를 갖는다. 시퀀스 안의 사건들이 첨가와 결합되는 원리로 통합적으로 배열하여 의미생성의 관계망을 형성하고, 이러한 원리에 의해서 언어구조 안에서 환유적 방식으로 작용하고, 이야기 내에서 단순하게 일어나는 사건들이 아니라 인과성을 갖고 계열적으로 구조화되기도 한다. 이야기는 한 사건을 또 다른 사건으로 계열적으로 대체함으로써 선택과 대치라는 의미화 관계를 형성하여 언어구조 안에서 은유적으로 작용한다.[22] 이야기 속에서 언어적 구조로 전환되는 환유와 은유는 지칭적Referential 개념과 언설적Discursive 개념의 기호 전환 방식이다. 모든 메시지를 구성하는 기호단위들이 선택되고 배합되는 기호조직으로서 환유는 기호의 조직체계인 언설적 개념의 연속성에 의해 기호의 통합적 전환방식으로 이야기에서 하나의 단어나 문장, 텍스트가 배열된 방식을 의미한다. 반면 은유는 지칭적 개념의 유사성에 의한 기호의 계열적 전환으로 통합체를 이루는 선택 가능한 여러 가지 계열체 단위들 중에 특정단위가 선택된 관계를 의미한다.[23]

이러한 통합체와 계열체는 서사문법에 있어서 표층서사와 심층서사로 전환시킬 수 있는데, 동일한 사건이라도 이중으로 받아들여질 수 있다는 것이다. 문장의 능동태가 수동태로 변형되는 것이다. 예를 들어, "어제 그는 그녀를 살해하였다."와 "어제 그녀는 그에 의해서 살해되었다."라는 문장의 표현은 동일한 단어들을 다른 구조로, 즉 능동태에서 수동태로 변형시킨 것이다. 전자의 문장에서 '그는'이 주어이고 '그녀를'이 목적어이다. 반면 후자의 문장에서는 '그녀는'이 주어이고 '그'는 간접목적어가 된다. 그러나 이 두 문장에서 표층구조는 변경되었지만 심층구조는 동일하다. 그러나 이러한 단순한 문장의 변형 형태가 반드시 동일한 심층구조

---

22   Steven Cohen & Linda M. Shires, *Telling Stories: A Theoretical Analysis of Narrative Fiction*, London: Routledge, 1988(임병권 · 이호 옮김, 『이야기하기의 이론』, 한나래, 1997, p.84).

23   박정순, 『대중매체의 기호학』, 나남출판사, 1997, p.293.

를 갖는 것은 아니다. 예를 들어, "그는 그녀를 살해한 뒤 눈물 흘리며 멍하니 그녀의 모습을 바라보고 있었다."라는 문장묘사에서 이 문장이 갖는 심층구조를 분석한다면 다양한 해석이 나올 수 있는데, '눈물을 흘리며 멍하니'라는 문장을 볼 때 살해동기가 다양해질 수 있기 때문이다. 즉 단순한 살인충동이 아니라 그가 갖는 심적 갈등이 드러나기 때문에 '그는 그녀를 너무도 사랑했는데 그녀가 배신을 해서', '그녀가 그 남자의 원수이기 때문에' 등 다양한 의미해석들이 가능하기 때문이다. 따라서 심층구조도 다양하게 해석될 수 있는 것이다. 기호의 통합체는 이야기의 표면서사로서 시간과 인과적 원리에 의해서 작용하고 연속성, 단속성, 선택의 상호의존성, 현재성 등의 특성을 갖는다. 반면 기호의 계열체로서 심층서사는 논리적·정적 관계형성에 의해서 작용하고 연상성, 변별적인 대립, 잠재적 관계의 특성을 갖는다. 이러한 계열적 관계의 심층서사와 통합적 관계의 표층서사는 분리된 개별적인 서사구조가 아니라 상호 유기적으로 작용하여 이야기에서 사건의 흐름을 통제하고 일정한 의미를 생성한다. 따라서 표층서사에서 개별적인 서사적 요소들을 전제로 하여 심층서사가 구성되며, 이러한 관계를 통해서 잠재적인 특성의 심층서사의 유추로 표층서사가 갖는 이야기 구조를 이해할 수 있다. 그러면 이야기의 구조로서 표층서사와 심층서사에 대해서 살펴보겠다.

표층서사

어떤 단문이 이야기로 구성되기 위해서는 서사적 명제를 구성하거나 사건분류를 명시적인 유형으로 구성해야 한다. 예를 들어, "옆방에서 남녀가 싸우는 소리가 들렸다. 잠시 뒤 총소리가 들리고 남자의 신음소리가 들렸다."라는 단문이 제시되었을 때, 이 단문에는 사건발생이 제시되어 있다. 그리고 이것을 청각적으로 목격한 누군가가 존재한다. 결국 이 단문은 사건을 끊임없이 증폭시키고 사건의 의미를 연상시키게 된다. 또한 이 단문에는 세 개의 사건이 존재하는데, 먼저 옆방에서 어느 남자와 여자가 싸우는 제1의 사건, 확실히 제시되지는 않았지만 총소리와 함께 남자의 신음소리가 들린 것으로 볼 때 여자가 남자를 죽인 것으로 연상되는 제2의 사건, 그리고 이 단문에서 직접적으로 드러나지 않는 목격자가 제1과 제2의 사건들을 청각적으로 목격한 제3의 사건 사이의 논리적 인과성이 존재한다. 여기서 사건을 분류시키는 것은 일련의 표지Index로 기술Paraphrase하는 것이다. 결국 이 사건들은 시간의 원칙에 따라 배열되는 '시간적 연속'과 사건과 사건이 논리적 원칙에 따라 '인과관계'로 결합되어 하나의 이야기가 만들어진다.

사건의 구조는 상태State와 사건Event, 정체Stasis와 과정Process의 상호 대립되는 관계에 의해서 두 종류로 분류된다. 하나는 새로운 대안적 선택의 길을 열어 행동을 전진시키는 중핵사건Kernel과 행동을 확대, 확장, 지속 또는 지연시키는 촉매사건Catalyst이다.[24] 앞서 제시된 단문에서 중핵사건은 옆방에서 살인사건이 일어난 것과 화자가 살인현장을 청각적으로 목격한 것이다. 촉매사건은 옆방의 남녀가 싸우는 소리이자 서술자가 자신의 방에서 TV를 시청하다가 또는 책을 읽고 있는 동안 옆방의 소리를 우연히 듣게 되는 것이다. 예시된 단문은 영화콘텐츠의 장르로 속성을 파악하면 스릴러물에 가까운 사건적 속성을 갖추고 있고, 그것이 갖는 장르

---

24   S. 리몬-캐넌, 최상규 옮김, 『소설의 시학』, 예림기획, 2003, pp.60-68.

적 서사문법을 갖추고 있다. 즉 옆방의 남녀가 싸우기 전 화자는 단순히 자신의 일을 하며 평온한 상태였지만 이러한 평온의 상태는 남녀 간의 싸움으로 인해 깨지게 되고, 더구나 살인사건의 목격은 앞으로 전개될 사건을 연상한다면 목격한 화자에게 닥치는 사건들이 연속적으로 일어나게 될 것이고, 화자는 그 사건을 해결해야 한다. 그리고 다시 평온한 상태로 회복되어야 한다.

일반적인 스릴러 영화, 서부극 영화, 갱스터 영화 등에서는 이러한 균형과 불균형의 서사구조가 플롯 전개에서 잘 드러나는데, 주로 영화의 도입부에서 평온한 마을로 제시되는 균형의 상태가 외부 또는 내부에서 악당들에 의해서 마을이 혼란에 빠지게 된다. 그리고 이러한 혼란을 막기 위해서 마을 공동체 속의 영웅적 인물 또는 외부에서 온 영웅적 인물이 악당들과 싸우게 되고, 주인공은 시련을 겪지만 어떤 선인의 도움으로 악당들을 물리치고 다시 마을은 안정을 되찾는다는 전형적인 플롯 구조는 '균형 → 힘 → 불균형 → 힘 → 균형'의 서사적 진행구조를 갖추고 있다.

그런데 영화의 도입부에서 균형과 결말부에서 균형은 서로 다른 구조의 균형 상태인데, 이러한 영화들에서 제시된 도입부의 균형이 비문명화된 균형이라면 결말부의 균형은 문명화된 균형이라고 할 수 있다. 또한 균형을 이루게 하는 사회적 질서체계를 새로운 힘의 원리에 의해서 재편성된 질서체계라고 할 수 있다. 즉 서사물을 이루는 다양한 구성요소들인 인물들과 사건들의 변화 속에서 개입된 요소들과 배재된 요소들, 인물 요소의 기능에 따른 권력과 지위 관계 등이 도입부의 균형 상태에 제기된 모순과 갈등을 해결하여 새로운 질서체계를 이끌었는가에 대한 탐구가 필요한 것이다.

이와 비슷한 관점에서 프랜스는 사건을 상태적Stative인 것과 행동적 Active인 것으로 한정될 수 있으며, 아주 단편적인 스토리라도 도입부에 제시되는 사건은 상태적이며 전개부에서 제시되는 사건은 행동적이고, 그리고 결말부에 제시되는 사건은 모두 상태적이라고 하였다. 특히 전개부의 행동적 사건은 결말부의 상태적 사건의 원이 되도록 하는 접속자 필 Conjunctive Features에 의해서 결합되며, 이러한 사건의 구성은 유기적인 조직으로서 시간적 연속, 인과관계, 유관성을 갖추고 있다[25]고 하였다.

레비스트로스는 이러한 균형의 상태로 회복을 본질적인 것이 아니라 수용자로 하여금 단지 대립의 긴장과 갈등으로부터 벗어나 정서적 안정을 느낄 수 있도록 하는 상태이다. 공통적으로 서사적 문화콘텐츠 장르들이 지향하는 세계관은 수용자로 하여금 자연스럽게 그 세계관의 당위성을 수용하도록 유도하는 이데올로기적 차원의 틈새가 있다고 한다. 결국 토도로프의 통합체적인 스키마는 통시적인 차원에서의 서사구조, 즉 서사의 통시적인 흐름 속에 내포되어 있는 구조적 갈등을 밝히는 데 유용하다.[26]

구조주의 서사학에서 서사체의 통합체 분석을 위해서 표층서사를 구성하는 요소들인 인물과 사건의 기능이 어떤 보편적인 코드에 의해서 서사문법을 갖추는 데 어떤 기능을 하는가에 대한 논의는 러시아의 민담학자 블라디미르 프로프Vladimir Propp의 민담형태론이 중요한 방법론을 제시해준다.

---

25   제랄드 프랜스, 최상규 옮김, 『서사학이란 무엇인가』, 예림기획, 1999, pp.97-107.

26   황인성, 「텔레비전 저널리즘 서사구조의 사회적 폭력성에 대하여」, 1996년 한국방송학회 봄철학술대회 발표논문, 1996, p.15.

프로프는 러시아 민담분석을 통해서 서사명제들을 구성하는 공통적인 구조를 발견하여 기본적인 이야기 단위를 기능Function이라고 개념화시켰는데, 각각의 민담이 갖는 사건과 존재물들의 가변적인 요소들로부터 그 기저에 내재된 불변의 요소들을 기능이라고 하였다. 기능은 행동의 과정에 대해 갖는 그 의미의 관점에서 한정되는 어떤 작중 인물의 행위로 정의하였다. 프로프는 이러한 이야기의 기본단위인 기능의 특성을 사건과 동일하게 보고, 인물들의 기능은 사건이 누구에 의해서 어떻게 수행되는가에 대한 문제와 상관없이 하나의 독립적으로 이야기의 불변 요소로서 역할을 한다. 민담에서 기능의 수효는 한정되어 있으며, 기능들의 계기 또는 시퀀스는 항상 동일하다. 또한 모든 민담들은 그 구조에 관한 한 동일한 유형에 속한다. 예를 들어, 그 유형들은 주인공의 모험이 이야기의 중심이 되고, 그를 도와주는 조력인물의 등장, 그리고 주인공과 동등한 악역이 등장한다.[27]

민담들의 내용은 다르지만 민담의 구조적 기본 틀만은 항상 동일한 가운데 등장인물들의 행위는 일정한 줄거리의 진행에 따라 전개된다. 그래서 어떤 이야기에 몇 명의 등장인물이 나오든 방향은 제한되어 있으며, 이야기의 구성요소들을 등장인물로 간주하여, 그들의 관계와 행위가 이야기의 줄거리를 구성하는 기능으로 이해하였다. 이야기의 본질적인 구성요소는 등장인물들의 기능들이며, 정해진 순서에 따라서 등장인물들을 31가지 서사기능의 연속으로 분류하였다. 인물들은 서사구조 내에서

27　Vladimir Propp, *Morphology of the Folktale*, 1928. Trans. Laurence Scott. 2nd ed. Ed. Louis Wagner. Introd. Alan Dundes. Austin: University of Texas Press, 1968, pp.21~23(블라디미르 프로프, 어건주 옮김, 『민담형태론』, 지식을만드는지식, 2013, pp.36~45).

표 8 프로프의 인물기능의 영역[28]

인물의 역할		행동의 영역
1	악한	주인공과 싸운다.
2	증여자(제공자)	주인공에게 마법적인 물건을 제공하거나 조력자를 소개해 준다.
3	조력자	주인공을 도와 힘든 일을 해결할 수 있도록 한다.
4	공주/그의 아버지	도와줄 사람을 구한다. / 어려운 임무를 부여한다.
5	파견자	주인공에게 임무/사명을 부여하여 파견한다(반드시 인물 아니고 사건일 수도 있음).
6	주인공	무언가를 찾아나서거나 증여자에게 마법적인 물건이나 조력자를 제공받으며, 악한과 싸우고 공주와 결혼한다.
7	가짜 주인공	주인공이라고 주장하지만 정체가 탄로난다(주인공과 대치할만한 동등한 성격).

어떠한 역할을 하는가와 관련되어 있으며 일곱 가지 인물의 행동 영역과 역할을 제시하였다.

프로프는 31가지 서사기능들을 각기 하나의 문장, 정의, 기호로 표현하는데, 이러한 기능들의 순서는 바로 이야기 줄거리의 기본 요소들을 의미하고 그 기본 요소들을 전체로 구조화시킨 것이다. 프로프는 『민담형태론』에서 31개의 서사기능들은 〈예비단계〉에서는 그리스 글자로, 주요 순서는 대문자로, 그리고 알파벳이 아닌 명칭으로 된 소수의 기능들을 표기하였다. 그 목록은 〈표 9〉와 같다.

---

28 블라디미르 프로프, 황인덕 옮김, 『민담형태론』, 대방출판사, 1987, pp.15-18.

표 9 프로프의 31개의 서사기능 목록[29]

NO	행동영역	정 의	기호
1	가족 중 한 사람이 집을 떠나 있다.	부재	β
2	주인공에게 금지명령이 내려진다.	금지	γ
3	금지가 위반된다.	위반	δ
4	적대자가 정보를 찾아내려 한다.	탐색	ε
5	적대자가 희생물에 관한 정보를 얻게 된다.	정보누설	ζ
6	적대자가 희생자, 혹은 그가 가진 것을 빼앗기 위하여 희생자를 속이려고 한다.	모략	η
7	희생자는 속임을 당하고, 본의 아니게 적대자를 돕는다.	방조	θ
8	적대자가 가족 구성원에게 손해와 손실을 끼친다.	가해	A
8a	한 명의 가족 구성원에게 무엇인가가 결여되어 있거나, 어떻게든지 어떤 것을 갖길 원한다.	결여	a
9	불운과 결여가 주인공에게 알려지고, 주인공이 요청이나 명령을 받아 출발을 허락받거나 파견된다.	중개, 중개적 사건	B
10	탐색자형 주인공이 대항 행동을 준비하거나 또는 결심한다.	대항 개시	C
11	주인공이 집을 떠난다.	떠남	$\uparrow$
12	주인공이 증여자로부터 시험받거나, 심문되거나, 공격받거나 하며, 이를 통해 주인공은 마법도구나 조력자를 얻는 발판을 마련한다.	증여자의 첫 번째 기능	D
13	주인공이 장차 증여자가 될 사람의 행동에 반응한다.	주인공의 반응	E
14	주인공이 마법도구를 손에 넣는다.	마법도구의 수령	F
15	주인공이 그가 찾는 대상이 있는 곳으로 가게 되거나, 인도되거나, 안내된다.	두 나라 간의 공간상 이동	G

29　블라디미르프로프, 황인덕 옮김, 전게서, 1987, pp.15-18.

NO	행동영역	정 의	기호
16	주인공과 적대자가 직접 결투한다.	결투	H
17	주인공은 징표를 받는다.	징표, 표식	J
18	적대자가 패배한다.	승리	I
19	처음의 불행이나 결여가 해결된다.	해소	K
20	주인공이 돌아온다.	귀환	↓
21	주인공이 추적당한다.	추적	Pr
22	추적자들로부터 주인공이 구조된다.	구조	Rs
23	주인공이 몰래 집이나 다른 나라에 도착한다.	비밀리의 도착	O
24	가짜 주인공이 부당한 요구를 해온다.	부당한 요구	L
25	주인공에게 어려운 과제가 주어진다.	난제	M
26	어려운 과제가 해결된다.	해결	N
27	주인공이 인지된다.	인지	Q
28	가짜 주인공이나 적대자의 정체가 드러난다.	정체노출	Ex
29	주인공에게 새 모습이 부여된다.	변신	T
30	적대자가 벌을 받는다.	처벌	U
31	주인공이 결혼하고 즉위한다.	결혼	W
그 외의 기호 – 연결사: §, 세 번 반복: ∴			

이러한 인물의 서사적 기능은 어떤 서사물에서나 31개의 모든 기능들이 반드시 드러나지 않지만 선별적으로 몇 개만 드러날 수도 있다. 그러나 이러한 31가지 서사기능의 순서는 항상 동일하다. 특히 이 기능들 중에서 8번째의 가해 혹은 결여의 기능은 프로프의 서사적 기능들 중에

중요한 역할을 하는데, 보편적으로 영상콘텐츠 장르들 중에서 멜로드라마, 사극, 판타지 등에서 전개부에 가해 혹은 결여 상황이 제시되고 그것으로부터 사건이 전개되기 때문이다. 이 전개부의 상황에서 본격적인 사건이 전개되어 19번째 결여해소 또는 해결을 거쳐 마지막 31번째 결혼과 즉위로 끝나는 경우가 많다. 서사적 기능들에서 제8과 제8a, 제19는 서사구조에서 핵심적인 서사적 기능을 하고, 31가지 기능들 이외에 보조요소로서 기능과 기능을 연결시켜주는 연결사의 기호 §는 개별적 기능을 연결하고, 기능이 세 번 반복되는 것은 세 번 반복 기호 ∴로 표시하였다.[30]

그러나 프로프의 서사의 기능들에 대한 특성 중에서 서사기능의 순서가 항상 동일하게 순서에 맞게 전개된다는 것에 대해서 브레몽Claude Bremond은 비판하였는데, 그는 서사적 기능이 시간적 연속으로 이어지는 사건의 전개보다는 사건의 논리적 전개를 중요시하였다. 그래서 사건 전개의 시간성보다는 논리성을 지향하는 사건의 기술 모델을 제시하였다. 스토리는 두 가지 방향으로서 균형의 회복으로서 '향상'과 균형의 파괴로서 '악화'의 체계로 전개된다고 하였다. 사건은 연쇄Enchainment, 삽입Embedding, 연합Joining의 기능들이 하나의 연속체로 결합되어 그 속에서 사건 해결의 가능성이 제시되고, 사건을 해결해가는 과정, 그리고 사건 해결의 결과가 논리적으로 전개된다고 하였다. 첫 번째, 연쇄단계는 하나의 사건 계기의 결말이 다음의 사건 계기의 가능성에 이어지는 것을 말한다. 두 번째, 삽입단계는 하나의 명세화 또는 상세화의 방안으로 하나의 계기 속에 또 하나의 계기가 삽입된다. 세 번째, 연합단계는 동일한 3부 구조의

---

30   블라디미르 프로프, 황인덕 옮김, 전게서, 1987, pp.69-75.

사건이 이중적인 서사 의미를 갖기 때문에 두 사람의 작중 인물 이름 아래 이중적으로 나열되어야 할 때가 있다는 것이다.[31]

프로프의 인물형태학의 서사적 기능들은 오늘날 서사적 문화콘텐츠 장르들에서 대중적인 서사 장르들은 대부분 프로프의 이러한 인물행위의 기능들을 형식으로 인물을 설정하고 플롯을 구성하는 경우가 많다. 주로 작품의 주제나 사건이 주어지는 상황, 인물성격의 창조와 인간관계 형성에 활용된다.

심층서사

표층서사는 어떤 메시지 내용을 효과적으로 전달하려고, 서사구조라는 틀에서 메시지를 이야기화시키는 것이라면, 심층서사는 화자가 송신자에게 전달하고자 하는 궁극적인 메시지 내용과 그것을 해독하는 송신자의 의미해석을 통해서 다양한 담론들을 해석하는 것이다. 그래서 심층구조에서는 서사의 주체가 명시하고자 하는 의미가 생성되고, 이 의미는 표층구조의 표층서사를 통해서 의미가 구조적으로 만들어진 것이다. 따라서 심층서사는 표층서사의 구조 없이는 분석이 될 수 없다. 더구나 이 둘의 관계는 서로 구분되지만 분리할 수 없으며 상호 작용을 통해서 어떤 서사적 문화콘텐츠가 갖는 서사의 심층적 의미를 파악할 수 있다.

심층구조라는 개념을 제시한 레비스트로스는 서사의 통합체에서 서사적 구성요소들인 인물, 배경, 사건을 이루는 행위소들을 추출하여 그것들이 상호 유사하고 차이를 보이는 이항대립의 원리에 의해서 서사구조

---

31   S. 리몬-케넌, 최상규 옮김, 전게서, 2003, pp. 69-75.

를 이루는 계열체 관계를 형성시켜 신화적 서사의 심층구조를 발견하였다. 그리고 어떤 서사가 갖는 신화는 다른 서사에 적용될 수 있으며, 그것이 보편적인 신화구조라고 하였다.

레비스트로스의 신화론의 관점에서 서사의 통합체로서 기능을 하는 프로프의 민담형태론은 인물유형과 행위가 개인적인 것이 아니라 그것의 유형을 서로 유사와 차이의 이항대립의 원리로 비교 분석해보면, 서사는 사회와 개인의 복잡하고 불명확한 관계를 세분화시키는 수단이다. 즉 개인적인 것이 사회적인 것으로 은유적 전환되는 것이다.

서사물에서 서사적 구성요소들은 서사구조를 이루는 기능과 역할을 수행하는 동시에 그것의 심층구조에는 사회문화적 이데올로기로서 신화성을 갖추고 있다. 그래서 프로프의 인물유형과 행위론에서 주인공의 역할이 단지 개인적인 담론으로 끝나는 것이 아니라 그 심층구조에는 젊은 남성이 그 사회구조 체계에 수용되고, 그 제도 안에서 성숙해가는 과정으로 이해될 수 있다. 주인공이 겪는 고난과 역경은 선과 악, 질서와 무질서, 문명과 야만의 이항대립을 통해서 악한을 물리치고 사회구조체계 안에 수용되기 위한 은유적 변환이다. 즉 개인이 겪어야 하는 성숙과정이다. 그러한 성숙을 통해서 결혼이라는 제도를 통해서 사회가치체계를 자연스럽게 수용하고 그 가치 안에서 삶을 사는 것이다.

레비스트로스는 어떤 서사물에서 이항대립의 통합체 분석으로 드러나는 서사의 표층구조는 계열체의 서사적 요소들이 어떻게 서사구조를 성립시키는가에 대한 단순한 이야기적 흥미요소와는 별개로 표층서사의 내면에 숨겨진 심층적 서사구조를 분석하는 것이다. 이것은 인간의 세상을 이해하고 해석하는 '의미부여' 과정의 핵심이며, 표층서사는 심층서사의 은유적 전환으로서 의미부여 과정으로서 우리를 둘러싼 문화적 과정이라고 할 수 있다. 레비스트로스는 대립구조로서 심층서사의 구조를 각기 이야기의 최소 단위인 신화소가 상관관계를 갖는 4항 상동관계로 서사의 심층구조를 분석하려고 하였다. 예를 들어, 그리스 신화에서 천상계와 지상계가 대립구조를 갖고 있듯이 신화에 등장하는 천상의 신들과 지상의 인간들은 대립관계를 형성하여 그 안에서 천상의 신과 인간에게서 태어난 새로운 영웅에 의해 모든 사건이 해결되는 서사구조를 갖고 있다. 이러한 두 개씩의 대립구조가 이야기를 만드는 심층구조가 된다. 레비스트로스는 이러한 인물 간의 이항대립의 관계설정을 통해서 인물유형이 갖는 심층구조로서 인물이 사회문화적 반영으로서 어떤 특정한 계층과 가치관, 그리고 이데올로기의 기호체계를 갖고 있다고 보았다.[32]

레비스트로스의 이항대립에서 상동관계에 의해서 두 개의 대립항이 같은 종류의 의미대립 관계인 것인데 반해 그레마스는 두 가지 종류의 대립적 의미소 관계에 모순Contradictory과 반대Contrary의 관계를 통해서 기호사각형 구조를 통한 서사의 심층구조 모델을 제시하였다. 그래서 모순은 하나의 의미소가 또 하나의 의미소를 부정할 때 생성되는 관계이기 때문에 이 두 가지 모두 참일 수도 거짓일 수도 없다. 이 둘의 관계는 상호 배제적이며 상호 말소적이다. 이러한 모순과 반대의 대립구조는 어떤 스토리를 만들기 위해서 필요하며 이것이 스토리의 심층구조를 형성한다. 예를 들어, 노희경의 TV 드라마 〈세상에서 가장 아름다운 이별〉에서 드라마의 초반부는 아내가 암이 걸려 죽을 날을 기다리며 남은 생애 동안 가

---

32   박정순, 전게서, 1995, p.390.

족들을 위해서 마지막 노력을 다하려고 한다. 그러나 그녀를 둘러싼 남편과 시부모, 자식들은 자신의 삶에만 집착한다. 결국 아내와 엄마, 그리고 며느리로서 엄마의 삶에 대한 이야기와 가족 구성원인 남편 · 자식 · 친정식구들의 이야기가 서로 모순과 반대의 관계를 형성해서 이야기가 진행되고, 그 관계형성을 통해서 이 드라마가 전달하려는 가족 사랑의 궁극적인 메시지가 좀 더 흥미진진하게 전달된다. 또한 그 내면에 숨겨진 가부장적 이데올로기와 개인주의를 비판한다.

그레마스의 기호의 사각형 모델은 서사의 구조를 세가지 단계로 나누어 표층구조에서 서사구조, 그리고 마지막 심층구조로 이어지는 분석과정을 통해서 서사물의 표면에 드러나는 서사단위들을 중심으로 그 안에 내재된 인물의 관계구조를 알아보기 위해 이항대립 관계와 같은 계열체 분석을 통한 이야기의 심층구조를 분석하는 데 유용하다. 또한 서사물에서 사건의 시간적 인과원리에 의해 배열된 서사체를 중심으로 통합체 분석을 통한 표층구조를 파악하는 데도 적용된다.

4. 담론의 구조

담론은 서사의 표현과 형식에 해당하는 것으로 이야기의 진술이 직접적으로 독자에게 전달되는 것과 화자에 의해서 중재되는 것으로 구분되는데, 전자는 독자에 의한 일종의 엿들음을 전제로 하는 반면, 후자는 화자로부터 독자에게 다소간 명확한 전달을 전제로 한다. 이러한 담론의 진술방식으로 플라톤은 미메시스Mimesis와 디에게시스Diegesis로 구분하는

데, 현대 서사학에서 진술은 보여주기Showing와 말하기Telling로 구분된다. 담론은 참여자들로서 화자와 청자가 성립되어야 하며 이야기를 전개해 나가는 서술자의 관계성립이 필요한데, 이것이 서사의 커뮤니케이션 방식이라면, 서사의 표현과 형식은 인물, 배경, 사건의 서사의 구성요소들이 인물의 행위 또는 존재하는 수단, 시점의 화법으로 담론의 기본적인 요소들이다. 그래서 담론의 구조에서 화자와 청자, 서술자와 화법 시점이 다르다는 것은 서사물의 형식과 유형을 구분하는 데 적용된다.

담론의 커뮤니케이션 방식

서사물의 텍스트가 어떤 커뮤니케이션 방식으로 작가와 독자가 상호작용하는가는 이 둘의 관계형성에 의해서 가능하다. 채트먼의 서사 텍스트의 소통모델에서 실제적으로 제외하고 있는 것은 '실제작가Real Author'와 '실제독자Real Author'이다. 이들은 서사적 텍스트 외부에서 현실적으로 존재하는 실체이다. 실제작가와 실제독자는 텍스트 내부에서 '내포작가Ioimplied Author'와 '내포독자Implied Reader'로 대표된다.[33]

작가는 생활세계에 존재하는 자연인이고, 내포작가는 작품 속에서 드러나는 작가의 일부분이다. 서술자는 작품 안에서 이야기하는 존재이다. 특히 수용자는 서사물이 갖는 미학적인 측면에서 서사물속에서 내재한 내포작가의 세계를 받아들인다. 내포작가와 함께 그것의 상대적인 개념인 내포독자는 '실제의 독자'로 독서과정에서 어떤 정신적 이미지를 얻게 되지만 그 이미지 들은 반드시 독자가 가진 '기존의 경험들의 총합'에

---

33 S. Rimmon-Kenan, *Narrative Fiction: Contemporary Poetics*, New Accents, New York: Methuen, 1983(최상규 옮김, 『소설의 시학』, 문학과 지성사, 1996, p.131 재인용).

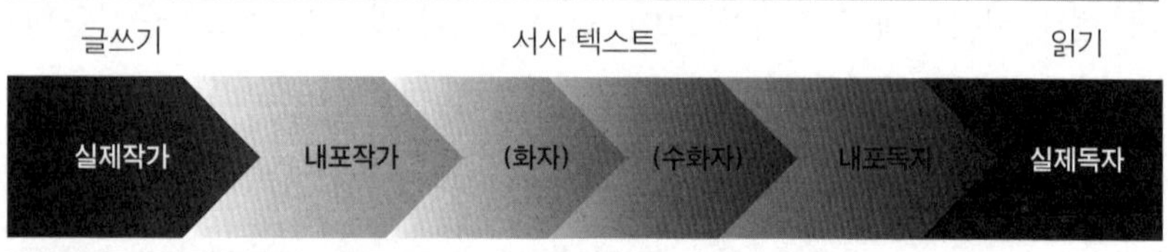

그림 17 서사 텍스트의 진술방식

의해 변하게 되는 것이다. 예를 들어, 성경을 읽는 사람이 무신론자와 기독교인에 따라 서로 다른 영향을 받게 된다.

내포독자는 서사물 그 자체에 의해 전제되는 수용자를 말한다. 내포작가와 마찬가지로 내포독자는 언제나 존재한다. 반면, 화자와 마찬가지로 수화자narratee는 있을 수도 있고, 있지 않을 수도 있다. 그는 작품세계 안에 등장인물로 나타날 수도 있다. 수화자로서의 등장인물은 내포작가가 실제독자에게 내포독자의 역할을 어떻게 수행할 것인가를 알려주고, 어떠한 세계관을 채택할 것인가를 알려주는 하나의 장치일 뿐이다. 명시된 수화자가 없는 사서물들에서는 내포독자의 위치가 보편적인 문화적 도덕적인 관계 위에서 추측될 따름이다. 화자, 내포작가, 실제작가 사이에서와 마찬가지로 수화자, 내포독자서사물의 내재적인 부분들, 그리고 실제독자서사물의 외재적이고 우발적인 부분들 사이의 구분은 필요하다. 이것은 어떤 서사물을 읽는 독자가 소설의 관계 속에 들어감에 따라, 그는 또 하나의 자아를 추가한다. 그는 내포독자가 된다. 화자가 내포작가와 관계를 맺을 수 도 있고, 맺지 않을 수도 있는 것과 마찬가지로 실제독자에 의해 제공되는 내포독자도 수화자와 관계를 맺을 수도, 맺지 않을 수도 있다. 또한 수화자의 위치는 화자의 위치와 대등하다. 그의 영역은 완전히 성격화된 개인으로부터 '아무도 아닌' 존재에 걸쳐 있다.[34] 즉 실제독자들이 어떤 서사물의 텍스트 내에 모든 성분들을 수용하면서 추측되고 상상해낸 구성물에 의해서 형성된 것이 내포작가이다. 이와 마찬가지로 내포독자도 하나의 구성물로서 실제독자나 텍스트 내부의 피화자와 다르며, 서사물 자체에 의해서 예상된 청자들이다. 따라서 텍스트 내부에서 반드시 서사 텍스트의 진술방식에서 이러한 구성요소들이 반드시 다 갖추어질 필요가 없으며 서사 텍스트의 커뮤니케이션 방식에서 서술자와 피화자는 임의적이고, 하나의 내포작가와 내포독자만으로 서사 텍스트의 커뮤니케이션이 가능하다.

내포작가는 서사물의 진행과정에서 독자가 텍스트의 구성요소들을 구성하는 데 있어서 실제적인 역할을 갖는다. 하지만 서사물의 전달에 있어서는 실제적인 역할을 하지 못한다. 왜냐하면 독자가 텍스트의 내용을 해독하는 국면과 관련 없이 텍스트를 읽기 때문이다.

시점과 서술자

스토리는 화자에 의해 말해지는 시점에 의해서 텍스트에 서사가 전개된다. 시점은 서사적 사건들이 입각하는 물리적 장소, 실제적인 삶의 반영, 함축된 사회문화적 의미를 은유적으로 지시한다. 즉 외적인 이야기 상황뿐만 아니라 내적으로 추상적인 것도 비명시적으로 드러내고 있다. 이야기에서 인물의 시점이 명시적이든 비명시적이든 그것이 드러나지 않고는 이야기가 전개될 수 없다. 서사에서 시점은 누가 시각적이고 서사

---

34   시모어 채트먼, 한용환 옮김, 전게서, 2009, pp.165-166.

적으로 전개하느냐에 대한 관점으로서 이야기 속에 등장하는 인물이 시각적으로 보는 것과 이야기를 하는 것이냐에 관한 문제이다.

채트먼은 담론의 구조에서 숨은 화자와 드러난 화자의 개념을 제시하는데, 서사 목적을 위한 문장의 조정으로서 '전제', 서사 소통에서의 '권위'의 제한, '제한적 이동'과 전지적 심리 접근이다. 첫째, '전제'는 이미 이해되고, 청자를 포함한 모두에게 동의를 강요하는, 말할 필요도 없는 어떤 것이다. 전제는 직접적 서술 뒤에 있는 은밀한 서술을 가능케 한다. 전제는 피화자가 떠맡을 수밖에 없는 가치 구조를 확인시킨다. 우리는 누구의 전제가 '진실'에 보다 가까운 것인지 외적 단서를 찾을 필요가 있다. 둘째, '권위'는 화자가 가지는, 말할 능력을 제한할 수 있는 능력이다. 헨리 제임스는 주인공을 제외하고는 작품 속 화자가 모든 등장인물의 마음에 가깝게 다가갈 수 있다는 것을 부정하였다. 제한에 대립되는 능력은 '전지적'이라기보다는 '편재적'이다. 셋째, '시간' 또한 화자의 특권이다. 화자는 회상, 장면, 요약, 확장을 통해 시간을 조정하는 것이 허락될 수 있다. 넷째, 제한식 이동에서 화자는 한 인물에서 다른 인물로 그의 심리적 접근을 이동하면서도 여전히 상대적으로 숨은 채로 남아 있을 수 있다. 이는 어떤 의도를 드러내지 않으며, 플롯의 목적에 기여하지 않는다. 그것은 어떤 일반적인 목적에 기여하는 게 아니다. 사고란 그 자체가 플롯이다. 심리적 접근은 우연한 문제로 보이고 일상생활의 무작위성을 반영한다.[35]

일반적으로 시점화는 세 가지 측면으로 구분될 수 있는데, 어떤 서사물이 시작부에서 결말부까지 일관적으로 고정되어 진술되는 것이 고정

---

35   시모어 채트먼, 한용환 옮김, 전게서. 2009, pp.233-241.

시점화이고, 서사물에서 두 사람의 화자가 교대로 또는 교차적으로 진술되는 것은 가변시점화이다. 그리고 두 사람 이상의 몇몇 사람들이 교대로 등장하여 진술되는 것은 복수시점화이다.

시점은 서사물에서 화자나 작중인물의 감정·생각 등을 묘사하는 내적 시점과 외적으로 드러나는 행동·시공간에 대한 묘사 등의 외적 시점으로 구분되는데, 내적 시점은 서사의 모든 요소들이 한 사람 또는 소수의 작중인물의 감정과 지식, 생각 등의 지각을 통해서만 제시된다. 주로 소설 등에서 내적 시점은 주로 1인칭 시점으로 제시된다. 외적 시점은 화자가 서사적인 모든 요소들이 외부로부터 제시되는 것으로 화자는 작중인물의 행동이나 육체적 외양, 관찰에 의한 시공간적 배경을 묘사한다. 주로 3인칭 시점으로 제시된다. 이렇게 채택된 시점의 유형은 어떤 서사물에서 사건의 유형들과 그것이 전개되는 방식으로서 서사구조와 독자가 서사내용을 이해하고 해독하는 데 영향을 미친다.

일반적으로 시점을 해석하는 수준을 리몬 케넌S. Rimmon-Kenan은 지각적 국면, 심리적 국면, 관념적 국면으로 구분하고 있다.[36]

지각적 측면은 인간의 시각, 청각, 후각과 같은 지각의 측면에서 시간과 공간의 두 가지 요인에 의해서 한정된 것이다. 서사물에서 시점화자의 외적 또는 내적으로 위치하는 것을 공간적으로 해석하면 화자가 어떤 이야기를 장대한 파노라미식 개관으로 어떤 이야기의 사건과 인물을 소개하거나 화자가 서로 다른 장소에서 일어나는 일들을 동시적으로 관망하는 것이 대표적인 예이다. 그러나 서사물에서 작중인물이나 인칭화되

---

36   최상규 옮김, 전게서, 1996, pp.133-145(S. Rimmon-Kenan, *Narrative Fiction: Contemporary Poetics*, New York: Methuen, 1983, pp.72-80).

지 않은 화자가 공간적 위치에 국한되어 있을 때 서사의 시점화는 파노라마식 또는 동시적 관망이 불가능하다. 서사물의 시점화에서 시간적 요인은 내적과 외적 시점화의 관점에서 살펴볼 수 있다. 내적 시점화는 서사물에서 시점화자에 의해 조절되는 정보와 동시적으로 제시될 수 있다. 그러나 작중인물의 현재성에만 국한되어 제시된다. 반면 외적 시점화는 서사물에서 인칭화되지 않는 시점화자의 경우에 시간을 초월하여 제시되기도 하고, 스토리의 모든 시간적 차원을 마음대로 다룰 수 있다. 또한 한 사람의 작중인물이 자신의 과거를 초점화하는 경우에는 회상적 시점이 될 수 있다.

심리적 국면은 시점화자의 정신과 감정이 관련된 요인으로 인식적 요소와 감정적 요소로 구분하여 살펴볼 수 있다. 인식적 요소는 외적과 내적 시점화의 대립관계에 의해서 무제한적 지식과 제한적 지식간의 대립에 의해서 형성되는 시점의 국면이다. 서사물에서 외적 화자는 재현된 세계에 대해 모든 것을 미리 인식하고 있다. 반면 내적 시점화에서 재현된 세계의 지식은 한정되어 있다. 예를 들어, 화자가 묘사에 의해서 은유적 묘사 어떤 사물에 대해서 진술할 때, 작중인물은 그것을 모르지만 이미 화자-시점화자는 그것이 무엇인가를 안다. 감정적 요소는 외적/내적 대립이 감정적 변형을 하면 객관적 시점화와 주관적 시점화의 대립으로 변한다. 예를 들어, 어떤 공간에 대한 묘사에서 외적으로 공간에 대해서 사실적으로 묘사하지만 그것에 작중인물 또는 인칭화된 화자의 감정이 입을 통해서 내적으로 어떤 감정의 상징적 표현으로 드러나기도 하고, 시점화되는 요소가 내부로부터 외적 시점화자에 의해서 드러나거나 외적 행동 속에 함축되기도 한다.

관념적 국면은 의미 그대로 개념적으로 텍스트의 세계를 보는 일반적인 체계로 이루어져 있는데, 서사물에서 사건과 각종 인물들이 관념적 텍스트의 규범에 의해서 평가된다. 서사물에서 작중인물은 작가가 창조한 세계관 안에서 작중인물이 자신의 세계관의 범위한에서 행위를 하게 되고, 텍스트의 규범 안에서 대변하게 된다.

지금까지 살펴본 시점과 서술자에 대한 논의는 문학 장르를 벗어나 현재 서사적 요소를 갖춘 다양한 문화콘텐츠 매체들에 있어서 논의되고 있지만 서술자와 시점의 개념과 구분은 명확한 개념의 합일점이 없다. 그래서 개별적인 문화콘텐츠 매체별로 그 장르의 특성에 따라 유동적으로 적용되어 연구되고 있는 상황이다.

제4부

문화원형의 스토리텔링 전략

01

서사적 모티브를 갖춘 문화원형의 스토리텔링

1. 서사적 모티브의 개념과 유형

서사적 모티브는 문화원형 소재에서 '이야기형' 소재이자 채트먼의 서사이론에서 이야기의 구성요소로서 사물적 요소와 사건적 요소를 결합한 모티브를 말한다. 서사적 요소로서 인물 설정, 시공간적 배경, 사건 등의 서사요소를 갖춘 문화원형을 모티브로 하는 것이다. 이것은 스토리텔링의 동기로 채택되는 신화, 설화, 전설 등이 대표적인 서사적 모티브의 사례라고 할 수 있다.

신화는 주로 천지창조 신화와 건국신화들이 대표적인 유형들이다. 한국의 천지창조 신화는 '제주도 마고할미 신화', '단군신화' 등이 대표적이다. 이러한 신화의 공통적인 특성은 신적인 존재가 인간화되어 초월적인 영웅적 인물로 묘사되고 있으며, 초자연적인 힘을 통해서 인간의 세계에 질서체계를 구축하고 집단공동체의 안녕과 번영을 기원하는 주술적인 메시지를 담고 있다. 이러한 신화적 모티브는 오래전부터 신화에서 주술적인 제의로 발전되어 신화가 갖는 서사적 모티브는 가·무·악으로 변형되어 무속굿의 문화를 형성하였다. 주로 이러한 신화들은 현대의 출판콘텐츠로서 아동도서에 응용된다.

건국신화들은 어떤 인간이 초자연적 현상에 의해서 어떻게 탄생하게 되고, 초인적인 인물로 묘사되고 어떤 신적 계시를 통해서 시련과 고난을 극복하고 한 나라를 건국하게 된다는 전형적인 영웅적 서사구조를 갖추고 있다. 대표적으로 '고구려를 세운 주몽신화', '박혁거세의 신라건국신화' 등이 있으며 삼국시대부터 조선시대까지 다양한 건국신화들이 있다.

설화는 민담으로서 이야기의 소재가 사람이 중심이 되는 경우가 많으나 간혹 동물을 인간화시킨 우화도 소재거리가 된다. 주로 설화는 한국 고전소설의 원형이 되는 이야기소재가 많으며, 권선징악, 선행입복, 남녀 상열지사, 각주구검刻舟求劍 등의 인간의 원초적 욕망과 도덕적 가치를 강조하는 주제들이 많다. 그러나 신화가 영웅적 서사라면 설화는 평범한 사람의 이야기로서 서사의 구조도 영웅적 서사에 비해 현실적이며 흥미적인 요소들이 많이 내재되어 있다. 〈연오랑과 세오녀〉, 〈해와 달이 된 오누이〉, 〈콩쥐팥쥐전〉, 〈오성과 한음〉 등이 대표적이다.

전설은 서사적 요소에서 공간적 배경을 모티브로 하는데, 주로 어떤 장소, 사물, 지명 등이 유래한 기원을 서사적으로 풀이한 것이다. 특히 전설은 토테미즘에 기초한 원시적 무속신앙의 신성성이 내재되어 있다. 예를 들어, TV 드라마인 〈전설의 고향〉 같은 경우 어느 지역에 내려오는 전설을 드라마의 소재로 많이 활용하였다. 지역에서 구전을 통해서 전승되는 전설들은 문화콘텐츠 시대에 지역축제 및 관광명소의 스토리텔링에 많이 활용되고 있다.

일반적으로 문화원형의 서사적 모티브를 활용한 극 장르화된 문화콘텐츠의 서사유형은 주로 영웅적 서사가 주류를 형성하는데, 이러한 유형들은 살펴보면 고구려 건국신화로서 주몽설화를 토대로 영웅적 서사의 방식으로 이야기를 전개하는 TV 드라마 〈주몽〉을 비롯하여 TV 드라마 〈연개소문〉, 근초고왕의 소재로 한 이문열의 대하소설 〈대륙의 한〉 등이 대표적이다. 또한 사랑을 주제로 멜로 드라마, 성공신화를 토대로 한 드라마들이 대표적이다.

서사적 모티브를 갖춘 문화원형은 〈표 10〉과 같이 서사적 모티브의

표 10 서사적 모티브의 구성조건

구성 요소	내 용
인물 설정	• 선과 악의 구별 및 핵심 인물에 대한 대립관계가 설정되었는가? • 평면적 인물설정인가 아니면 개성적 인물설정인가?
행위소 설정	• 주변인물로서 선과 악의 조력자들이 대립관계가 설정되었는가? • 주인공은 선과 악의 대결에서 모든 역경을 해결하는 인물상인가? • 인물의 행위소 중심으로 사건을 전개하는가?
시공간적 배경	• 역사적 사실에 입각한 시공간적 배경을 설정하였는가? • 역사적으로 중요한 시대를 시공간적 배경을 설정하였는가? • 시공간적 배경으로 인물과 사건유형을 파악할 수 있는가?
사건의 유형	• 역사적 사건이 핵심사건으로도 주변사건으로도 설정 가능한가? • 사건의 유형이 차별적이며 보편적인 핍진성을 갖춘 사건인가? • 작품의 주제를 정확하게 전달할 수 있는 사건의 요소를 갖추고 있는가?
사건 전개	• 인과성을 갖추고 사건이 전개되는가? • 사건의 갈등관계가 극적 긴장감을 유발시킬 수 있는가? • 플롯 전개가 설득력을 갖추고 있는가?
사건의 해결방식	• 결말에서 사건이 해결되는 플롯 구조인가? • 결말이 행복한 결말인가 불행한 결말인가? • 해결부에서 작품의 주제가 명료하게 전달되었는가?

구성요소들을 갖추고 있는가에 따라서 작가적 상상력에 의해 스토리텔링화되어 연극, 영화, 소설, 애니메이션 등 다양한 극화된 문화콘텐츠로 개발될 수 있다.

2. 서사적 모티브의 스토리텔링 전략

서사적 요소를 갖춘 문화원형들에 속하는 신화, 전설, 민담 등의 소재를 활용하여 스토리텔링의 전략을 통해서 서사적 문화콘텐츠 장르로 제작할 때, 보편적으로 어떠한 서사구조를 통해서 이야기를 전달할 것인가에 관한 문제를 비롯하여 이러한 문화콘텐츠들의 서사구조를 분석하는 것은 그것이 대중적으로 인기를 끌 수 있는 스토리텔링의 기획전략에 있어서 중요한 조건이다. 서사적 모티브를 갖춘 문화원형들의 스토리텔링에 관한 통합적 모델은 신화·전설·민담 등이 갖춘 서사적 요소들과 그것들에 의해서 구성된 서사구조를 서사적 문화콘텐츠에서 요구하는 플롯의 조건에 충족될 수 있도록 작가적 상상력에 의해서 어떻게 이야기를 구성할 것인가에 관한 것이다. 즉 서사적 요소를 갖춘 문화원형을 변용과 재창조하는 과정에서 문화콘텐츠 소비자가 재미와 흥미를 갖고 그것을 수용할 만한 이야기적 구성요소들의 배치와 구성할 것인가에 관한 것이다.

서사적 문화콘텐츠 장르들에 속하는 극영화, TV 드라마, 애니메이션, 게임 등은 대중적인 문화콘텐츠 장르들로서 일반적인 대중소설 또는 대중영화에서 활용되는 서사구조들을 갖추고 있는데, 사건과 행위소 또는 사건과 사건의 인과성, 비극과 희극의 명확한 닫힌 결말 구조, 연속적인 시간의 흐름, 내적 갈등보다는 외적 갈등으로 이끌어가는 갈등의 양상, 영웅적 인물창조 또는 평면적 인물창조 등이 보편적인 서사적 특성이다. 또한 서사적 문화콘텐츠 수용자의 수용능력의 향상을 통해서 열린 서사구조의 서사적 특성을 반영하는 서사적 문화콘텐츠 장르들도 점차 대중적 인기를 끌고 있다. 그러나 보편적으로 대중 문화콘텐츠들에서 보편적인 서사적 특성들은 여전히 유효하며, 아울러 서사구조의 유형을 분류하고 그 모델에 대입하여 서사체계를 구축하는 것 또한 유효하다.

신화의 발생은 인간의 심성 깊은 곳에 내재된 원형적 충동의 징후인 집단의 꿈이라고 칼 구스타프 융이 정의했듯이 다양한 신화에서 동일한 패턴의 이야기 구조가 보이는 것은 인간 보편의 무의식에 초점을 맞추고 있기 때문이다. 그래서 신화·민담 등과 같은 서사적 문화원형들은 이야기의 구조상 공통적으로 낯선 세계로 떠나는 모험담을 통해서 출발, 입문, 귀환의 기본적인 플롯 양식을 갖는데, 조셉 캠벨Joseph Campbell은 이러한 영웅의 모험담이 가장 원형적인 신화의 스토리텔링의 모델로 보았다. 캠벨은 그리스 로마 신화를 비롯한 전세계 각국의 종교신화와 지역설화를 분석하여 이러한 신화의 이야기 구조가 갖는 공통된 이야기 전개의 패턴을 유형화시키는 작업을 하였다. 그래서 프롭의 '민담형태론'에서 서사를 구성하는 31개의 기능요소로 분류하고, 이것을 통해서 신화의 핵심이 보편적인 인간이 성장하기 위한 필연적 통과의례로 보았다. 이러한 과정을 통해서 다시 태어난 재생의 삶에 대한 교육으로서 신화의 습득과 깨달음이 바로 신화를 해석하는 방법이라고 하였다. 그리고 이러한 영웅적 신화는 시간과 장소적 제약에서 벗어나 공통적으로 그 본질적인 속성을 변화하지 않고 '천의 얼굴을 가진 영웅'이란 '원질신화Monomyth'라고 하였다.[1] 캠벨은 영웅의 모험담을 다룬 신화 또는 민담에서 이야기의 전개 단계를 '세계로부터 분리로서 출발', '힘의 원천에 대한 통찰로서 시련과 입문의 성공', '회귀와 사회와의 재통합으로서 귀환'의 세 단계로 구분하고 이것을 16단계로 정리하여 영웅 스토리의 서사모델을 제시하였다. 이 서사모델은 주인공이 모험을 통해서 체험하는 모험의 세계와 그 자신이 내적 성숙하는 과정에서 폭넓게 일어나는 현상을 은유적이며 상징적으로 도식화한 것이다.

표 11 캠벨의 16단계 서사모델[2]

NO	서사단계	원형 맥락
1	일상세계	[특별세계와 대조되는 평범한 일상 세계] • 이야기는 주인공의 평범한 삶 속에서 시작된다. • 이야기 속 세상은 사회적 질서체계 속에서 비교적 균형 잡힌 삶이지만 그 안에는 불안한 요소들이 내재되어 있다. • 평범한 세계는 간결하게 주인공의 일상적 삶을 스케치하는 정도로 소개된다. • 주인공은 외부의 어떠한 압박이나 삶의 변화 요소 없이 무미건조한 삶이 간결하게 소개된다. • 이러한 일상세계에서 이야기가 전개되는 것은 주인공의 일상적 삶의 모습들에서 수용자가 자신의 일상적 삶과 동일시할 수 있는 묘사와 영상 이미지로 구성된다. • 가공의 이야기 속 세상과 수용자를 친밀하게 하는 것은 안정된 삶의 뒤에 모험의 감정적 요구를 불러일으키기 위한 기능을 담당한다.

---

1   조셉 캠벨, 이윤기 옮김, 『천의 얼굴을 가진 영웅』, 민음사, 2010, pp.7-14.

2   조셉 캠벨, 이윤기 옮김, 전게서, 2010, pp.7-14.

NO	서사단계	원형 맥락
2	모험의 부름	[전령의 부름, 모험을 거부할 수 없는 불가피한 상황 또는 자발적 선택] • 질서 잡힌 평범한 세계에 내재된 불안요소들이 가시적으로 드러나게 된다. • 불안요소들은 주인공의 꿈이나 천재지변의 징후 등을 통해서 드러난다. • 이야기 속 질서 잡힌 세계에 대한 힘의 균형이 파괴되는 현상을 전하는 메신저가 등장한다. • 불안요소에 의해서 일상적 세계의 힘의 균형이 파괴되기 시작된다. • 파괴된 일상세계 속에서 주인공은 자신을 둘러싼 소중한 것을 잃거나 부재된 상황을 통해서 힘의 균형을 직접 발견하고 모험에 대한 소명을 인식하게 된다.
3	부름의 거절	[두려움과 의심으로 인해 소명을 거절함] • 주인공이 현실상황에 대처하기 위한 행동의 필요성을 인지한다. • 주인공이 당면한 현실의 문제에 대한 두려움과 의심으로 소명의 대답을 거절하고 현실 회피를 하려 한다.
4	초자연적 조언자와의 만남	[지도하고 도와주는 멘토로서 조언자를 만나게 됨] • 주인공은 자신을 둘러싼 현실상황에서 회피하려고 하지만 그의 앞을 가로막는 걸림돌(사람과의 관계, 자신이 넘어설 수 없는 그 무엇)을 발견한다. • 주인공은 자신 앞에 놓인 장애물을 제거하려는 행동을 취하려고 하지만 자신의 힘만으로 되지 않는 것을 느낀다. • 주인공은 우연적 또는 필연적으로 조언자를 만나게 된다. • 조언자는 주인공의 주변인물일 수도 있고, 주인공 자신이 직면한 문제와 관련된 사람일 수도 있다. • 조언자는 초월적인 힘을 가진 인물일 수도 있고, 지극한 평범한 일상의 노인, 여자, 가족일 수도 있다. • 조언자는 주인공이 모험에 대한 소명을 수용할 수 있도록 조언하는 역할을 한다. • 조언자는 주인공에게 모험에 대한 소명을 주인공과 관련된 과거의 일 또는 현실문제 해결을 위한 설득하고 권유한다. 그렇지 않을 경우 강제적으로 소명을 받아들일 수 있도록 한다. • 주인공에 앞에 놓인 장애물은 조언자와의 만남을 통해 제거된다.

NO	서사단계	원형 맥락
5	고래의 배	[영웅으로서의 능력을 입증하는 관문을 통과하게 됨] • 조언자의 조언을 통해 주인공은 드디어 자신에게 닥친 문제를 해결하기 위한 해법을 인지하고 자신이 해야 할 행동을 결정하고 시작한다. • 그 해법은 주인공이 앞으로 문제를 해결하기 위한 자신 일상 세계와 다른 전혀 다른 세계, 즉 특별한 세계로 여정을 의미한다. • 특별한 세계는 주인공이 경험하지 못한 세계, 무질서의 폭력이 난무하는 세계, 어떤 현상에 의해서 몰락한 세계, 초자연적인 현상이 존재하는 초현실적인 세계, 주인공 자신이 속한 사회적 신분계층의 변화 등으로 표현될 수 있다. • 주인공은 자신의 특별한 능력을 통해서 첫 번째 관문을 통과하게 되면, 전혀 다른 특별한 세계로 들어갈 수 있는 재생의 공간이 '고래의 배'로 들어가게 된다(자격을 얻게 된다).
6	테스트	[시험을 거치며 적과 동지를 만나게 됨] • 특별한 세계에 들어온 주인공은 그 세계의 질서체계를 습득하게 된다. • 주인공은 특별한 세계속에 어려움에 처하게 되고 그 세계속에 살고 있는 사람들과 인연을 통해서 적과 동지를 만나게 된다. • 특별한 세계에서 어려움을 극복하는 과정은 영웅이 되기 위한 통과의례이다. • 이러한 시험을 통해서 주인공은 아군과 적군을 구별하고, 고립된 특별한 세계에서 살아남는 방법을 습득하게 된다. • 이 단계는 이야기가 주인공에게 기대하는 것이 무엇인가를 수용자가 인식하게 된다.
7	여신과의 만남	[영웅을 도와주는 여신과의 운명적 만남] • 주인공의 내적 불안감의 근원 또는 모성에 대한 결핍은 어머니와 비슷한 형상의 여신을 만나게 된다. • 여신과의 운명적인 만남은 주인공이 자신을 가로막고 있는 장애물을 제거하고 어떤 목적을 달성하는데, 주인공이 갖고 있는 특별한 능력을 발견하게 하고 그것을 발휘할 수 있도록 상징적으로 사건 해결의 열쇠를 제공해준다. • 주인공의 무의식 속에 내재한 모성애에 대한 결핍은 여신과 만남을 통해서 죄책감과 두려움 등을 야기시켜 방황하게 만든다.

NO	서사단계	원형 맥락
8	유혹	[영웅을 유혹하는 여인에게 미혹됨] • 주인공이 갖는 모성애에 대한 결핍은 어느 매혹적인 여인의 유혹에 이끌리게 되는 요인으로 작용할 수 있다. • 여인의 유혹은 주인공의 무의식 속에 자리 잡은 근원적 · 내적 갈등을 성숙시키는 요인으로 작용한다. • 여인의 등장은 주인공을 내적 성숙시키거나 장애물을 제거하는 도움을 주는 역할 또는 그 반대의 역할을 하기도 한다. • 주인공이 여인의 유혹을 자신의 임무 수행에 대한 강력한 의지나 장애물을 제거하는 데 여인이 자신을 곤경에 빠뜨리게 한다는 것을 깨닫게 되면서 유혹을 물리치게 된다.
9	아버지의 보상	[아버지의 재현 존재에 단련되고 화해함] • 주인공은 아버지와 비슷한 형상의 사람을 만나게 된다. 그 캐릭터는 냉혹하고 엄격하다. • 아버지와 비슷한 형상의 사람은 주인공이 영웅으로 성장할 수 있는지를 시험하게 되고 그에 따른 보상을 준다. • 아버지와 화해하게 되면서 신적인 상태를 경험하는 '신격화 단계'로 접어든다. • 이로써 영웅은 궁극적인 '홍익을 달성'하게 된다.
10	가장 깊은 동굴로의 접근	[최종 목적지에 도착, 마지막 시련을 준비] • 6단계를 거치면서 특별한 세계를 경험한 주인공은 위기대처 능력과 자신감을 획득하여 최종적인 목적지에서 마지막 난관을 준비한다. • 주인공은 난관을 극복하며 도전은 계속된다. 그 도전들은 더 어려워지고 극복하면 할수록 그 위험은 더 증가된다. • 그러한 위험들에 의해 실패할 경우 그 대가는 극단적으로 치닫게 되고 주인공은 이전보다 더 특별한 위험에 직면하게 된다. • 주인공이 최종 목적지로서 가장 깊은 동굴(가장 큰 위험)에서 직면하는 위험에서 주인공은 조언자의 격려와 동료의 도움으로 극복하게 된다. • 캠벨은 이러한 가장 깊은 동굴의 상징을 주인공이 해결해야 하는 가장 큰 위험으로 보고 이때 일반적인 신화의 구현이 발생한다고 하였다. • 이 위험은 주인공의 내적 갈등이 동반되고, 그 갈등은 주인공의 무의식 속에 숨겨졌던 가장 악한 면과 갈등하고 투쟁하게 된다.

(계속)

NO	서사단계	원형 맥락
11	호된 시련	[완전한 영웅이 되기 위한 최종의 시련] • 주인공은 마지막으로 가장 큰 난관과 직면하게 된다. • 최종의 시련은 주인공이 최종적인 문제해결을 위한 마지막 장애물이다. • 최종의 시련은 반드시 주인공이 그것을 해결하여 받게 될 보상만을 의미 하지 않는다. • 플롯의 전개상 이 단계는 절정 직전의 대결상황이다.
12	보상	[모험의 완수에 대한 궁극의 성취와 보상] • 주인공이 마지막 시련을 극복하고 그에 따른 보상을 받게 된다. • 주인공이 받는 보상은 최종적으로 주인공이 문제해결을 통해 받는 보상이 아닐 수도 있다. • 다양한 신화 속에 등장하는 마술적 사실주의에 입각한 마법과 무기들이 언급되고 그것을 통해서 모험을 완수하게 된다. • 주인공은 최종 모험의 장애물을 극복하고 자신의 목적을 달성한다.
13	귀환의 거부	[원래의 일상세계로 복귀] • 이 단계부터 플롯 전개는 간결하며, 완결되는 분위기로 급조한다. • 주인공은 특별한 세계에 얻은 특별한 능력에 대한 가치와 자신의 일상 세계로 돌아갈 것인가에 대해서 갈등한다. • 주인공은 이런 갈등상황에서 특별한 세계와 자신의 일상세계를 연결시킬 수 있는 해결방안을 찾게 된다.
14	부활	[귀환을 방해하는 최후의 시련과 재생] • 주인공이 일상세계로 귀환하는 것을 방해받는 상황이 전개된다. • 악당들이 만들어놓은 위협적인 함정에 빠지게 되고 그 함정 속에서 가장 위협적인 생사의 갈림길에 놓이게 된다. • 주인공이 대처하는 것은 외부세계의 악당과 결투 이외에 자신의 내적 욕망과도 갈등하고, 이러한 상층된 내부와 외부의 모든 적들을 모두 물리쳐야 한다.
15	영생의 귀환	[치유의 영약을 갖고 세상으로 돌아옴] • 주인공의 모험 여정의 마지막 단계로서 여정을 통해서 얻은 정신적 성숙과 물질적 것을 갖고 자신이 살고 있는 현실적 삶의 일상 세계로 귀환한다.

(계속)

NO	서사단계	원형 맥락
15	영생의 귀환	• 주인공의 귀환은 새로 짜인 사회질서체계 속에서 그를 영웅으로 환대하는 사람들도 있지만, 그 사회질서체계에서 살아남은 악당 또는 주변인들에 의해 또 다른 위협의 대상이 될 수도 있다. • 이러한 귀환을 통해서 주인공은 특별한 세계에서 경험한 것들에 대한 일시적 회의감을 느낄 수도 있다.
16	새로운 삶	[이전과 달라진 삶, 새로운 여행 예비] • 주인공의 달라진 사회질서체계 속에서 주인공 자신의 특별한 경험을 통해서 성숙된 모습으로 새로운 삶을 시작한다. • 주인공이 사회질서체계 속에서 적응할 수 없다는 회의감을 느끼면 새로운 여행을 준비한다.

　　캠벨의 서사모델은 모험을 중심으로 하는 영웅적 신화나 민담이 원형인 서사적 문화콘텐츠 장르들의 서사의 맥락을 파악하는 데 중요한 분석방법을 제시하지만, 반드시 이러한 서사적 맥락에서 이야기가 전개되는 것은 아니다. 또한 단계별 서사전개는 반드시 서사의 진행단계에 따른 순서에 관계없이 효과적인 클라이맥스를 어떻게 구성하는가에 대한 서사 맥락을 파악하는 데 도움을 준다.

　　영화감독인 조지 루카스George Lucas의 이러한 캠벨의 서사모델을 기초로 하여 영화 〈스타워즈〉 시리즈의 시나리오를 창작하는 데 기본적인 서사 틀로 활용하였다. 이 영화는 미래의 우주전쟁을 다룬 이야기이지만 이 영화의 원형 속에는 영웅의 서사적 모티브 전개방식이 변용되어 활용되고 있다. 예를 들어, 스타워즈의 제1부 〈새로운 희망〉1977은 주인공 루크가 모험의 세계로 출발의 과정을 그렸고, 제2부 〈제국의 역습〉1980은 루크가 영웅되기 위한 입문의 과정을 그렸다. 마지막으로 제3부 〈제다이

의 귀환〉1983은 루크가 제다이의 전사로 영웅이 되어 우주의 평화를 획득
하게 되는 귀환의 과정을 그렸다. 캠벨의 서사 모델은 스토리텔링의 기술
로서 스토리의 창작과 분석, 특히 신화와 민담에서 찾을 수 있는 영웅담
의 스토리 분석과 창작, 더 나아가 서사적 문화콘텐츠 장르의 플롯 분석
에 활용될 수 있다.

신화론의 서사구조를 스토리텔링의 관점에서 문화콘텐츠에 적용될
수 있는 연구관점을 제시한 크리스토퍼 보글러Christopher Vogler는 캠벨의 서
사모델을 발전시켰다. 그는 『신화, 영웅 그리고 시나리오 쓰기Writer's Journey-
Mythic Structure for Writers』 책에서 캠벨의 신화원형 분석을 할리우드 영화에 보
편적으로 적용될 수 있는 12단계의 영웅 모험담 서사모델을 제안하였다.
그는 캠벨의 서사의 3단계 모델을 시나리오의 3막 구조로 변형시켰다. 캠
벨의 16단계 원형서사 모델을 구조주의적인 관점에서 12단계로 생략과
변형을 시켜서 스토리가 갖추고 있는 선형적 질서체계를 재정립했는데,
스토리의 구조가 일종의 랑그라면, 그것이 드러나는 실제 신화와 시나리
오들은 파롤에 해당하는 것이다. 보글러는 할리우드 영화 장르들 중에서
서부극을 비롯한 갱스터 영화, SF 영화 등은 다양하게 변용된 캠벌의 신
화원형이라고 하였다.[3] 오늘날 보글러의 12단계 서사 맥락 모델은 TV 드
라마의 서사구조를 분석하는 데 더 유용하게 활용되고 있다.

---

3   최민성, 「통합적 시나리오 창작 모델 연구」, 『한국언어문화』 Vol.38, 한국언어문화학회, 2009, pp.370-371.

구분	서사단계	서사의 맥락	플롯	적용	수용 형태
제1막 (출발)	일상세계	• 주인공의 평범한 일상세계를 보여준다.	개요		주인공의 탐색
	모험의 소명	• 주인공이 '모험에 대한 소명'을 수용한다. • 주인공은 새로운 목표를 찾기 위한 일상 세계를 떠나기로 결심한다. • '모험의 소명'이 항상 가치 있는 것은 아니다. • 모험에 대한 소명이 인류의 구원일 수도 있고, 범죄의 유혹일 수도 있고, 타락의 시작일 수도 있다.		필수	
	소명의 거부	• 주인공이 '소명'을 거부한다.	전개	생략 가능	
	정신적 스 승과의 만 남	• 주인공이 일상세계를 벗어나게 해주는 정신적 스승을 만난다.			
	첫 관문의 통과	• 일상세계와 낯선 세계를 구분 짓는 경계이다. • 이 관문을 통과해야 주인공은 낯선 세계로 떠날 수 있다.			제1막의 절정 제2막의 연결고리
제2막 (입문)	시험, 협력자, 적대자	• 주인공은 '시험'에 든다. • 주인공이 능력을 인정받거나, 작은 관문들을 통과하거나, 유혹의 이유가 더욱 분명해진다. • 이 과정에서 조력자와 적대자가 명확해진다.		필수	

---

4   크리스토퍼 보글러, 함춘성 옮김, 『신화, 영웅 그리고 시나리오 쓰기』, 무수, 2005, p.69.

(계속)

구분	서사단계	서사의 맥락	플롯	적용	수용 형태
제2막 (입문)	심연 가장 깊은 곳으로의 접근	• 시험의 대가로 주인공은 심연에 이르게 됨 • 심연의 형상은 대개 어두운 곳, 동굴 등은 자궁의 상징성을 갖는 죽음과 재생을 의미	위기	필수	제2막 요소의 통합 제2막의 첫 번째 절정
	시련	• 주인공에게 가장 극복하기 어려운 시험의 단계이다.			
	보상	• 심연을 통과하면 주인공은 어떤 보상을 얻게 된다.			
제3막 (귀환)	귀환의 길	• 그 보상을 통해 주인공은 귀환의 길로 들어설 수 있게 된다.			제2막의 두 번째 절정
	부활	• 주인공은 마지막 난관을 헤치고 원하던 영약을 가지고 일상세계로 돌아오게 된다.	절정		전체 이야기의 최고 절정/ 해결
	영약을 가지고 귀환	• 주인공이 일상세계를 떠나게 했던 목적을 이룬다. • 주인공의 목적 달성을 통해 자신이 떠났던 일상세계를 변화시킨다.	절정 결말		

보글러는 캠벨의 원질신화의 3단계 과정을 구조주의적 관점에서 이항대립의 관계로 설정하였는데, 일상세계와 특별한 세계, 출발과 귀환의 대립관계로 하여 일상세계는 출발과 함축의 관계를 형성하고, 특별한 세계는 귀환과 함축의 관계를 형성한다. 또한 이항대립 관계에서 일상세계와 귀환은 모순관계에 의해서 주인공이 질서가 잡힌 세계로 새로운 영웅으로 귀환하는 것을 의미하게 된다. 반면 특별한 세계와 출발은 모순 관

계에 의해서 평범한 인간에서 사회적 질서가 붕괴된 특별한 세계 속 주인 공이 겪는 시련과 성숙의 과정을 의미하게 된다.

보글러의 스토리 구조의 제1막은 캠벨의 '출발' 단계의 서사단계 요소들을 반영하고 있는데, 캠벨의 서사단계에서 '고래의 배'가 제2막으로 넘어가 '가장 깊은 동굴로의 접근'으로 대치되어 이야기 전개상 위기의 장면에 대응하게 재배치된다. '첫 관문의 통과'는 주인공이 일상세계를 떠나 낯선 세계로 떠나는 통과의례이자 일상세계와 낯선 세계의 경계선 이다. 보글러는 캠벨의 '입문'과 '귀환'의 단계를 구성하는 요소들을 축약 하고 변형시켰는데, 이것은 현대의 서사적 문화콘텐츠들에서 내러티브의 전개상 수용자가 이야기에 몰입할 수 있도록 하는 극적 효과를 위해서 위 기부부터 이야기를 빠르게 전개시키기 때문이다. 따라서 보글러의 스토리 구조에서 '입문' 단계의 구성요소들은 제2막의 '시련'의 단계로 통합된다. 그래서 아버지와의 화해에서 신격화와 홍익의 달성은 보글러의 스토리 구 조에서 '보상'으로 통합된다. '귀환'단계를 구성하는 요소도 '심연의 가장 깊은 곳으로 접근'을 중심으로 귀환 과정 자체로 집약된다.[5]

캠벨의 출발 단계는 보글러의 스토리 구조의 제1막으로 보통 세계에 서 낯선 세계로 나아가는 단계로서 주인공이 일상세계에서 벗어나 첫 관 문을 통과하는 것이 제1막의 절정인 동시에 제2막을 여는 연결고리가 된 다. 첫 관문에서 신화의 스토리 내용상 골육상잔, 용과의 싸움, 사지절단, 고난, 피난, 야간 항해, 불가사의한 여행, 고래의 배 등의 구성요소들을 통 해 성장해가는 과정을 강조하고 있다.

---

5   크리스토퍼 보글러, 함춘성 옮김, 전게서, 2005, pp.62-69.

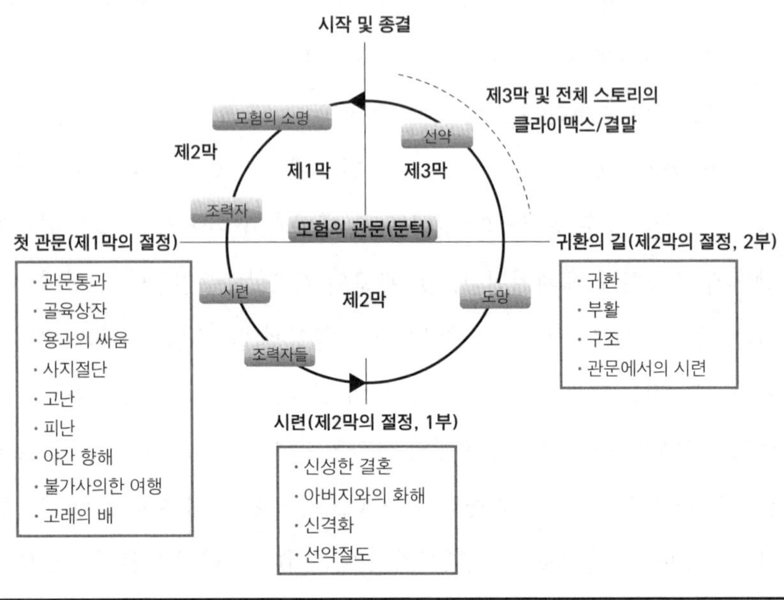

그림 18 보글러의 시나리오의 선형적 질서[6]

　　캠벨의 입문 단계는 보글러의 스토리 구조의 제2막으로 낯선 세계에서의 시련과 성장의 단계로서 주인공이 낯선 세계에 들어가서 가장 깊은 심연으로 다가가고 시련을 겪어내는 단계가 제2막의 첫 번째 절정이 된다. 그리고 여러 시련들인 신성한 결혼, 아버지와의 화해, 신격화, 선약 절도를 통해 일상세계에 가져올 '선약'을 쟁취하는 성과와 변화한 주인공이 해결을 향해 '귀환' 하기 시작하는 지점이 제2막의 두 번째 절정이 된다.

　　마지막으로 캠벨의 귀환 단계는 보글러의 스토리 구조의 제3막 귀환 단계로 주인공이 낯선 세계에서 다시 일상세계로 돌아오는 해결 단계이

6　크리스토퍼 보글러, 함춘성 옮김, 전게서, 2005, p.30.

다. 이 단계에서는 귀환, 부활, 구조, 관문에서의 시련 과정을 통해서 이야기 전체에서 최고의 절정과 해결을 맞이하게 된다. 이러한 스토리의 구조를 보글러는 시나리오의 선형적 질서로 제시하고 있다.

일반적으로 신화가 지니는 의미상징성은 인간이 시련 과정을 통해서 보편적인 사회적 질서체계에 편입되는 것을 상징적이고 교훈적인 성격으로 보여주고 있다. 이러한 영웅서사의 구조가 다양한 커뮤니케이션 담론을 갖고 있는 문화콘텐츠 장르 속에서 수용자가 재미있게 수용할 수 있도록 원형 서사를 선택과 집중하여 시나리오를 기획 창작하는데 이 과정에 보글러의 스토리 구조는 스토리텔링의 가이드를 제시한다.

스튜어트 보이틸라Stuart Voytilla는 영웅이 등장하지 않는 다양한 대중영화 장르들에 캠벨의 원질신화와 보글러의 스토리 구조를 적용시킬 수 있는 대안을 제시하였다. 가장 대중적인 할리우드 영화 장르들을 '영웅의 여정'이라는 신화의 서사코드로 서사구조를 해석하여 캠벨과 보글러의 서사모델의 아이디어를 구체적인 사례들로 분석하였다. 스토리를 구조주의적 서사형식으로서 통합체와 계열체로 구분하여 계열체의 선택을 중요시 하는데, 스토리의 통합체 질서를 보편적으로 존재하는 기본형을 원형적 통합체의 구조로 만든다. 하지만 신화의 비밀체계를 분석하는데 미흡하다. 계열체의 요소의 선택으로서 주인공이 남자가 될 수도 있고, 여자 또는 소년이 될 수도 있다. 또한 행위적 요소도 계열체 요소의 선택에 따라 다양하게 스토리의 전개를 위한 행위적 요소들로 대체될 수 있다. 결국 계열체의 요소를 어떻게 선택하느냐에 따라서 스토리의 내용이 달라질 수 있다.

보이틸라는 프로프의 '민담형태론'에 유형화시킨 등장인물의 기능과 비슷한 개념으로 '원형'의 개념을 제시하였는데, 어떤 스토리에 등장하는 인물이 맡는 기능과 역할을 말한다. 보이틸라의 캐릭터 분석에서 원형의 개념은 융의 원형을 활용한 것이다. 캠벨과 보글러의 스토리의 구조에서 등장하는 여러 등장인물들의 기능과 역할들이 고정된 캐릭터의 역할이 아니라 스토리의 일정 부분에서 일정효과를 얻기 위한 일시적으로 수행하는 기능으로서 일종의 가면 역할이다. 각각의 그 역할과 기능에 맞는 가면이 등장인물의 성격을 유형화시키고, 이야기 속에서 각각 그 기능을 수행하는 행위소이기도 하다. 보이틸라의 대중적인 영화에서 등장하는 원형의 기능과 역할을 〈표 13〉과 같이 일곱 가지 원형으로 제시하였다.[7]

캠벨의 서사맥락에서 스토리의 단계를 보이틸라는 '장면'의 개념으로서 대체하여 영웅이 겪는 모험의 과정으로서 일상세계의 주인공이 소명의식을 통해서 영웅이 되는 통과제의, 그에 따른 시련과 성취, 그리고 보상과 귀환의 패턴으로 이어지는 '영웅의 여정'을 12개의 장면으로 구성하였다.

보이틸라는 '영웅의 여정'이라는 신화의 서사코드에서 계열체의 요소를 선택하는 기준에 따라 액션 어드벤쳐 영화, 서부 영화, 공포 영화, 스릴러 영화, 전쟁 영화, 멜로드라마 영화, 로맨스, SF 영화 등으로 스토리텔링의 모델을 창출할 수 있는 가능성을 제시한다. 따라서 보이틸라의 스토리 이론은 영화의 스토리텔링이 일종의 신화의 현대적 변형으로서 '영웅담의 신화'가 갖는 각각의 장면들과 인물역할의 기능들은 영화의 성공요인을 분석하는 데 유용하다.

---

7   스튜어트 보이틸라, 김경식 옮김, 『영화와 신화』, 을유문화사, 2005, pp.41-45.

표 13 보이틸라의 7가지 원형의 기능과 역할[8]

등장인물	기능과 역할
영웅(Hero)	외부세계의 위협으로부터 자신이 속한 공동체(가족·친구·마을)를 구하기 위해서 또는 자신이 속한 공동체를 파괴한 외부세력 또는 내부의 적에게 복수하기 위해서 모험을 떠난다. 공동체의 사람들 또는 여정을 통해서 만나는 선한 사람들에게 봉사하고 희생한다.
조언자(Mentor)	평범한 인간에서 영웅으로 성장할 수 있도록 신비한 능력 또는 모험의지를 부여하고 이끌어주는 현자이다.
관문수호자 (Threshold Guardian)	주인공이 과업을 수행할 수 있는가 또는 영웅으로 성장할 수 있는가에 대해서 시험한다.
전령(Herald)	주인공에게 모험의 소명을 전하는 존재로서 주인공이 어떤 난관에 처할 것에 대해서 암시적으로 경고하고 과업수행에 좀 더 적극적인 행위로 나아갈 수 있도록 힘을 준다.
변신 자재자 (Shape Shifter)	자유자재로 변신하여 영웅을 혼란에 빠뜨리고 현혹시키는 동행자로서 사람일 수도 있고 초현실적 힘을 가진 동물일 수도 있다. 영웅의 과업에 문제를 제기하기도 하고 주인공을 속여서 주인공이 과업을 수행하는 데 어려움에 빠뜨리게 하기도 한다.
그림자(Shadow)	영웅과 적대적인 관계로 영웅을 파멸시키려고 하는 그림자 같은 악당의 존재이다.
장난꾸러기 (Trickster)	영웅이 과업을 수행하기 위한 여정에서 어려움을 극복하는 과정을 혼란스럽게 만들기도 하고, 주인공의 여정의 과정에 극을 희극적으로 해소시켜주는 감초 역할을 한다.

지금까지 캠벨을 비롯하여 보글러와 보이틸라가 제시된 비슷한 유형의 선형화된 스토리 전개구조가 다양한 서사적 문화콘텐츠 장르들에서 스토리 변용으로 영웅의 보편적 캐릭터 유형과 스토리 전개의 변용으

---

8   스튜어트 보이틸라, 김경식 옮김, 전게서, 2005, pp.45-46.

로 장르적 관습이 경계가 느슨해지고, 장르와 장르 간의 변용된 서사구조
를 어떻게 설명하고, 신화의 서사구조를 현대적으로 어떻게 변용할 것인
가에 대한 것은 제시하고 있지 못하다. 예를 들어, 신화의 구조에서처럼
영웅은 기이한 출생과 비범한 능력을 갖고 있는데, 이것이 지극히 평범한
소시민적이고 희극적인 인물의 캐릭터로 변용되었을 때나 영웅적 캐릭
터 성격이 어떻게 스토리 전개상 일관되게 유지되는가에 대한 문제에 대
하여 대안을 제시하고 있지 못하다.

이러한 문제점에 대해서 신화 분석학자인 노드롭 프라이Herman Northrop
Frye는 서사구조의 원형을 신화의 원형으로 설명하고 있는데, 융의 원형이
론을 신화원형 비평으로 체계화하여 문학 형식의 구조적 조직원칙으로서
신화는 곧 이야기로서 이것을 통해서 문학 장르에서 신화원형의 서사구조
를 체계화하고 변형원리를 설명한다.

신화의 원형성은 시대에 따라 그 시대에 요구에 따라 변용 수용된다.
설화적 모티브를 가진 〈처용설화〉가 시대를 거듭하면서 제의적 성격이
강해지고 그것이 제의적 연희의 성격을 갖게 되어 〈처용무〉라는 궁중정
재로 발전했듯이 프라이도 통사적 관점에서 신화도 시대의 변화에 따라
시대적 문화의 수용수준에 따라 변용된다고 보았다.

프라이는 신화의 근본적인 원형을 자연 순환주기에 따른 봄 · 여
름 · 가을 · 겨울의 4계절, 아침 · 정오 · 저녁 · 밤의 일주기, 비 · 샘 ·
강 · 바다 · 눈의 물의 주기, 청년 · 장년 · 노년 · 죽음의 인생주기로 문학
장르 발생 이전의 이야기들의 네 요소인 신화의 상징성으로 해석하여 봄
은 희극, 여름은 로맨스, 가을은 비극, 겨울은 아이러니와 풍자의 문학 장
르를 탄생시키는 원리로 보았다. 그리고 신화와 원형의 상징에 존재하는

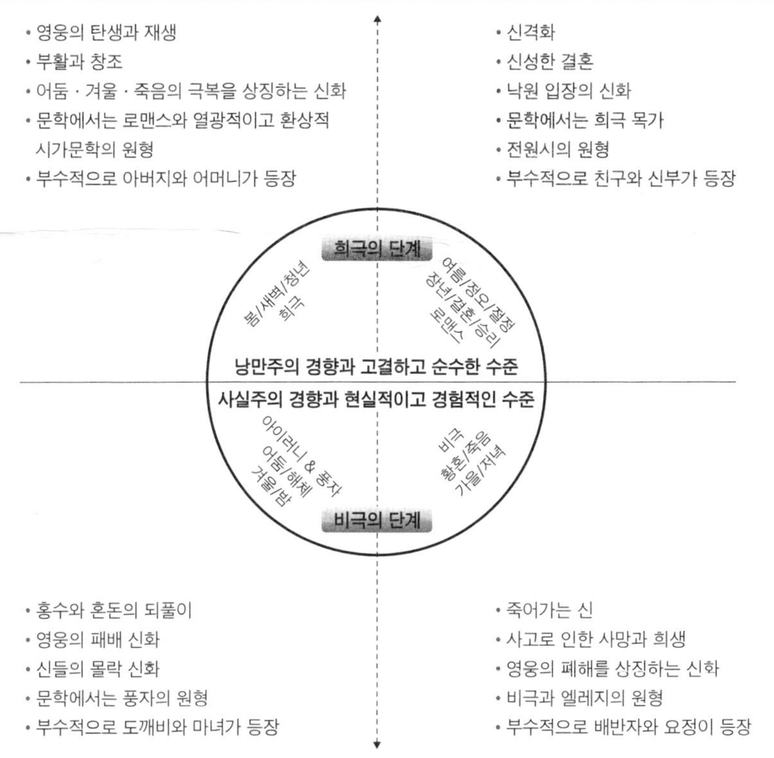

그림 19 프라이의 신화의 구성원리[9]

원초적 신화, 로맨스, 리얼리즘의 세 가지로 파악하고, 신과 악마에 관한 이야기는 구체적 신화 자체에서 파생된 원초적 신화로서 종교에서 말하는 천국과 지옥의 대립되는 세계로서 각각 묵시적 이미지와 악마적 이미지로 구분하였다. 로맨스는 인간의 경험과 밀접한 연관을 맺는 신화적 패턴으로서 인간적 신화의 변형이다. 마지막 리얼리즘의 경향은 현실적이

---

9   홍문표, 『문학비평론』, 양문각, 1993, pp.175-179.

며 경험적 수준으로서 로맨스와 마찬가지로 인간적 신화의 변형이다. 로맨스와 리얼리즘은 고대문학이 신화의 형식으로 시작해서 시대적 조류를 거치며 낭만주의와 사실주의 문학으로 치환되는데, 그 안에 묵시적 이미지와 악마적 이미지와 같은 신화적 이미지의 방식과 로맨스, 상위모방, 사실적 이미지와 같은 유추적 이미지의 방식이 나타난다.[10]

신화적 이미지 방식으로서 묵시적 이미지는 플라톤의 이상적 국가나 성경의 묵시록적 천국에 대한 상징과 은유의 심상 표현처럼 인간의 이상적 욕망과 목표를 은유와 상징으로 드러나는 심상 방식이다. 예를 들어, 성서에서 '어린 양'과 '포도 나무'는 예수이자 생명으로 묘사되는 것이다. 반면 악마적 이미지는 묵시적 이미지와는 반대 세계로서 지옥에 대한 것으로 인간이 부정하고 증오하는 일체의 상징적 세계로서 욕망이 성취되지 못하는 악의 세계를 은유와 상징으로 드러내는 심상 방식이다. 예를 들어, 성서에서 십자가, 무화과, 금단의 나무 등이 악마적 이미지의 은유와 상징이라고 할 수 있다. 유추적 이미지는 대립되는 묵시적 이미지와 악마적 이미지가 인간의 이성과 경험의 유추를 통해 문학적으로 치환되는 모방의 심상 방식이다. 프라이는 바로 이 과정을 로맨스, 상위모방, 하위모방의 유형으로 설명하고 있다.[11]

프라이가 제시하는 신화의 변형은 스토리의 구조에서 등장인물들의 유형에 따른 성격화의 수준을 창조하고 분석하는 데 유용하다. 문학사가 신화의 고결하고 신성한 로맨스 경향에서 실존적이고 경험적인 리얼리즘의 경향으로 변화는 오늘날 서사적 문화콘텐츠 장르들에서 상상적 공

---

10   홍문표, 전게서, 1993, pp.176-177.

11   홍문표, 전게서, 1993, pp.179-181.

간의 주인공, 악당 등의 성격화 수준이 전형적인 신화적 영웅의 존재에서 현실적 공간의 실존적 존재로 변용된 것이다. 판타지의 상위모방의 상상력에서 하위모방의 상상력으로 동시대에 인물상을 유형화시키는 것이 현대 서사적 문화콘텐츠 장르들에서 스토리에서 등장인물, 배경, 주제의 구성방식이 변용된 것과 그 맥락을 같이 한다.

그래서 신화의 차원에 머무는 스토리 구조에서 초자연적인 힘을 가진 영웅은 환경을 초월하는 것을 통해서 삶에 대한 총체적 비전을 제시하고 그것이 일종의 신화와 민담의 형태로 전승된다. 신화에서 좀 더 발전된 로맨스 수준의 모방에서도 주인공은 보통 사람보다 뛰어나고 환경의 영향을 뛰어넘는 능력을 갖고 있지만 초자연적인 능력을 갖고 있지는 않다. 그것의 주제는 여전히 영웅들의 보편적인 삶의 가치를 추구한다. 이것은 지역·지명 등과 관련된 민담이나 전설의 형태로 전승되기도 한다.

오늘날 유행하는 판타지 장르들, 영화 〈반지의 제왕 시리즈〉, 영화 〈해리포터 시리즈〉, TV 드라마 〈태왕사신기〉 등은 대표적으로 로맨스 수준의 모방이라고 할 수 있다. 로맨스는 묵시적 이미지의 세계에 해당하며, 순수·고결하고 이상적이며 순결한 인간의 이미지로 순결과 마법의 세계를 나타낸다. 예를 들어, 영화 〈반지의 제왕〉에서 온화한 늙은 마법사 간달프, 반인반요정인 아름다운 아라곤의 여인 아르헨, 인간인 아라곤을 돕는 푸른잎 레골라스가 이러한 로맨스적 모방의 유형에 속한다. 상위모방은 자연과 이성의 유추의 세계로서 영적이며 신성한 세계가 인간의 이성을 통해서 관념화되거나 재현되어 로맨스의 세계보다 사실적이다. 예를 들어, 영화 〈베오울프〉에서 호르트가르 성의 흐로스가 왕이 지배하는 사회, 절대악을 잉태한 물의 마녀 오딘이 가진 성물 등이 상위모방의 유형에 속한다. 〈태왕사신기〉에서 주인공 담덕은 신분적으로 왕족이나 그에게 외형적으로 드러나는 강인하고 뛰어난 용맹함으로 완벽하게 드러나지 않는다. 다만 신물을 갖고 있는 협력자들과 그의 여인은 보통사람들보다 우월한 초자연적 능력을 가진 우월적인 존재들이다. 그의 내면적 온화함과 감성에 호소하는 능력으로 그는 협력자들을 포용하고 영웅의 여정을 통해서 악의 세력을 물리치고, 신처럼 사라진다. 상위모방의 형태에서도 여전히 주인공은 평범한 사람보다 우월한 능력을 갖고 있지만 환경을 극복하지는 못하는데, 그것은 주인공 자신이 속한 공동체 또는 국가의 이데올로기에 종속되기 때문이다. 상위모방 수준의 스토리 구조는 액션 영화나 서부 영화의 유형에서 찾아볼 수 있는데, 영화 〈람보 시리즈〉의 경우 주인공은 강인한 체력, 용기와 판단력, 뛰어난 전투능력 등을 지니고 있다. 람보는 자신의 친구, 베트남 전쟁 때 포로가 된 미군들, 구소련의 침공으로 폐허되고 독립하기 위해서 투쟁하는 아프가니스탄의 비참한 마을 사람들을 구하기 위한 사명감에 의해서 싸운다.

하위모방은 현실의 세계에서 모방에서 그려지는 주인공의 성격화는 주로 평범한 사람보다 못한 계층에 속하거나 낮은 지위에 있고, 자신이 속한 현실세계의 환경을 극복하지 못하며 주로 교훈적이거나 영웅적 진리보다는 개인적 차원의 욕망과 가치를 추구하는 경향이 있다. 하위모방은 악마적 이미지와 관계를 맺으며 불행하며 부조리한 현실의 세계에 대한 모방으로 고결하며 영적인 존재는 거의 존재하지 않고 미적인 대용물로 처리된다. 이러한 주인공의 성격화는 주로 멜로 드라마나 리얼리즘 영화들 속에서 찾을 수 있다. 예를 들어, TV 드라마 〈시크릿 가든〉은 두 가지의 스토리 구조로서 로맨스와 하위모방이 공존한다. 로맨틱 판타지 멜

사진 5
SBS 드라마 〈시크
릿 가든〉 포스터,
Copyright ⓒ 2010
SBS[12]

로드라마로 두 주인공의 영혼이 뒤바뀌는 마법과 현실세계의 연예담이
극적 재미를 안겨준다. 남자 주인공 주원은 초월적인 비범한 능력을 가진
존재가 아니다. 단지 사회경제적으로 높은 수준의 재벌 2세로서 평범한
사람들보다 사회경제적 능력을 갖고 있는 주인공으로 등장한다. 또한 여
자 주인공 길라임도 평범한 여자 주인공의 전형적인 캐릭터, 즉 신데렐라
같은 뛰어난 외모와 여성스러움보다는 스턴트우먼이라는 특별한 직업과
남성적인 성격이 강한 캐릭터로 등장한다. 그리고 이 드라마의 주제는 사

---

12 SBS 드라마 〈시크릿 가든〉은 오세강 기획, 김은숙 극복, 신우철 · 권혁찬 연출로 총 20부작으로 제작된 멜로
드라마이다(SBS 홈페이지: tv.sbs.co.kr/secretgarden 사진 인용).

랑과 결혼, 가족 간의 화해라는 지극히 개인적인 욕망의 가치를 추구한다.

아이러니는 균형 잡힌 평범한 일상세계보다는 현대사회의 병폐로 얼룩진 세계에서 평범한 사람보다도 못한 계층과 그 계층 속에서 열등감으로 가득 찬 주인공으로 성격화되기도 하는데, 이러한 주인공의 성격은 인간의 실존주의적 주제를 부각시키기도 한다. 예를 들어 영화 〈오아시스〉의 경우 주인공은 평범한 사람보다 못한 중증 뇌성마비 장애인이 주인공으로 등장하고, 그것이 전하는 것은 리얼리즘의 관점에서 아름다운 사랑이야기이지만 그것이 풍자하고 보여주는 세상은 냉혹하고 부조리한 현실이다. 마찬가지로 발작의 소설 〈노트르담의 꼽추〉도 작품이 갖는 시공간적 세계관이 리얼리즘이지만 주인공은 외형적으로나 정신적으로 불구자이지만 주인공이 만나는 모험의 세계를 통해 이 소설이 비판적 리얼리즘을 갖고 있다는 것을 알 수 있다. 반대로 이러한 냉혹하고 부조리한 현실세계에 대한 풍자는 반대급부로 신화로의 재도약의 계기를 제공하기도 하는데, 모더니즘의 아이러니 시대에서 포스트모더니즘 시대로의 이행은 수용자로 하여금 현실 도피처로서 판타지의 상상력에 열광하여 판타지물이 유행하는 계기가 되기도 한다.

통사적 관점에서 프라이의 원형비평은 문학들이 보편적으로 몇 개의 유형화되고 통일된 구조를 갖고 있으며, 다양한 현대문학을 비롯한 서사적 문화콘텐츠 장르들도 신화의 무수한 이미지의 체계가 서로 대립·조합·평행되어 시나리오를 창작하는 데 도움이 된다. 프라이가 제시한 네 단계 신화의 발전단계를 계열체 구조로 하고, 캠벨과 보글러의 스토리 구조를 통합체 구조로 하여 통합적 스토리텔링의 모델을 제시할 수 있다. 프라이의 신화 → 로맨스 → 상위모방 → 하위모방 → 아이러니의 문학사의 전이단계의 요소들이 서사적 문화콘텐츠 장르의 성격에 따라 장르의 성격을 규정하고, 주인공·주제·시공간적 배경을 구성하는 요소가 된다. 캠벨과 보글러의 12개 단계 스토리의 구조는 인과성이 부여된 서사의 플롯을 구축하는 요소가 된다.

표 14 신화와 설화적 모티브가 활용된 TV 드라마의 신화원형 구조

문화 콘텐츠 사례	문화원형 활용	모방의 단계	주인공의 원형	서사적 특성	장르 유형
태왕사신기	• 신화적 모티브: 단군신화, 주신제국의 신물 • 사료적 모티브: 광개토태왕에 대한 역사 기록	로맨스	인간의 능력을 초월하는 절대적인 능력 또는 평범한 인간보다 우월한 능력	• 영웅의 출생·성장·모험·복수·부활 전개방식이 주류를 형성함 • 신화의 세계관과 인간의 세계관의 공존과 갈등 • 보편적인 사회적 질서체계에 종속 • 영웅들의 보편적인 진리 추구 • 삶에 대한 총체적 비전에서 인간적 야망으로 진화 • 정의와 권선징악의 야만적 방식으로의 복수	판타지 사극, SF 영화
태조왕건	• 신화적 모티브: 왕건의 탄생설화, 궁예 탄생설화 등 • 사료적 모티브: 후삼국 시대 역사기록, 고려 건국의 역사기록	상위모방	평범한 사람보다 우월함	• 영웅의 출생·성장·모험·복수·부활 전개방식이 주류를 형성함 • 신화적 모티브의 극사실주의적 변용 • 보편적인 사회의 보편적 가치관과 질서체계에 종속 • 영웅의 야망과 공동체적 야망의 통합된 진리추구 • 정의와 권선징악의 야만적 방식으로의 복수	역사 드라마, 액션 영화, 서부극 영화

(계속)

문화 콘텐츠 사례	문화원형 활용	모방의 단계	주인공의 원형	서사적 특성	장르 유형
공주의 남자	• 전설의 모티브: 서유영의 『금계필담(錦溪筆談)』에 수록된 세희공주 설화[13] • 사료적 모티브: 조선 초기 수양대군과 김종서의 권력 다툼으로 생긴 계유정란, 단종폐위, 사육신과 관련된 역사기록들	하위 모방	평범한 사람보다 우월하지 못함	• 신화 · 설화 · 전설의 극사실주의적 변용 • 사회경제적 신분/계층의 차이에 의해 욕망의 갈등 • 개인적 욕망과 공동체 간의 가치관에 의한 갈등과 사건 • 추방 · 감금 · 유괴 · 이별 · 재회 · 죽음 · 부활 · 복수의 상징적 서사전개 • 개인과 공동체의 야망이 반드시 일치하지 않음 • 개인적 욕망의 가치 추구 • 결혼 · 사랑 · 성공 등의 목표	멜로 드라마, 공포 영화, 코믹 영화

13 『금계필담(錦溪筆談)』은 조선후기 의령현감을 지낸 서유영이 조선시대의 사건을 비롯한 설화 등을 엮은 책으로 총 130편의 설화가 수록되어 있다. 세령공주 설화도 수록되어 있는데, 지금은 기록이 전하지지 않는다. 조선시대 어린 단종이 임금에 오르자 수양대군과 김종서 간의 권력싸움으로 인해 계유정란이 일어나고, 단종이 폐위되자 김종서 집안은 멸문지화를 당하였다. 수양대군의 첫째 딸인 세희공주는 단종폐위를 반대하다 쫓겨나게 되었는데, 집안이 망해 산속에 숨어 살던 김종서의 손자 승유를 만나게 되고 둘은 혼례를 올려 가정을 이루었다. 어느 날 세조가 병이 깊어져 요양을 떠나게 되어 세희공주와 승유가 함께 살고 있는 마을로 지나가게 되었는데, 세조가 공주를 궁으로 돌아오라고 하였지만 거절하고 남편과 함께 멀리 떠났다는 것이다. KBS 드라마 〈공주의 남자〉에서 주인공 캐릭터의 설정과 서사 전개방식에서 세령공주 설화와 계유정란의 역사적 사실들이 서사적 모티브로 활용되었다(송정민, 『금계필담』, 명문당, 2001).

3. MBC 미니시리즈 〈주몽〉의 영웅신화 스토리 구조

국내의 문화콘텐츠 시장에서 영웅신화를 문화원형의 서사적 모티브로 활용한 대표적인 문화콘텐츠 장르는 TV 사극 시리즈가 주류를 형성한다. 조선 건국을 다룬 1996년 KBS 대하사극 〈용의 눈물〉의 대중적 인기를 통해서 고려 건국의 시조 왕건의 영웅담을 다룬 2000년 KBS 대하사극〈태조 왕건〉, 해상왕 장보고의 영웅담을 다룬 2004년 KBS 미니시리즈 〈해신〉, 발해 건국의 시조 대조영의 영웅담을 그린 2006년 KBS 대하사극 〈대조영〉, 고구려의 영웅 연개소문의 영웅담을 그린 2006년 SBS 미니시리즈 〈연개소문〉, 2006년 고구려를 건국한 주몽의 영웅담을 그린 MBC 미니시리즈 〈주몽〉, 2009년 우리나라 최초의 여성 왕의 영웅담을 그린 MBC 미니시리즈 〈선덕여왕〉 등이 있다.

이 작품들은 각각 국가 건국의 영웅적 신화와 인물과 관련된 설화 등이 문화원형의 서사적 모티브로 활용되었는데, 신화적 세계관을 재해석하기보다는 그것을 현실적 세계관으로 창조적 재해석하여 역사적 사실, 즉 영웅이 국가나 왕업을 이루어가는 과정에서 겪는 영웅담으로서 조력자를 만나고 그에 따른 적대자들과의 전투·전쟁을 통해서 과업을 수행하는 이야기의 구조를 갖고 있다. 그래서 조력자들과 전쟁, 그리고 과업들은 극의 재미를 위해서 허구적 가상의 인물이나 사건들을 창조했을 수도 있고, 역사적 인물이나 사건들을 재구성했을 수도 있다.

캠벨의 서사모델을 활용하여 TV 드라마 〈주몽〉의 영웅적 서사모델을 분석하면, 보편적으로 신화와 민담이 서사적 문화콘텐츠의 문화원형으로 어떻게 활용될 수 있고, 서사적 변이양상을 통해서 시대적으로 요구

사진 6
MBC 드라마 〈주몽〉
포스터, Copyright ⓒ
2006 MBC[14]

하는 이야기의 흥미적 요소를 어떻게 창조적으로 시나리오 창작에 활용할 수 있는가를 파악할 수 있다.

먼저 서사모델의 사례분석을 위해서는 MBC TV 미니시리즈 〈주몽〉의 플롯을 분석해야 한다. 이것을 통해서 캠벨의 서사모델을 구성하는 16단계에 맞는 서사적 특성들을 이 작품의 플롯 전개과정과 비교하여 각 단계별로 정리할 수 있기 때문이다. 또한 삼국유사에 수록된 〈주몽신화〉의 플롯과 드라마 〈주몽〉의 플롯을 비교하여 주몽신화의 원형 요소들이 어떻게 현대적 사실주의로 변용되고 재해석되었는가를 파악할 수 있다.

TV 드라마 〈주몽〉은 총 81부로 구성되어 있는데, 서사단계를 발단 · 전개 · 위기 · 절정 · 해결의 플롯 전개로 정리하면 〈표 15〉와 같다.

14　MBC 드라마 〈주몽〉은 정형수 · 최완규 극본, 김근홍 · 이주환 연출로 총 81부작으로 제작된 역사드라마이다 (MBC 홈페이지: www.imbc.com/broad/tv/drama/jumong/index.html 사진 인용).

표 15 드라마 〈주몽〉과 〈주몽신화〉의 플롯 비교

구분	드라마 〈주몽〉의 플롯	〈주몽신화〉의 플롯
발단부 (1회 ~ 3회)	• 옛 조선의 고토를 회복하려는 장대한 꿈을 가진 고조선 유민의 영웅 해모수 장군, 그와 뜻을 같이 하는 동무인 부여 해부루왕의 왕자 금와의 등장 • 한나라에 대항하여 싸우던 해모수가 한나라 병사들에게 쫓기다가 낭떠러지로 떨어진다. 우연히 하백족 족장의 딸 유화의 도움으로 살아나게 됨 • 한나라와 대척하는 해모수와 어울리는 아들 금와를 못마땅하게 여기는 해부루왕, 아들 몰래 해모수를 죽이려고 한나라와 음모를 꾸밈 • 주몽이 유화의 태중에 있을 때 해모수는 한나라와 부여의 해부루왕의 간계로 포로로 잡혀 벼랑 끝으로 떨어져 죽음 • 해모수를 숨겨준 죄로 하백족은 한나라군에게 멸족당하고 유화는 포로가 됨. 금와가 유화를 살려주고, 유화는 주몽을 낳음 • 부여의 해부루왕이 죽자 해모수와 친구였던 금와왕이 친구의 여인이자 자신이 좋아하던 유화를 후처로 거두고 주몽을 서자로 두게 됨 • 어린 시절 자신의 출생의 비밀을 모른채 대소와 영포왕자의 그늘에 가려 주몽은 궁녀들이나 희롱하며 천박꾸러기로 풍족하게 지냄	• 부여의 금와왕과 하백족의 딸 유화의 만남 • 천제의 아들 해모수와 정분을 나누고 혼전 임신한 유화 • 금와왕은 이를 이상히 여겨 유화를 궁으로 데려옴 • 유화의 이상한 행동(햇빛이 유화를 따라가며 비춤) • 유화가 큰 알을 낳음 • 금와왕이 큰 알을 길거리에 버리자, 짐승들이 그 알을 보호함 • 금와왕이 큰 알을 다시 유화에게 줌 • 유화가 큰 알을 품자 알에서 큰 아이가 태어남 • 기골이 영특하고 기이하여 7세에 벌써 보통 사람과 다르게 뛰어났음 • 혼자서 활과 화살을 만들었고, 백발백중의 명수였음 • 이에 활을 잘 쏘는 사람을 주몽이라고 이름을 지어줌
전개부 (4회 ~ 24회)	• 주몽은 신녀의 궁녀 부영을 희롱한 죄로 형벌을 받게 되나 대소가 시조산에 동행하는 것으로 형벌을 미루게 해달라고 금와왕에게 요청하자 수락함 • 금와왕의 명으로 부여의 신물인 '다물활'의 정기를 받기 위해서 주몽은 대소와 영포 두 형들과 함께 산행을 떠남 • 두 형의 시기로 인해 죽을 위기를 맞는데, 소서노가 나타나 구해줌 • 주몽은 시조산 동굴에 도착하여 신물 '다물활'을 부러뜨림	• 금와왕에게는 아들 일곱이 있었는데, 그중에서 주몽이 재주가 가장 뛰어났음

구분	드라마 〈주몽〉의 플롯	〈주몽신화〉의 플롯
전개부(4회~24회)	• 산행을 다녀온 후 주몽은 대소와 영포가 자신을 죽이려 했다는 것을 알고 분노하고, 유화부인이 주몽을 부여의 황제로 만들 것을 결심함. • 주몽은 어떤 목적 없이 자신을 지키기 위해 무송이라는 비밀감옥 문지기의 소개로 우연히 동굴감옥을 알게 됨 • 주몽은 자신에게 겉으로 무관심한 아버지 금와왕과 원후에 그늘에 가려 조용히 사는 어머니의 현실에 안타까워함 • 금와왕과 유화부인의 관계를 아는 황후는 유화부인만을 유독 총애하는 금와왕에 대한 원망을 품고, 그런 어머니를 안타깝게 생각하는 대소왕자, 영포왕자는 함께 음모를 꾸며 주몽을 궁에서 쫓겨나게 함 • 대소는 자객을 보내 주몽을 죽이려고 하고, 주몽은 영포왕자 일당에게 피습을 받아 상처를 입는데, 시장판의 오이, 마리, 협보, 궁중시녀 부영에게 구출받아 살아남 • 주몽은 영포 일당에게 쫓기다가 우연히 동굴감옥으로 피신하게 되고 그곳에서 감금되어 있는 눈이 먼 해모수를 만나게 됨 • 신녀 여미을과 태사자가 부여의 앞날을 위해서 해모수를 동굴감옥에 감금하고, 그것을 금와왕이 알게 될까봐 병사를 보내 해모수를 죽이려고 하는데, 주몽은 동굴 안에서 해모수의 뛰어난 무술실력을 보게 됨 • 주몽의 사정을 들은 해모수는 주몽에게 무예를 전수함 • 유화부인과 해모수의 극적인 상봉으로 해모수는 주몽이 자신의 아들이라는 것을 알게 됨 • 주몽은 해모수가 자신의 생부인지 모른 채 대소와 영포에게 살해당한 스승인 해모수를 보게 됨 • 금와왕과 유화부인은 해모수를 주검을 보고 분노하고, 왕궁으로 복귀한 주몽은 금와왕의 태자 경합에 참여함	• 장손인 대소가 금와왕에게 "주몽이 사람의 소생이 아니기에 만약 일찍이 죽이지 않으면 나중에 후환이 있을까 두렵사옵니다"라고 함. 그러나 금와왕은 그 말을 듣지 않음. • 금와왕은 주몽에게 말을 기르도록 하였는데, 주몽은 좋은 말을 알아보아 조금씩 먹여 여위게 하고 나쁜 말은 잘 먹여 살찌게 함. 이에 금와왕은 살찐 말을 타고 여윈 말은 주몽에게 줌

(계속)

구분	드라마 〈주몽〉의 플롯	〈주몽신화〉의 플롯
전개부(4회~24회)	• 주몽의 신궁에 가까운 활솜씨와 무술에 대소와 영포는 주몽을 더욱 경계하게 됨 • 주몽은 부여궁을 나와 오이 · 마리 · 협보와 소서노 상단으로 들어가, 소금교역을 통해 주몽은 백성들에게 칭송을 받음 • 신녀 여미을로부터 대소와 영포가 죽인 해모수가 자신의 아버지라는 것을 안 주몽은 태자 경합을 포기하고 부여를 떠나기로 결심함	
위기(25회~66회)	• 아버지 해모수가 이끌었던 다물군의 위대한 꿈을 계승하기로 결심함 • 주몽은 호위총관이 되어 임둔과 전쟁에서 공을 세우나 전쟁 중 실종되고, 금와는 활에 맞아 의식불명의 상태가 됨 • 주몽은 한백부족의 족장 딸 예소야의 도움으로 살아나고, 한백부족의 내부 반란으로 주몽은 부족을 탈출하여 부여로 돌아옴 • 주몽이 사랑하는 여인 소서노는 대소의 협박과 주몽이 죽은 줄 알고 상단 호위무사 우태와 혼인하였고, 대소는 의식불명인 금와왕을 대신하여 정권을 장악함 • 주몽은 예소야와 혼인을 하고, 부여를 떠나 다물의 꿈을 이루겠다고 유화부인과 금와왕에게 몰래 전함 • 주몽은 대소를 속여 그의 심복으로 행세하며 비밀리에 유민들을 이끌고 부여를 도망치려고 준비를 함 • 금와왕과 유화부인의 도움으로 주몽이 오이 · 마리 · 협보 · 모팔모와 함께 고조선 유민들을 이끌고 몰래 부여를 떠나려는 것을 안 대소는 배신감으로 부여를 떠나는 주몽 일행을 뒤쫓지만 추격에 실패함 • 주몽은 다물군을 이끌고 한백족을 정복하기로 하고 강철검 제작에 박차를 가하고, 예소야는 회임을 함	• 유화부인은 금와왕의 다른 아들들이 여러 장수와 함께 장차 주몽을 해치려 함을 알고 "이 나라 사람들이 너를 해치려 하니, 너의 재주와 지략으로 어디로 간들 안 되겠느냐?, 속히 일을 꾸며라." 라고 주몽에게 부여를 떠날 것을 말함

구분	드라마 〈주몽〉의 플롯	〈주몽신화〉의 플롯
위기 (25회 ~ 66회)	• 주몽은 한나라에 저항하는 무리를 만나게 되고 새로운 동지로 재사, 무골, 묵거를 합류시킴 • 신녀 여미을이 주몽이 장대한 꿈을 이루는 데 도움을 주겠다고 약속함 • 대소가 부여에 남은 유민들을 한나라의 노예로 보낸다는 것을 들은 주몽은 다물군을 이끌고 이들을 구출하려고 감. 신녀 여미을이 대소의 함정이라고 여겨 이를 주몽에게 알리고 주몽은 위기에서 빠져나옴 • 주몽은 부여궁에서 대소의 횡포에 위협받고 있는 유화부인과 예소야로 인해 갈등하고, 대소는 이것을 이용하여 주몽에게 부여궁으로 나타나지 않으면 유화와 예소야를 죽이겠다고 협박함 • 부여에 일식 현상이 일어나자 백성들이 불안해하고, 부여궁이 혼란에 빠짐 • 황후는 신녀 마후령을 불러 이 기괴한 현상을 묻자 불길한 재앙의 징조라고 답함 • 신녀 여미을의 예지를 통해 주몽은 다물군과 유민들에게 일식 현상은 새롭게 떠오른 해 속으로 삼족오가 날아오를 것으로 보고 부여가 쇠퇴하고, 새로운 나라가 일어난다고 안심시킴 • 금와왕은 대소의 권력이 결국 나라를 망칠 것이라고 하고, 대소를 제압하여 다시 복권을 함 • 복권한 금와왕은 주몽을 부여궁으로 불러들임 • 금와왕은 부득불의 전언한 한나라의 관계를 위해서 주몽을 제거해야 한다는 것에 깊은 고민을 하며 주몽을 부여에 붙잡아두려고 함 • 금와왕은 주몽이 유화부인과 예소야를 데리고 부여를 떠나려고 하자 주몽과 그 일행을 감금시킴 • 부득불은 여미을을 부여에 납치하여 죽임 • 주몽은 유화부인을 부여궁에 남겨두고 몰래 자신의 일행과 부여를 빠져나감 • 소서노는 주몽에게 졸본을 다물군의 거점으로 옮겨 힘을 합치자고 제안함	• 주몽은 오이 · 마리 · 협보와 함께 엄수(淹水)에 이르러 고하되, "나는 하느님의 아들이요, 하백(河伯)의 손자다. 오늘 도망하고 있는데 뒤쫓는 자가 따라오니 어찌하리오?" 하니, 강에 고기와 자라들이 다리를 놓아 줌. 주몽이 건너자 다리는 사라지고 쫓아오는 군사들은 건너지 못함

(계속)

구분	드라마 〈주몽〉의 플롯	〈주몽신화〉의 플롯
위기 (25회 ~ 66회)	• 주몽과 오이는 부여와 한나라 현토성 정세를 살피기 위해 잠행하고, 그것을 현토성으로 피신해온 대소 일당에게 발각되지만 죽을 고비를 넘김 • 주몽이 다물활을 보러 시조산을 찾음. 비금선 신녀가 나타나 다물활의 주인은 부여의 왕이 아니라 옛 조선의 황제를 상징하며 그것은 다물군과 주몽대장이라고 하고, 세 가지 신물을 찾으라고 함 • 주몽은 세 가지 신물을 찾으려는 새로운 여정을 떠남 • 소서노는 송양에게 뺏긴 계루부를 되찾으려고 몰래 잠입하지만 곤경에 처하게 됨. 이 소식을 들은 주몽이 다물군을 이끌어 소서노를 구하고 송양을 몰아냄 • 금와왕은 점점 쇠력해지고 부여는 점차 나라가 기울어지고 있는 가운데, 주몽 일행이 다물군 산채를 비운 틈을 타 대소는 본계산을 찾아, 유민들을 모두 죽임 • 금와왕의 감시가 더욱 심해지자 유화부인과 예소야는 어린 유리를 몰래 부여에서 탈출시키려 하다가 발각되고 유리와 예소야는 탈출하지만 유화는 다시 부여궁으로 잡혀옴 • 대소는 졸본부의 송양에게 다물군을 물리칠 수 있도록 원군을 보내겠다고 하고 부여에 조공을 바치라고 함	
절정부 (67회 ~ 80회)	• 금와왕은 분노하여 자신을 죽이라는 유화부인을 죽이게 됨 • 어머니와 처자식이 사망했다는 소식을 들은 주몽은 큰 시름에 빠지고, 주몽은 위험을 무릅쓰고 어머니의 시신이 안치된 시조산으로 향함 • 어머니의 시신을 찾은 주몽에게 금와왕은 더 이상 부모 자식의 관계를 끊고 서로 승자와 패자의 관계로 결전을 하게 될 것이라고 경고함	

구분	드라마 〈주몽〉의 플롯	〈주몽신화〉의 플롯
절정부 (67회 ~ 80회)	• 졸본으로 돌아온 주몽은 현토군을 몰아내기 위해 한나라와의 전쟁을 선포하고, 전쟁 준비에 만전을 기함 • 주몽은 예소야와 유리를 볼모로 잡고 거래를 하자던 영포에게 속아 유리와 예소야의 생사를 확인하지 못함 • 현토성은 부여에 원군을 요청하고 대소는 정예군을 이끌고 주몽과의 결전을 준비함 • 주몽의 별동대와 유민들이 한나라의 현토성을 점령하고, 양정의 딸 설란 일행과 황대인이 다물군의 포로가 됨 • 대소와 현토성 성주 양정, 설란 일행은 노심초사하고 부여에 원군을 요청하나 금와왕은 거절하고 향후 부여의 살길만 모색함 • 대소와 양정은 주몽의 다물군 치려고 하였으니, 결국 패배하여 양정은 죽게 됨. 전쟁의 승리로 주몽은 백성들을 칭송을 듣고 소서노와 함께 승전을 기쁨을 나눔 • 주몽은 실종된 예소야와 자신의 아들 찾지만 무소식에 안타까워함 • 새로운 나라의 왕 자리를 두고 소서노의 졸본부 식구들과 주몽의 다물군 사이에 불화가 생김 • 졸본의 토착세력과 외부세력인 주몽의 다물군 사이에 갈등이 심화되자 주몽은 부하들에게 자신은 왕이 되지 않겠다고 선포함 • 주몽은 다물군과 유민을 이끌고 새로운 영토를 개척할 것인가에 대해서 깊은 고민에 빠지게 됨 • 소서노가 자신이 사랑했던 주몽에게 왕의 자리를 양보하자, 주몽은 소서노에게 왕비가 되어 달라고 요청함 • 주몽은 그 여정을 통해 얻은 세 가지 신물인 다물활 · 철갑옷 · 청동경을 바치며 하늘에 제를 올리고 고구려의 왕으로 등극함. 그리고 새로운 관제와 법률을 정립하고 고구려 건국을 만천하에 알림 • 소서노가 왕이 되기를 바라는 사용과 각 졸본부의 각 군장들을 설득하는 작업에 들어감	• 주몽 일행은 졸본부에 이르러 도읍하였으나 미처 궁실을 짓지 못하여 비류수(沸流水) 위에 초막을 짓고 국호를 '고구려'라 하였다. 고씨(高氏)로 성을 삼았으니, 그때 나이 12세였음

구분	드라마 〈주몽〉의 플롯	〈주몽신화〉의 플롯
절정부 (67회 ~ 80회)	• 주몽은 처자식이 살아 있다는 소식을 듣고 예소야는 유리와 함께 북옥저로 오이 장군을 보내지만 찾지 못함 • 주몽은 주변국 정벌에 나서 점차 세력을 넓혀감 • 주몽은 부여의 황위 계승식 참석하고 금와에게 대소를 설득하여 동맹관계를 맺자고 제안함. 하지만 새로운 부여의 왕인 대소의 선택에 관여하지 않겠다고 함 • 유리는 어머니 예소야로부터 자신이 주몽의 아들이란 비밀을 듣게 됨 • 부여 황위계승을 기념하는 비무대회에 소서노 아들 비류와 유리가 출전함 • 천마산을 찾은 주몽 일행은 복면 무사들에 습격 당하게 되는데, 유리가 나타나 죽을 고비에 있는 비류를 도와줌 • 유리는 어머니 예소야가 준 아들의 징표인 칼을 주몽에 보이고, 주몽은 아들과 해후하게 됨 • 유리에게 예소야가 부여에 머물고 있다는 말에 주몽은 대장군과 좌장군을 데리고 부여로 향함 • 그동안 유리의 등장으로 소서노의 졸본부 세력들은 더욱 위협을 느끼고, 음모를 꾸미게 됨 • 유리가 머무는 철기방 야장숙소에 원인 모를 불이 나고, 주몽은 아들을 구하기 위해 불길 속으로 뛰어들려고 하지만 부하들이 말림. 하지만 유리는 몰래 빠져나옴 • 주몽은 유리에게 범인이 한나라 자객이라는 것을 듣고, 궁궐 수비대장 찬수에게 책임을 물어 직책을 박탈하고, 채령은 소서노에게 아들 찬수의 선처를 호소하지만 거절함 • 채령이 양탁과 함께 주몽이 궁을 비운 사이 역모를 꾸미지만 소서노는 이를 막고 비류를 추종하던 채령과 양탁 일행을 고구려에서 추방시킴	

(계속)

구분	드라마 〈주몽〉의 플롯	〈주몽신화〉의 플롯
해결부(81회)	• 소서노는 자신을 따르는 졸본부 세력들과 아들로 인해 점점 위기감을 느끼고, 비류와 온조를 남쪽 교역상단으로 보냄 • 금와는 한나라 세작들에게 살해당하고, 대소에게 고구려와 힘을 합쳐 한나라를 물리치라고 유언을 남김 • 소서노는 두 아들과 자신을 따르는 졸본부 세력들을 데리고 남쪽으로 떠나려고 결심하고 주몽에게 전함 • 주몽은 망설이며 깊은 고민에 빠지고, 결국 소서노의 부탁을 승낙함 • 주몽은 소서노의 두 아들과 그녀를 따르는 졸본부의 세력들을 보내줌 • 대소의 아버지 금와왕의 유언에 따라 주몽에게 힘을 합쳐 고조선의 땅에서 한나라 군대를 몰아내자고 전함 • 주몽과 대소는 서로 힘을 합쳐 한나라와 전투를 시작하며 끝남	

TV 드라마 〈주몽〉의 플롯을 캠벨의 16단계 서사전개 과정에 대입하여 각 단계별 서사적 특성을 비교하여 분석하면 〈표 16〉과 같은 영웅적 신화의 스토리 구조를 이룬다.

표 16 캠벨의 서사모델에 의한 드라마 〈주몽〉의 서사구조 분석

NO	서사단계	〈주몽〉의 서사구조
1	일상세계	• 금와왕의 후처로 유화, 서자 주몽의 불안한 사건의 계기가 되는 가족형성 • 주몽은 자신의 출생에 비밀을 모른 채 대소와 영포왕자의 그늘에 가려 궁녀들이나 희롱하며 천박꾸러기로 풍족하게 지냄

NO	서사단계	〈주몽〉의 서사구조
2	모험으로부터의 부름	• 부여의 신물 '다물활'을 보러 삼형제가 시조산으로 산행, 대소와 영포의 시기로 인해 주몽은 죽을 위기를 맞는데, 소서노가 나타나 구해줌 • 주몽은 시조산 동굴에 도착하여 신물 '다물활'을 부러뜨림 • 산행을 다녀온 후 주몽은 대소와 영포가 자신을 죽이려 했다는 것을 알고 분노하고, 유화부인이 주몽을 부여의 황제로 만들 것을 결심함
3	부름의 거절	• 주몽은 어떤 목적 없이 자신을 지키기 위해 무술을 익히기 시작함 • 주몽은 원후의 그늘에 가려 조용히 사는 어머니의 현실에 대한 안타까움, 자신에게 겉으로 무관심한 아버지 금와왕에 대한 원망 • 황후의 질투심과 두 아들이 음모를 꾸며 주몽이 부여궁에서 쫓겨나게 됨 • 대소는 자객을 보내 주몽을 죽이려고 하고, 주몽은 영포왕자 일당에게 피습을 받아 상처를 입는데, 시장판의 오이 · 마리 · 협보 · 부영에게 구출받아 살아남 • 주몽은 자신을 둘러싼 원후와 두 형제의 음모로 인해 공포심과 두려움을 느낌
4	초자연적 조언자와의 만남	• 영포 일당에게 쫓기다가 우연히 동굴감옥으로 피신하게 되고 그곳에서 감금된 해모수를 만나게 됨 • 주몽의 안타까운 사정을 들은 해모수는 주몽에게 무예를 전수함 • 주몽은 대소와 영포에게 살해당한 스승 해모수의 죽음에 분노하고, 다시 부여궁으로 들어가 태자경합에 참여함 • 주몽의 뛰어난 활솜씨와 무술에 대소와 영포는 주몽을 더욱 경계하게 됨
5	고래의 배	• 주몽은 부여궁을 나와 오이 · 마리 · 협보와 함께 소서노 상단으로 들어감 • 소금 교역을 통해 주몽은 백성들에게 칭송을 받음 • 신녀 여미을로부터 대소와 영포가 죽인 해모수가 자신의 아버지라는 것을 안 주몽은 태자경합을 포기하고 부여를 떠나기로 결심함

NO	서사단계	〈주몽〉의 서사구조
6	테스트	• 아버지 해모수의 다물군의 위대한 꿈을 계승하기로 결심함 • 주몽은 금와왕의 호위총관이 되어 임둔과 전쟁에서 공을 세우나 전쟁 중 실종됨 • 주몽은 한백부족의 족장 딸 예소야의 도움으로 살아남 • 부여를 떠나 다물의 꿈을 이루겠다고 유화부인과 금와왕에게 전함 • 주몽이 사랑하는 여인 소서노의 혼인으로 인한 심적 갈등 • 주몽은 대소를 속여 심복으로 행세하며 비밀리에 유민들을 이끌고 부여를 도망치려고 준비를 함 • 금와왕과 유화부인의 도움으로 주몽은 오이 · 마리 · 협보 · 모팔모와 함께 고조선 유민들을 이끌고 몰래 부여를 떠나려는 것을 안 대소는 배신감으로 부여를 떠나는 주몽 일행을 뒤쫓지만 추격에 실패 • 주몽은 한나라에 저항하는 무리를 만나게 되고 새로운 동지로 재사, 무골, 묵거를 합류시킴
7	여신과의 만남	• 다물활 사건으로 인해 주몽을 경계하고, 해모수를 감금하였던 신녀 여미을이 부여를 탈출하여 주몽을 찾아와 주몽의 장대한 꿈을 이루는 데 도움을 줌 • 대소의 부여 유민들을 한나라 노예로 보낸다는 함정에 걸려들었지만 신녀 여미을의 도움으로 위기에서 빠져나옴
8	유혹	• 주몽은 대소의 횡포에 위협받고 있는 유화부인과 예소야로 인해 갈등함 • 대소는 이것을 이용하여 주몽에게 부여궁으로 나타나지 않으면 유화와 예소야를 죽이겠다고 협박함
9	아버지의 보상	• 부여에 일식현상이 일어나자 백성들이 불안해하고, 부여궁이 혼란에 빠짐 • 신녀 여미을의 예지를 통해 주몽은 다물군과 유민들에게 일식현상은 새롭게 떠오른 해 속으로 삼족오가 날아오를 것으로 보고 부여가 쇠퇴하고, 새로운 나라가 일어난다고 안심시킴
10	가장 깊은 동굴로의 접근	• 주몽이 유화와 예소야를 데리고 떠나려 하자 금와왕이 주몽을 감금시킴 • 주몽은 유화부인을 부여궁에 남겨두고 몰래 자신의 일행과 부여를 빠져나감 • 주몽 일행이 다물군 산채를 비운 틈을 타 대소는 본계산을 찾아 유민들을 모두 죽임

(계속)

NO	서사단계	〈주몽〉의 서사구조
11	호된 시련	• 유화부인의 죽음으로 인해 가장 큰 심적 고통을 느끼고, 금와왕과의 결연 • 주몽은 현토군을 몰아내려고 한나라와 전쟁을 선포하고 전쟁 준비에 돌입 • 주몽의 처자식에 대한 그리움과 생사여부에 대한 영포와 거래
12	보상	• 주몽의 별동대와 유민들이 합세하여 한나라의 현토성을 점령함 • 주몽의 적대자인 대소는 전투에서 패하고, 현토성 성주 양정은 주몽에게 죽음 • 주몽은 전쟁 승리의 기쁨을 졸본부의 백성들과 함께 나눔
13	귀환의 거부	• 새로운 나라의 왕의 자리를 두고 소서노의 졸본세력들과 주몽의 다물군 사이의 갈등 • 주몽은 왕이 되지 않겠다고 선포하고, 주몽은 다물군과 유민을 이끌고 새로운 영토를 개척할 것인가에 대해서 깊은 고민을 하게 됨 • 소서노의 양보로 주몽이 왕의 자리에 오르고, 소서노는 왕비가 됨
14	부활	• 주몽의 다물군 세력의 주요 권력 장악과 주몽의 아들 유리의 등장으로 인해 소서노의 졸본부 각 군장 세력의 불만이 가시적으로 드러남 • 천마산을 찾은 주몽 일행이 복면한 무사들의 습격을 당하나, 유리가 구해줌 • 주몽의 유리가 야장숙소에 불이 난 사건으로 인해 소서노의 궁궐수비대장 동생 찬수가 직책을 박탈당함 • 채령이 양탁과 함께 주몽이 궁을 비운 사이 역모를 꾸미지만 소서노는 이를 막고 비류를 추종하던 채령과 양탁 일행을 고구려에서 추방시킴
15	영생의 귀환	• 소서노는 자신을 따르는 졸본부 세력들과 아들로 인해 점점 위기감을 느끼고 그들과 아들들을 떼어놓기 위해 비류와 온조를 남쪽 교역상단으로 보냄 • 금와는 한나라 세작들에게 살해당하고, 대소에게 고구려와 힘을 합처 한나라를 물리치라고 유언을 남김 • 소서노는 두 아들과 자신을 따르는 졸본부 세력들을 데리고 남쪽으로 떠나려고 결심하고 주몽에게 전하고, 주몽은 망설이며 깊은 고민에 빠지지만 결국 소서노의 부탁을 승낙함

(계속)

NO	서사단계	〈주몽〉의 서사구조
16	새로운 삶	• 주몽은 소서노의 두 아들과 그녀를 따르는 졸본부의 세력들을 보내줌 • 대소의 아버지 금와왕의 유언에 따라 주몽에게 서로 힘을 합쳐 한나라를 옛조선의 땅에서 몰아내자고 전함 • 고구려와 부여가 힘을 합쳐 한나라와 전투를 시작함

4. TV 드라마 〈내 여자친구는 구미호〉의 스토리 구조

보이틸라의 장면 개념으로 대체된 영웅 여정의 스토리 구조는 오늘날 다양한 영화 장르들의 서사 구축과 분석에 유용하다. 구미호 설화의 현대적 변용으로 인기를 끌었던 SBS 드라마 〈내 여자친구는 구미호〉의 서사전개 패턴의 구축과 분석에도 유용하다.

그동안 구미호 설화는 영화를 비롯한 TV 드라마 소재로도 많이 활용되었다. 기존에 구미호와 관련된 설화를 서사적 모티브로 활용한 영화와 드라마들에서 구미호의 인물 성격은 아름다운 여인인 동시에 치명적인 괴수의 모습을 갖춘 팜므파탈Femme Fatale의 이미지가 강하고, 반드시 사랑하는 남자의 욕심과 배신으로 인해 죽거나 아니면 복수를 하게 되는 서사의 설정이 주류를 형성해왔다. 그래서 영화적 장르로 구미호가 등장하는 영화들은 공포 영화의 장르적 관습을 갖추고 있었기에 주로 공포 영화로 분류되어 왔다. 그러나 SBS 드라마 〈내 여자친구는 구미호〉는 이러한 장르적 관습에서 벗어나 로맨틱 코미디와 드라마가 결합된 로맨틱 멜로드라마의 장르적 관습을 따르고 있다.

사진 7
SBS 드라마
〈내 여자친구는 구미호〉 포스터,
Copyright © 2010 SBS[15]

　　사회 · 경제적으로 대립되는 커플의 등장과 그들의 목표인 사랑의 결실 또는 결혼이라는 것을 성취하기 위해서 커플이 상반된 두 세계, 하나는 상류사회 다른 하나는 하류사회를 넘나들며 두 세계에 공존하는 공동체 간의 갈등, 커플과 가족 간의 갈등, 경쟁자의 등장으로 인한 삼각관계, 커플의 목표를 성취할 수 있도록 인도해주는 정신적 멘토나 조력자들, 커플을 갈라놓으려는 경쟁자 또는 적대자들 간의 갈등을 통해서 추

15　SBS 드라마 〈내 여자친구는 구미호〉는 권혁찬 기획, 홍미란 · 홍정은 극본, 부성철 연출로 총 16부작으로 제작된 로맨틱코미디다(홈페이지 tv.sbs.co.kr/mygumiho 사진 인용).

방 · 감금 · 유괴 · 이별 · 재회 등의 과정을 통해서 커플은 진정으로 진실된 사랑을 알게 되고, 결국 사랑을 성취하거나 이별을 하게 되는 희극과 비극의 장르적 문법을 따르고 있다.

〈내 여자친구는 구미호〉의 서사적 모티브의 원형은 '구미호 설화'[16]의 현대적 변용이자 로맨틱 멜로드라마의 서사구조에 구미호의 판타지를 대입하고 있다. 보편적으로 구미호 하면 여우가 천 년을 살면 꼬리 아홉 개 달린 구미호九尾狐가 되어 사람이 되기 위해서 젊고 아름다운 여자로 둔갑하여 젊고 건장한 남자와 사랑하게 되고, 남자의 기를 백일 동안 취하면 인간이 된다는 전설이다. 그런데 설화 · 지역 전설 등을 드라마의 서사적 모티브로 활용하였던 기존의 TV 드라마 〈전설의 고향〉에서 구미호 설화는 상당히 공포 영화의 장르적 관습으로서 영상 장면이 섬뜩하리만큼 무서운 요괴로 분장한 구미호, 초월적인 능력을 가지고 하늘을 날아다니고 엄청난 괴력을 소유한 아름다운 여인, 핏빛 가득한 살인 장면, 닭이

---

16 중국 · 한국 · 일본 등에서 구전되는 요괴설화인데, 옛날 중국 진(晉)나라의 곽박(郭璞)이 중고 고대 신화 · 민담 · 전설을 엮은 『현중기(玄中記)』에서는 여우가 천 년을 살면 구미호로 변하여 신통한 능력을 갖게 되며, 그 능력이 극에 다다르면 천계로 올라갈 수 있다 하였다. 천계에서 구미호는 궁정 호조사로 왕을 보좌하는 역할을 한다고 하였다. 중국 명나라 때 집필된 괴기소설 『봉신연의(封神演義)』에서도 아름다운 달기(妲己)라는 여인으로 구미호가 등장하는데, 달기는 주나라의 주왕의 왕후로 요부였던 여화에게 "왕을 유혹하여 나라를 어지럽게 하여 왕을 죽게 하면 요괴에서 신선으로 만들어주겠다"는 밀명을 받고 성군인 주왕을 홀려 많은 사람들을 죽여 천하를 혼란케 하여 주나라 무왕의 손으로 죽었다고 한다. 일본의 경우 에도시대 고전동화 『회본삼국요부전(繪本三國妖婦傳)』에서 달기에 관한 후속 이야기로 주나라에서 쫓겨난 달기가 인도를 거쳐 일본으로 들어와 도바천황을 유혹하다가 음양사들에 의해 살생석(殺生石)으로 변하였다는 이야기이다. 한국의 경우 고려의 영웅 강감찬 장군의 출생설화로 1913년 박건희가 쓴 강감찬에 관련된 소설인 『고려강시회본삼국요부전(繪本三國妖婦傳)』에서 강감찬 장군의 어머니가 여우이고, 인간이 되기 위해 구미호가 새신랑 대신 장가를 들어 사람이 되려다가 강감찬(姜邯贊)에 의하여 죽음을 당하였다는 설화가 전하고 있으며, 여우 동생을 물리친 서거정(徐居正)에 관한 『여우누이』 설화, 구미호가 사람으로 변신하여 한 집안을 망하게 하였는데 신통력 있는 사람의 도움으로 물리쳤다는 〈여우와 삼형제 설화〉 등 구미호와 관련된 다양한 설화가 전국적으로 널리 전해지고 있다. 이러한 동아시아 및 한국의 구미호 관련 설화에서 구미호는 팜므파탈의 요부로 등장하며 신통한 능력으로 인간세계를 혼란케 하는 존재로 묘사되고 있다.

나 돼지 등을 잔인하게 잡아먹은 혈은 흔적들 등이 특징이다. 또한 서사 구조도 백일 동안 인간처럼 살기 위해서 여우의 동물적 본성인 살육을 억제하고, 아이를 낳아 행복하게 살지만 남자의 물신욕으로 인해 사랑하는 남자를 위해서 구미호는 백일 동안 품어야 하는 신비한 구슬을 팔아 자신을 희생하여 죽게 되거나 아니면 백일이 되기 며칠 전 그동안 살육을 억제하지 못하고 동물들을 잡아먹은 흔적이 발견되거나 밤에 구미호로 변신한 것을 목격당하게 되면서 자신의 정체를 들켜버려 인간에게 죽게 되는 비극적 이야기 구조를 갖고 있다.

〈내 여자친구는 구미호〉는 구미호 설화에서 등장하는 구미호의 캐릭터처럼 구미호가 변장하거나 인간의 능력을 뛰어넘는 초월적인 능력을 갖고 있는 것은 기존의 구미호의 전형적인 캐릭터의 특징을 등장인물의 원형으로 취하고 있다. 그러나 남성을 파멸적인 상황으로 이끄는 매력적인 팜프파탈의 이미지나 무서운 괴수로 변하여 사람을 해치는 요괴의 이미지가 아니라 사람보다 순수하고 착하며 엉뚱한 매력을 가진 여인으로 변용하였다. 또한 기존의 TV 드라마 〈전설의 고향〉에서 다루었던 구미호의 전형적인 캐릭터 특성들이나 1994년 영화 〈구미호〉처럼 자신의 사랑하는 남자를 위해서 비극적인 죽음을 맞는 캐릭터가 아니라 사랑하는 여인과 사랑을 성취하는 희극적 캐릭터로 변용되었다. 로맨틱 코미디에 등장하는 주인공처럼 발랄하고 깜찍하며 엉뚱한 행동을 통해서 웃음을 주는 구미호 캐릭터의 변용은 대중에게 구미호 캐릭터가 갖는 전형적인 이미지에서 벗어나 새롭게 변형된 구미호 이미지를 통해서 대중적 드라마로 성공할 수 있었다.

구미호가 인간이 되기 위한 인간세계의 경험과 사랑이라는 서사구조를 〈내 여자친구는 구미호〉에서도 취하고 있는데, 사랑하는 남자를 위해서 희생하는 구미호, 신화적 세계관과 현실적 세계관이 상호 존재하는 세계로서 구미호가 인간세계에서 초월적인 능력을 발휘하는 것과 사건의 개연성을 제시하는 구미호의 신적 세계관의 제시 등이다. 또한 이 드라마에는 또 하나의 설화를 인물 캐릭터로 활용하고 있는데, 반인반요의 요괴 사냥꾼 동주 선생과 구미호의 과거 사건이 드라마 전반부에 제시된다. 이 드라마의 발단부에서 동주 선생은 반인반수의 구미호를 없애려는 요괴 사냥꾼으로 등장하여 삼신각에 걸려 있는 삼신할미와 여우 그림에서 탈출한 구미호의 행방을 쫓는다. 동주 선생이 구미호를 처음 보는 순간 1천 년 전 반인반요의 도깨비 종족이었던 여인 길달과 닮아 있었다. 구미호를 닮은 길달은 동주와 같은 반인반요의 존재로서 동주가 사랑했던 여인인데, 길달이 한 인간을 사랑하여 그 사람을 살리기 위해서 자신을 희생한다. 이 드라마에서는 고대의 어느 공간에서 동주가 길달을 자신의 손으로 죽이고, 길달이 동주에게 "미안해요"라고 눈물을 흘리며 불꽃의 재로 사라진다. 그리고 동주가 절규하는 장면이 나온다. 또한 동주의 독백과 드라마의 중반부에 등장하는 어린 도깨비의 대사에서 미호의 구슬은 도깨비의 불로 만들어진 것에서 미호는 동주가 사랑했던 길달이 구미호로 환생한 것이다. 이 드라마에서 동주와 미호의 과거에 사건은 〈삼국유사〉 권1 기이편紀異編에 수록된 '도화녀비형랑조桃花女鼻荊郎說話' 설화의 모티브를 일부 변용하여 활용하였다. 이 설화는 도깨비와 관련된 벽사의 무속적 신앙과 관련된 것으로 그 내용은 다음과 같다.

"신라 제25대 진지왕이 미녀 도화랑이라는 유부녀를 탐했는데, 진지왕이 왕위에서 추방되기 전, 도화랑을 범하려다가 그녀가 "남편이 없으면 폐하의 요구를 들어주겠으나 남편이 살아있기 때문에 두 남편을 섬길 수 없다"며 왕의 요구를 거절했다. 왕은 그녀의 지조를 꺾지 못하고 석방하였다. 바로 그해에 왕은 왕위에서 추방되고 죽었고, 2년 뒤에는 도화랑의 남편도 죽었다. 그런데 남편이 죽은 지 10여 일이 지난 뒤 죽은 진지왕이 밤에 나타나서 도화랑 방으로 들어가 도화랑이 왕의 요구를 거절할 때의 꼬투리를 내세워 그녀의 방에 7일 동안 머물고 있었는데, 오색구름이 도화랑의 집 지붕을 덮고 있었고 향내가 방안에 가득했다. 진지왕이 사라지고, 도화랑은 임신을 하게 되어 달이 차서 아기를 낳으려는데 천지가 진동하였다. 그래서 한 사내아이를 낳았는데, 그 아이 이름을 비형鼻荊이라고 했다. 진평왕이 비형의 신기한 출생의 소문을 듣고 비형을 궁중에 데려다 길렀는데, 비형의 나이 15세에 집사라는 벼슬을 주었는데, 저녁마다 궁궐 밖으로 나가 도깨비들을 모아 놓고 놀곤 하였다. 진평왕은 그러한 사실을 확인하고 도깨비 떼를 부려 신원사 북쪽 개천에 다리鬼橋를 놓도록 하였다. 그 놀라운 도깨비들의 능력을 보고 진평왕은 비형에게 "도깨비들 가운데서 인간세계에 출현하여 정사를 도울 만한 자가 있겠는가?" 묻자, 비형은 "길달吉達이란 자가 있습니다. 그가 국정을 도울 만할 것입니다."라고 하고 길달을 왕에게 추천하였다. 왕은 길달에게 집사의 직책을 내려주고, 길달은 왕에게 충성을 다하였다. 그때 각간角干 임종林宗이 아들이 없자 길달을 양자로 삼게 하였다. 임종은 길달을 시켜 흥륜사 남쪽에 문루를 세우게 했더니, 길달은 문루를 세우고 매일 밤 그 문루 위에 가서 자곤 했다. 그래서 그 문을 길달문吉達門이라 하였다. 그런데 어느 날 길달이 여우로 변하여 달아나자 비형은 도깨비들을 시켜 길달을 붙잡아서는 죽여버렸다. 이로 해서 그 도깨비 무리들은 비형의 이름만 듣고도 무서워 달아나게 되었다. 당시 사람들은 이러한 비형랑의 사건을 두고 글을 지었는데, "성제의 혼이 낳으신 아들 비형도령의 집이 바로 여길세. 날고 뛰는 온갖 귀신들아 이곳에 함부로 머물지 말게나. 향속에서는 이 글을 써 붙여 잡귀를 물리친다.”라고 하였다. 그 뒤 도깨비들은 비형의 이름만 들어도 무서워 달아나게 되었다. 그리고 당시 사람들이 비형을 두고 지은 글을 써 붙여 잡귀를 물리치게 되었다.”[17]

〈내 여자친구는 구미호〉에서 비형랑 설화의 “그런데 어느 날 길달이 여우로 변하여 달아나자 비형은 도깨비들을 시켜 길달을 붙잡아서는 죽여버렸다.”라는 구절과 비슷한 장면이 실제 드라마에서 보인다. 이 드라마에서 비형랑 설화는 동주 선생의 캐릭터 설정, 조언자이자 차대웅의 경쟁자로서 기능할 수 있는 인물의 역할, 이 드라마가 제시하는 인간을 사랑한 구미호의 아름다운 사랑이 결실을 맺게 해주는 주제의식을 부각시키는 데 기능을 한다.

〈내 여자친구는 구미호〉는 전형적인 멜로드라마의 서사전개 방식을 취하고 있다. 인간세계의 철부지 대학생 차대웅과 신적 세계에서 초월적인 능력을 가진 구미호의 세계를 동시에 보여주고, 차대웅이 일탈로 인해 삼신각 고화 속에 있는 여우에게 꼬리 아홉 개를 그려 구미호를 인간세계로 불러들이는 우연한 사건을 통해서 남녀 주인공의 특별한 세계로의 여행이 시작된다. 차대웅과 구미호의 세계는 멜로드라마에서 사회경제적 계층이 다른 신분에 속한 남녀 주인공의 일상세계이다. 예를 들어, 남자 주인공은 재벌 2세로, 여자 주인공은 가난한 집안의 외동딸로 등장시켜 두 주인공이 서로 다른 계층의 공동체 속에 사랑이라는 궁극적인 목표를 이루어가는 과정에서 겪게 되는 삼각관계와 갈등을 극복하고 궁극적인

---

17   일연, 이동환 옮김, 「도화녀와 비형랑」, 『삼국유사』, 장락, 2001, pp.80-83.

사랑을 성취한다는 보편화된 멜로드라마의 서사전개 방식을 변용하고 있다. 차대웅과 구미호에게의 특별한 세계는 이들이 경험하지 못한 액션스쿨에서의 동거 생활을 통해서 서로를 알아가는 과정인 동시에 차대웅이 속한 공동체 속에서 미호와 차대웅이 궁극적인 사랑을 성취하는 데 조언과 협력 해주는 사람들을 만나고, 반대로 커플의 사랑을 방해하는 경쟁자 또는 적대자와의 갈등을 극복하는 과정이다. 이 특별한 세계의 과정에서 두 주인공은 경쟁자와 적대자에 의해서 일종의 감금 · 유괴 · 이별 · 재회 · 부활 · 귀환이라는 상징적인 서사맥락을 거치게 되면서 평범한 인간에서 영웅화된 성숙한 인간으로 재탄생하게 되는 것이다.

표 17 멜로드라마 장르의 전형적인 서사전개의 관습

서사단계	서사전개 방식
발단	• 사회 · 경제적으로 서로 다른 생활환경에 살고 두 주인공의 일상적 생활 • 두 주인공 중 어느 한쪽의 균형 잡힌 삶에서 결핍된 욕망으로 어느 한쪽의 균열이 생김 • 두 주인공 중 어느 한쪽이 소속된 공동체(가족, 친구, 단체) 내에서 갈등을 통해 추방당함 • 개연적인 사건에 의해 두 주인공이 만나게 되고, 두 주인공 중 어느 한쪽이 소속된 공동체에 들어오면서 균형 잡힌 공동체의 삶에 갈등과 분열이 생김
전개	• 두 주인공이 각기 속한 공동체 삶에 적응하는 과정에서 두 주인공이 갖는 야망과 좌절을 알게 됨 • 두 주인공이 커플로 만나기 전 어느 한쪽 또는 공동체에서 커플의 관계를 인정하지 않음 • 두 주인공이 서로 다른 환경에 자란 삶의 방식을 이해하게 되면서 서로 호감을 갖게 됨 • 조언자의 도움으로 두 주인공이 커플의 관계가 성립됨 • 경쟁자의 등장으로 인해 삼각관계가 성립됨

(계속)

서사단계	서사전개 방식
위기	• 커플은 사랑을 만끽하지만 경쟁자의 덫으로 커플관계에 오해와 불신이 생김 • 협력자의 도움으로 커플관계의 위기는 벗어나지만 경쟁자와의 갈등은 심화되고 가시적으로 드러나게 됨 • 경쟁자의 음모로 커플은 더 큰 위기에 봉착하고 가장 친근한 공동체에서 심리적으로 감금되고 유괴됨
절정	• 경쟁자와 그 세력들에 의해서 커플은 이별하고 각기 꿈꾸는 희망이 좌절당함으로 감정의 과잉 발생 • 커플관계의 죽음으로 각기 주인공은 다시 자신의 일상생활로 회귀함 • 두 주인공 중 어느 하나가 희생(개인적 야망의 포기/안정된 삶의 포기/죽음)을 하게 됨 • 각기 두 주인공은 회귀한 일상생활의 고통에서 얻은 지혜 · 경험을 통해서 커플 간의 내적 갈등을 해소하여 재회하고, 커플의 관계가 부활하게 됨 • 커플은 경쟁자와 그의 반대 세력과 맞서 당당히 싸우게 되고, 경쟁자 세력의 분열로 인해 커플관계의 외적 갈등을 제거하게 됨
결말	• 경쟁자의 좌절 및 처벌, 그리고 커플이 각기 소속된 공동체와의 화해 • 커플의 변화된 삶과 개인적 야망의 성취 또는 새로운 야망을 갖게 됨 • 커플의 궁극적인 공동의 목표인 사랑의 회복 또는 결혼 • 살아남은 주인공의 죽음으로 사후 커플의 결합 또는 주인공이 사랑의 여정에 얻은 새로운 희망으로 새로운 시작을 준비함

〈내 여자친구는 구미호〉는 보이틸라의 '영웅의 여정'이라는 12개 장면의 서사전개 구조로 해석될 수 있다.

표 18 드라마 〈내 여자친구는 구미호〉의 서사전개 구조

NO	서사단계	스토리의 특성	스토리 구조
1	보통세상	• 수용자와 유대감을 형성하는 주인공의 일상적 세계 • 주인공의 일상적인 희망과 한계를 인지	• 액션배우의 꿈과 연상의 혜인을 좋아하는 철없는 대학생 차대웅, 부모 없이 할아버지와 고모 곁에서 말썽만 피우며 풍족하게 지냄

NO	서사단계	스토리의 특성	스토리 구조
2	모험의 소명	• 주인공의 일상적 세계에 대한 회피 • 주인공이 특별한 세계에 입문하는 암시적 문제에 직면함	• 대웅은 외딴 사찰의 삼신각에서 귀신의 강요로 삼신할미와 여우가 그려진 고화 속 여우에게 꼬리 아홉 개를 그려줌 • 대웅은 겁에 질려 도망치다가 낭떠러지로 떨어져 다치게 되고, 사람으로 환생한 구미호가 대웅을 자신의 구슬로 살려줌 • 구미호의 신비한 구슬로 살아난 대웅은 구미호의 신비한 능력과 실체를 알고, 그녀의 곁에서 벗어나지 못하는 운명에 처하게 됨
3	소명의 거부	• 주인공은 모험에 대한 두려움과 공포로 망설임	• 대웅은 구미호로 인해 자기가 좋아하는 혜인과 갈등이 생기고, 자신이 꿈꾸는 액션배우의 오디션을 구미호로 인해 망치게 됨 • 대웅은 구미호를 버리려고 하였지만 그녀의 순수한 마음에 그녀를 다시 받아들임
4	조언자와의 만남	• 주인공은 모험세계에 대한 지혜, 경험, 확신과 접촉 하는 조언자와의 만남	• 구미호의 실체를 알고 있는 반인반요이자 요괴 사냥꾼 동주는 천년 전 자신의 손으로 죽인 사랑했던 여인 길달과 닮은 미호를 보고 그녀를 죽이지 않고, 살려주고 자신이 데리고 있음 • 무협 영화 오디션에 다시 합격한 대웅은 영화 조연급으로 캐스팅되었지만 자신의 몸이 이상이 생겨 출연할 수 없게 되자 자신의 다친 상처를 보호해주고 있었던 미호의 구슬의 가치를 깨닫고 자신이 떠나보낸 미호를 찾게 됨 • 동주는 인간이 되기를 갈망하는 미호에게 인간이 되는 방법을 알려주나 그것으로 인해 대웅이 죽는다는 것을 알려주지 않음

(계속)

NO	서사단계	스토리의 특성	스토리 구조
5	관문통과	• 주인공은 모험을 수용하고, 특별한 세계에 입문함	• 미호는 인간이 되기 위해 자기의 구슬을 백일 동안 품어줄 남자로 대웅을 선택하고, 대웅은 자신이 캐스팅된 무협 영화에 출연하기 위해서 구슬이 필요하여 동주 선생이 가르쳐준 대로 미호는 동주의 피를 먹고, 대웅은 미호의 구슬을 먹음 • 미호와 대웅은 서로 동거생활을 시작함
6	시험, 협력자, 적	• 주인공은 특별한 세계에서 여정의 시험에 들게 됨 • 이 과정에서 조력자와 경쟁자를 구별하게 됨	• 대웅은 자신을 순수한 마음으로 좋아하는 미호에게 사랑의 감정을 느끼게 되지만 미호가 구미호라는 것에 미호를 연인으로서 거부하려고 함. 하지만 미호가 인간처럼 대하려고 함 • 미호를 질투하는 혜인은 미호의 실체를 눈치 채게 되고, 대웅은 사실을 폭로하려는 혜인을 말리고 미호를 보호함 • 미호는 닭집 아줌마를 도와주어 서로 친구가 되고, 대웅의 할아버지, 대웅의 친구 병수와 선녀도 미호에게 호감을 갖게 됨 • 동주는 미호가 사람이 되는 순간 대웅이 죽는다는 것을 알고 대웅을 사랑하는 미호가 상처를 받아 죽게 될까봐 대웅 곁에서 미호를 떼어내어 그녀를 일본으로 데려가려고 준비시킴
7	접근	• 경쟁자와 그 세력들에 맞서 싸울 전투를 준비함	• 혜인이 대웅에게 한 기습 키스로 인해 구미호가 인간이 되는 꿈이 사라질지도 모르는 위기에서 미호가 혜인을 죽이려 하자 대웅이 미호를 막음 • 대웅은 자신을 멀리하는 미호에게 더 잘해주려고 하지만 미호는 거절하고, 대웅과 미호는 싸우게 됨 • 동주는 혜인에게 대웅이 미호와 함께 있으면 위험하다고 경고함

(계속)

NO	서사단계	스토리의 특성	스토리 구조
7	접근		• 대웅은 동주가 반인반요라는 것과 미호와 함께 일본으로 떠나려고 하는 계획을 알아채고 미호를 만나 사랑한다고 고백하고, 미호를 자신의 여인으로 받아들임 • 대웅과 미호는 백일이 지나면 서로 결혼도 하고 자식도 낳자며 행복한 미래의 계획을 세움 • 어린아이의 모습을 한 도깨비가 등장하고, 대웅의 몸속에 있는 구슬을 빼먹으려다 동주에게 쫓기게 되고, 미호는 도깨비에게 백일이 지나면 미호의 구슬 때문에 대웅이 죽는다는 비밀을 알게 됨
8	시련	• 이야기의 핵심이 되는 위기 • 주인공은 최대의 공포와 죽음 같은 상황을 경험함	• 동주 선생은 차대웅도 인간이기 때문에 절대 자기 죽음으로 구슬을 미호에게 주지 않을 것이라고 하고 미호를 설득함 • 미호는 대웅을 사랑하고 자신의 사랑이 환상이 아니라 진심이고, 사랑하는 대웅을 살리기 위해서 일본으로 떠나려고 결심함 • 동주 선생과 미호가 일본으로 출국하려는 순간 대웅은 미호에게 달려가 무모한 선택이라도 어려움을 같이 극복하고자 다짐하며 다시 한 번 서로의 사랑을 확인하고, 구슬을 미호에게 주자 쓰러짐
9	보상	• 주인공은 공포와 죽음의 상황을 극복한 보상을 만끽함	• 대웅이 깨어나고 두 사람 모두 아무 일이 없자 안심함. 대웅과 미호는 잠시 일상적 행복을 만끽함

(계속)

NO	서사단계	스토리의 특성	스토리 구조
10	귀환	• 주인공은 모험의 여정이 끝났음을 알고 벗어나려고 함 • 주인공은 특별한 세상에 추격을 당하게 됨	• 미호가 점점 구미호의 본성이 드러나자 대웅은 동주 선생에게 조언을 구하고, 동주는 미호가 인간이 되려는 욕망을 없애야만 반인반요로 살 수 있다고 하고 두 사람이 서로 헤어지라고 함 • 대웅은 동주 선생에게 점점 꼬리가 없어져 구미호가 되어가는 것을 막기 위해서는 대웅이 미호를 떠나야 한다는 것을 듣고 몹시 갈등하며 대웅의 곁에 있겠다는 미호를 억지로 떼어냄 • 미호와 헤어진 대웅은 다시 일상생활로 돌아와 미호를 그리워 하면서 지냄
11	부활	• 귀향하는 과정에서 주인공은 정화와 속죄하고 새로운 인간으로 거듭남 • 이야기의 가장 절정이 되는 마지막 시험	• 미호가 동주 선생과 결혼하고 일본으로 떠나려는 사실을 알게 된 대웅은 미호를 만나고, 여우꼬리가 한 개밖에 남지 않은 것을 알고 죽음을 준비하러 떠나려 하는 것을 알게 됨 • 미호는 동주 선생에게 구슬을 대웅에게 돌려주라고 부탁함 • 대웅은 자신이 미호를 위해 죽을 각오로 동주 선생이 준 구슬을 마시고 백일이 되는 날 다시 돌려주겠다고 약속함 • 동주 선생은 대웅을 살리기 위해서 미호가 거짓으로 구슬을 다시 먹게 하였다고 진실을 말함 • 미호와 동주선생이 출국하려는 순간 대웅이 나타나 남은 시간 미호를 붙잡고, 백일이 되기 전 며칠 동안 미호와 대웅은 행복하게 마지막 이별을 준비함

NO	서사단계	스토리의 특성	스토리 구조
12	묘약과의 귀환	• 주인공은 모험에서 귀환함 • 주인공은 여정에 얻은 것을 친구, 가족, 공동체 나눔 • 주인공은 새로운 시작을 준비	• 대웅이 출연한 무협 영화가 홍행에 성공하고, 이제 대웅은 대중적인 스타가 되었고, 새로운 가족이 생기고, 친구들도 모두 새로운 생활을 시작함 • 갑자기 촬영현장으로 동주 선생이 나타나고, 아직도 미호를 기다리고 있다는 대웅에게 일식을 통해서 미호가 돌아올 것이라고 암시를 줌 • 일식현상이 일어나고 미호가 대웅의 앞에 나타남 • 꼬리가 한 개 남은 미호와 대웅은 재회하고 행복을 느낌

02

심상적 모티브를 갖춘 문화원형의 스토리텔링

1. 심상적 모티브의 개념과 유형

심상적 모티브는 문화원형 소재에서 감성을 포함하는 문화적 정서를 스토리텔링의 동기로 채택한 것이다. 즉 문화원형 속에 내재된 정서들 '한', '흥', '신명' 등의 정서들만 스토리텔링의 동기로 채택한 것이다. 심상적 모티브는 주로 문화원형이 내재된 정신적 산물로서 그것이 문화콘텐츠로 개발되었을 때 정서적 보편성을 갖추고 있어야만 그것을 수용하는 수용자와 교감될 수 있다. 예를 들어, 1980년대 우리의 전통 공연예술에 흐르는 정서적 미학을 '한'의 미학이라고 한다면, 2000년대에는 '흥'의 미학이라고 할 수 있는데, 이것은 시대의 정치·사회·문화에 영향을 받는다. 1980년대 군부 독재의 억압된 정치구조에서 표면적으로 흐르는 감성이 '한'의 정서라면, 내면적으로 억압에 저항의 감성으로서 '흥'의 정서가 표출된다. 이러한 흥의 정서는 문화적으로 해석한다면, 대학가를 중심으로 저항적인 메시지를 담고 있는 흥의 대표적인 전통예술 장르라고 할 수 있는 '탈춤'과 '사물놀이'가 유행했다는 것으로도 알 수 있다.

심상적 모티브가 활용된 문화콘텐츠에서 그것이 어떻게 활용되었고, 수용자가 어떠한 감성의 커뮤니케이션 과정을 통해서 문화콘텐츠에 내재된 정서적 요소를 수용하는가에 대한 연구는 어떤 문화콘텐츠가 대중적인 성공을 거두는 데 중요한 구성요소이다. 또한 문화콘텐츠와 수용자간의 감성적 커뮤니케이션을 분석하는 것은 문화원형 스토리텔링의 기획에서 어떠한 문화적 정서의 코드로 세대적으로 공감할 수 있는가를 분석하는 것이다. 따라서 정서에 대한 개념과 감성의 커뮤니케이션 방식에 대한 논의를 통해서 문화콘텐츠에 내재된 문화적 정서를 분석하고, 이러한 것이 어떻게 수용자로 하여금 의미해석을 가능하게 하는지를 밝히는 것이 문화적 정서를 모티브로 하는 문화원형의 스토리텔링을 구축하는 데 중요한 과제가 될 것이다.

정서와 문화의 상관성은 문화콘텐츠에 내재된 정서 유형을 분석하여 그것들이 오늘날 문화콘텐츠의 수용자와 정서적 교감이 가능한가를 분석하기 위한 관계설정이다. 같은 맥락에서 정서적 기호라는 명칭은 연구방법상 제시하는 것으로 문학을 비롯한 다양한 문화적 요소들에서 인간의 기본적인 정서 유형들이 어떤 의미적 상징성을 갖추고 있어 이것이 어떠한 정서 유형들로 표출되는가에 대한 기호적 관계설정일 따름이다. 그래서 다양한 정서 이론들에서 논의되는 정서 개념과 특징을 논하기 보다는 인간의 기본적 정서 유형에 관련된 정서 이론과 문화의 상관성을 살펴본다.

정서는 인간이 외부세계와의 관계 속에서 인간 내부의 상호작용으로 일어나는 정신과 심리의 여러 가지 변화 상태에 의해 신체적 표출이

따르는 감정의 본능을 말한다. 정서의 여러 가지 상태를 한마디로 희노애
락喜怒哀樂이라고 표현한다. 그래서 신체적 표출행위로 아프거나 슬플 때
는 눈물을 흘리고, 기쁠 때는 웃는다. 결국 인간세계를 둘러싸고 있는 외
부세계의 자극 또는 인간의 자각에 의해서 그것을 인지하는 정신과 심리
적 작용인 정서로부터의 반응이 행동으로 표출된다.

인간 내부의 정신적·심리적 작용으로서 정서와 문화의 관계성을
문화인류학적 관점에서 살펴보면, 인간이 자연환경에 적응하거나 개척
하여 문명화된 사회로 발전하거나 인간과 인간의 사회 환경에서 상호 작
용으로 자극과 반응[18]이 끊임없이 표출되는 과정 그 자체가 정서에 의해
서 표출된 것이 문화이다.

문화유산 속의 공동체적 정서는 시대와 생활환경이 변함에 따라 생
성·소멸·변형의 변화를 거치면서 민족의 가치관과 생활양식을 지배해
온 정신적 산물이라고 할 수 있다. 그래서 문화권의 차이는 해당 문화권
에 살고 있는 사람들의 정서의 차이인 동시에 그 차이가 다시 문화적 차
이를 만들어낸다.

미국의 사회학자 제프 콜터Jeff Coulter는 "정서는 타고나는 생리적 반
응이 아니라 특정 공동체의 문화적 신념, 가치, 도덕 체계에 의해 결정되
는 신념, 판단, 기대, 내용 등의 태도에 의해 성격이 규정되며, 수치심이나
죄책감을 경험할 수 있는 능력은 문화적 지식과 추론의 인습이 개입되어
야 한다. 그럼으로써 문화적 해석체계인 신념, 가치, 도덕체계가 달라지

---

18 여기서 자극과 반응은 정서 인지와 표출의 관점에서 살펴볼 수 있다. 정서이론의 기초를 세운 제임스 랑게
    (James-Lange)의 정서이론에 따르면, 인간이 생리적 반응을 깨달은 후 정서를 경험한다는 관점과 캐논-
    바드(Cannon-Bard)의 정서이론에 따르면 생리적 반응을 깨닫는 것과 동시에 정서를 느낀다는 관점, 그리
    고 이 두 가지 이론을 결합하여 생리적 반응과 인지적 판단 이후에 정서를 느낀다는 것이다.

면 같은 자극이라도 서로 다르게 반응이 나올 수 있다."고 하였다.[19]

　　정서를 문화적인 관점에서 해석한다면 사회구성주의자들은 사회문화적 정서를 사회문화적으로 규정된 의미·해석 체계 내에 적극적으로 참여하여 오랜 세월 학습되는 과정으로 보고 있다. 그렇다고 사회문화적으로 형성된 의미와 해석의 체계에서 능동적으로 학습된 정서가 변화하지 않는 것은 아니다. 사회문화적으로 의미와 해석체계가 변화하면 그에 따라 정서의 해석도 달라진다. 인류 문명의 유·무형의 유산들이 민족적 고유성과 정체성을 갖는 것은 바로 문화유산 속에 담긴 민족적 얼로서 공동체적 정서가 담겨 있기 때문이다.

　　이러한 정서와 문화의 상관 관계에 대한 다양한 해석을 종합해볼 때, 문화적으로 개념화한 정서는 이미 타고난 생리적 반응인 동시에 우리가 사회문화적으로 어떤 상황에 대한 능동적인 학습에 의해서 만들어진 인지적 반응이기도 하다. 더 나아가 한 사회 구성원 간의 상호작용으로 공유되고 합의된 사회적 반응인 동시에 문화적 반응으로서 문화와 정서가 서로 관계를 맺고 있다고 볼 수 있다.

　　일찍이 서양에서는 인간 심성의 상위체계로 이성을 중요시하며, 정서는 인간 심성의 하위체계로서 이성을 오도하는 것이라고 폄하하였다. 이러한 이성주의적 문화관은 19세기 말엽부터 20세기에 가장 변화무쌍한 시대적 변화인 과학기술의 혁명과 산업화로 인해 경제적 발전과 물질적 풍요를 만들어냈다. 또한 인문 사회의 연구에 있어서도 이성주의적 세계관에 중심을 두고 이분법적 논리에 의해서 인간을 이성과 감성의 축으

19　　Jeff Coulter, *The social construction of mind*, London: Macmillan, 1979, pp.81-82.

로 나누어 몸, 정서, 감정, 무의식 등은 이성에 대립되는 비합리적인 것으로 보았고, 이 두 개의 대립적 관계를 통해서 인간을 이해하려고 하였다. 동양 문화권에서 정서를 중요시하지 않았는데, 불교에서는 세속에 대한 욕심이 바로 정서에서 발생한다고 하였고, 유교에서는 인간의 일곱 가지 정서七情는 기본적으로 인간의 마음을 흐려 놓기 때문에 예禮를 통해서 이것을 다스려야 한다고 하였다. 그러나 서양의 이성주의 세계관은 결국 19세기 말부터 20세기 초까지 산업화에 따른 근대화의 부작용으로 인해 전쟁, 환경 파괴, 인간소외와 물질화 등의 여러 문제를 낳았기 때문에 근대화 과정과 사고관에 대한 자기 성찰적 반성으로 과거의 전통이나 인습과의 단절을 주장하며 감성인 정서의 가치에 눈을 뜨게 된다. 특히 인문 사회학에서 이성 중심의 인간 연구에 대한 한계에서 벗어나 그동안 소홀히 다루었던 인간의 무의식과 감성에 대한 가치에 대해서 심리학과 다른 인문학 분야들과의 교류를 통해서 문화와 정서의 관계에 대한 논의가 활발히 이루어지고 있다.

일반적으로 인지 · 각성 정서이론과 정서평가이론에서 정서를 유형화시킬 때 긍정성과 부정성에 근거를 두고 정서의 유형을 구분하거나, 상호 복합된 정서 유형으로 구분한다. 그래서 심리학자들은 정서의 표출 유형으로서 "희망, 기쁨, 열정, 환희 등의 긍정적 정서는 우리의 삶에 활력을 불어넣고, 우리를 유지시키고 회복시켜준다. 공포, 분노, 혐오 등의 부정적 정서는 우리를 환경의 위협과 위험으로부터 보호해주기 때문에 더욱 중요하다."[20]고 평가하고 있다. 이러한 관점에서 인간의 삶과 환경 속

---

20   조은경, 「사회심리학의 최근 동향: 동기와 정서의 복귀」, 『심리학 연구의 최근 동향』, 한국심리학회, 1994, pp.25-26.

에서 자극과 반응의 상호작용에 의해서 여러 가지 유형의 정서들이 발산되며, 인간의 정서 경험이 환경과 밀접하게 연관되어 있다. 그 환경은 문화와도 연관성이 있는데, 정서의 표출을 단순한 신체적 행위로 표출되기도 하지만 그것이 문자로 기록되기도 하고 어떤 예술 형태로 표출되기도 한다. 결국 이것은 인간의 문화적 행위라고 볼 수 있다.

일반적인 정서의 인지적 요소로서 생활 만족과 관련성이 있어서 정서는 인지적인 측면을 반영한다고 주장한 왓슨Watson은 정서적 요소를 긍정적 정서와 부정적 정서로 구분하여 정서의 유형들을 분류하며, "우리는 즐거움, 사랑, 행복 등의 긍정적 정서를 통해서 삶의 의미 향상과 타인과의 건설적인 관계를 촉진시킬 수 있다. 반면 부정적 정서로 공포, 화남, 슬픔 등의 정서들은 개인의 복지 감퇴와 타인과 혼란된 관계를 낳는다."[21]고 하였다.

정서평가이론의 관점에서 래저러스Lazarus는 정서평가이론은 긍정적 정서와 부정적 정서의 평가에 대한 논의를 통해서 두 가지 정서 유형에 대한 좋은 논점을 제공해준다. 그는 기본적으로 정서에 있어서 인지적 요소가 중요하며, 다양한 정서적 반응은 평가라는 인지에 의존해 있고, 신체 내부의 생리적 반응 역시 인지 자체로부터 나온다. 따라서 이러한 인지에는 환경 요인으로서 상황적 조건과, 과거 경험과 생물학적인 유전 요인으로 이루어진 개개인의 심리적 구조인 성향의 조건이 있다. 사람들은 특정 자극을 찾고, 반응하며, 주의를 기울이는 성향을 가지고 있는데, 그러한 성향은 환경과의 상호작용을 이루어낸다고 하였다. 자극에 대한 인

---

21   제임스 칼라트 외, 민경환 옮김, 『정서 심리학』, 시그마프레스, 2007, p.266.

지적 평가가 정서적 반응을 유발하고, 자극 자체는 항상 변화하므로 끊임없이 이에 대처하면서 인지가 변하는 만큼 정서적 반응도 변화하게 된다. 그래서 정서평가를 '친절한benign'과 '위협적인threatening' 등의 정서적 유형의 관점에서 정서적 반응을 평가해야 한다고 하였다. 긍정적 정서는 전자의 평가로부터 나온다. 그리고 부정적 정서의 후자의 평가는 위협과 비위협에 관한 일차적 평가 이후 이차적 평가에서 위협에 대처하는 방법으로 다음의 두 가지가 있다고 하였다. 하나는 직접적 행위로서 위협이나 해로움 등을 다루는데, 이때 긴급함이 정서의 중요한 부분이다. 다른 하나는 재평가reappraisal로서 직접적 행위를 수반하지 않는 오직 인지적 측면으로 경우에 따라서는 현실적이지 않을 수도 있다. 이렇게 모든 입력 정보에 대해 평가와 재평가를 하고 이에 따라 정서적 반응을 산출하고 있다.[22]

에크맨Ekman과 프라이에센Friesen은 안면 표정에 대한 사진을 통해 행복감happiness, 놀람surprise, 슬픔sadness, 공포fear, 혐오disgust, 분노anger의 여섯 가지 정서에 대한 판단이 상이한 10개의 문화권에서 상당히 일치하는 경향을 보고하였다. 플룻치크Plutchik는 기존의 여섯 가지 정서 유형에 기대anticipation와 수용acceptance을 첨가하여, 여덟 가지 정서 유형을 제안하였다. 또한 월보트Wallbott와 슈리어Scherer는 27개의 나라에 대한 정서적 경험의 보편성과 특수성을 밝히려는 연구에서, 즐거움, 두려움, 슬픔, 혐오, 수치, 죄의식과 같은 정서들이 매우 유의미하게 나라별로 차이가 있음을 규명하였다.[23]

---

22   장윤희 · 이흥철 · 이정모, 「정서 연구의 이론적 개관」, 한국인지및생물심리학회(미간행), 2005, pp.5-8.

23   장윤희 · 이흥철 · 이정모, 전게서, 2005, pp.7-10.

성격 심리학에서 성격의 인지 측면에서도 부정적 정서가 강한 사람은 공포, 좌절, 분노, 혐오 등의 정서 유형들을 느끼며 정신적인 고통과 불쾌한 경험의 차원으로서 화, 멸시, 두려움 등을 피하고 싶은 기분 상태를 느낀다. 반면 긍정적 정서가 높은 사람은 희망, 기쁨, 열정, 환희 등의 정서 유형을 느끼며 환경에 자발적으로 개입하고, 타인과 함께 있는 것을 좋아하며, 열정을 갖고 삶에 접근한다. 그리고 이러한 부정적 정서는 개인주의 문화에서 강하게 나타나고, 긍정적 정서는 집단주의 문화에서 강하게 표출된다는 연구 결과가 있다.[24]

이러한 연구들은 주로 좀 더 심층적으로 정서의 체험과 경험, 그에 따른 신체적·심리적 변화 요인을 규명하는 데 목적을 두고 있지만 정서의 유형에 대한 다양한 연구의 틀은 주로 '긍정'과 '부정'이라는 큰 카테고리 안에서 분류하였다. 하지만 정서라는 것을 '긍정'과 '부정'의 서로 대립하는 관계에 의한 소위 '규정된 정서 유형'으로 보는 관점보다 상호 복합적이고 유기적인 관계형성으로 보는 것이 오늘날 정서 해석의 보편적인 경향이다. 따라서 규정된 정서의 유형화가 아닌 복합적인 정서 유형으로 구분해보면 〈그림 20〉과 같다.

정서를 사회학적인 관점에서 살펴보면, 인간의 자아 중심적 정서가 집단의 문화 속에서 학습과 통제를 통하여 개인과 타인이 조화를 이루려는 과정을 사회화의 과정으로도 볼 수 있다. 따라서 정서의 상태를 표출하는 것도 통제와 규칙이 따르는데, 인간이 어릴 적부터 사회화되는 과정

---

24 D. Watson, 「Intraindividual and interindividual analyses of Positive and Negative Affect: Their relation to health complaints, perceived stress, and daily activities」, *Journal of Personality and Social Psychology* 54, 1988, pp.1020-1030.

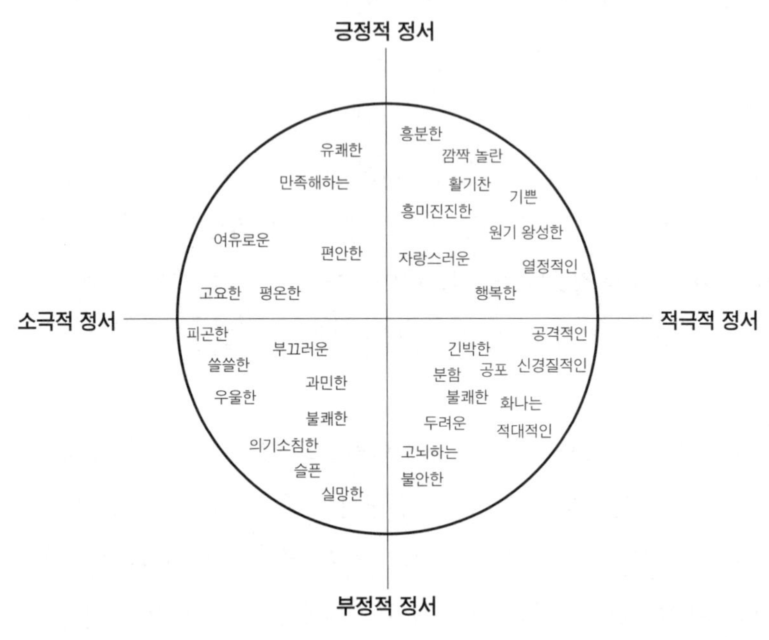

그림 20 복합적인 정서유형 비교[25]

에서 정서의 유형과 양이 결정된다는 것이다. 결국 정서의 형태는 문화적 차이까지도 만들어낸다는 것이다. 밀러Miller는 "문화는 인간의 삶을 영위하는 환경 세계와 그 속에서 일어나는 여러 가지 사건들을 이해하고 조직화하는 의미 체계이다."[26]라고 하였다. 또한 영국의 문화이론가 레이몬드 윌리암스Raymond Williams는 문화형성의 보편성과 차이의 생성이라는 개

25 　위 그림은 Russell이 Plutchik의 정서이론을 자신의 정서이론과 종합하여 도식화한 '복합적인 정서모델'을 Watson의 정서 유형과 종합하여 재구성한 복합적인 정서유형의 도식화임(Russell J. A., 「A circumplex model of affect」, *Journal of Personality and Social psychology* 39, 1980, pp.1161–1178 재구성).

26 　J. G. Miller, 「Culture and the development of everyday social explanation」, *Journal of Personality and Social Psychology*, 1961, p.46.

별성을 '정서의 구조Structure of Feeling'로 설명하고 있는데, 이와 마찬가지로 문화적 정서에 대한 논의를 정서의 구조Structure of Feeling라는 개념으로 논의할 수 있다. 문화의 개념처럼 정서는 특정한 시대에 한 사회의 구성원들이 체험하는 공유하는 의미와 가치의 체계로서 문화적 생산물들, 즉 예술, 놀이, 건축물, 영상매체 등은 단순한 텍스트의 자체만을 의미하는 것이 아니라 그 안에는 보편적으로 사람들이 공유하는 생각과 감정이 반영된다고 할 수 있다. 결국 문화는 인간의 정서 경험을 포함하는 것으로 인간의 삶 속에서 영위하는 환경세계 속에서 자극과 반응, 그리고 표출로 이어지는 인간의 정신·심리적 활동을 조직화하고 의미를 체계화하는 과정이 바로 문화와 정서를 이어주는 관계라고 할 수 있다. 물론 정서의 인지과정을 거치지 않는 정서의 수용과 표출도 가능하다. 외부적 자극에 의한 정서의 수용과정에서 어떤 정서는 단지 정서인지의 측면이 아니라 단순한 오감의 감각에 그치지만 문화적 정서라는 것은 문화적 가치판단, 문화원형, 개인적 지식과 경험, 심리 상태, 문화적 코드 등이 정서의 인지과정을 통해서 수용되는 것이다. 예를 들어, 감성공학 분야에서 어떤 디자인이 소비자의 감성을 자극하는가 또는 소비자의 문화적 감성 또는 정서를 자극하여 소비패턴을 바꾸거나 고객이 상품에 대해 친밀감을 느끼게 할 것인가에 관한 논의들은 모두 정서의 인지과정에 대한 기호학적 접근을 말한다. 즉 정념기호학에서 '~을 알고 있다Knowing' 또는 '~을 원한다Wanting' 등의 정념 양태는 의식적이든 무의식적이든 어떤 외부적 자극에 의해서 그것이 정서를 불러일으키는 동기를 제공하고, 그에 따른 이성적 인지과정으로 정념 양태가 생성되며, 그것의 의미화 과정을 통해서 정서를 해석할 수 있다.

2. 심상적 모티브가 갖는 정념의 서사구조

　심상적 모티브가 갖는 정념의 서사구조는 기호학의 관점에서 정서적 기호가 어떻게 구성되고, 그 기호들이 어떤 의미체계들에 의해서 구조화되어 해석되고 수용되는가에 관한 것이다. 이와 마찬가지로 문화콘텐츠의 수용자가 어떻게 콘텐츠의 의미화과정에서 단순히 지식·정보만을 얻는 것이 그 안에 내재된 정서, 즉 텍스트의 담긴 모든 의미들을 수용하고 해석한다는 관점에서 보편적인 문화적 코드로서 정서도 포함된다고 할 수 있다. 이러한 논의에 중요한 연구논점과 방법론을 제시하는 것이 바로 그레마스와 그의 제자 퐁타닐이 제시한 '정념의 기호학Sémiotique des Passions'이다.

　정념 기호학에서 '정념'은 서양철학사에서 아리스토텔레스에서부터 계몽주의, 그리고 정신분석학에 이르기까지 다양하게 논의되어왔는데, 정념은 인간의 정서와 관련된 것으로 인간의 자기애, 삶에 대한 열정으로서 에로스인 동시에 그것에 대한 집착은 파멸로 이르게 되는 죽음에 대한 본능으로 파토스적이다. 그래서 데카르트는 정념La Passion을 정열인 동시에 수난으로서 영혼의 수동적 현상으로 보고, 정념의 유형 속에 사랑, 증오, 기쁨, 슬픔, 환희를 포함시키고 있다. 정신분석학에서 정념은 일종의 무의식적으로 억압된 욕망의 동기가 분출한 정신병리학적 현상으로 보기도 한다. 그러나 정념은 오늘날 우리가 보는 서사적 문화콘텐츠에 속하는 영화, 드라마, 소설 등은 일종에 정념을 위한 것이라고 볼 수도 있다. 즉 사람들은 일상생활의 단조로움에서 벗어나 자기 자신의 존재에 가치를 부여하며 자신의 영혼을 고양시키는 행위를 반복적으로 하게 되며,

영화를 본다든지 드라마를 보는 행위는 정서 충만을 위한 것이다. 그래서 셰익스피어의 『오셀로』를 읽으면서 오셀로가 그의 아내 데스데모나에 대한 사랑의 집착으로 벌어지는 질투로 인하여 그녀의 부정을 증명하려는 사건들과 행위들로 인해 자살하게 되는 것, 몰리에르의 『수전노』에서 아르파공의 끝없는 돈에 대한 탐욕으로 인한 파멸, 파트리크 쥐스킨스의 소설 『향수』에서는 악취나는 생선시장에서 태어난 그르누이가 갖는 불행한 출생에 따른 매혹적인 향기에 대한 욕망적 집착으로 인한 파멸은 우리 영혼을 풍요롭게 하는 정념이 주는 가치이다.

이러한 이야기들을 포함한 서사물에서 우리는 등장인물의 인간관계를 통해서 벌어지는 사건에 대한 흥미적 요소들만을 수용하는 것이 아니라 텍스트 안에 담긴 등장인물 간의 관계 속에서 인물의 성격, 감정, 욕망 등 다양한 것을 읽어내며 그것을 수용한다. 그래서 오셀로의 사랑에 대한 집착과 질투심, 아르파공의 물신적 탐욕, 그르누이의 매혹적인 향기에 대한 집착으로 생긴 비극적 결말은 등장인물의 복잡한 인간관계 속에서 정념의 표출이 어떠한 구조에 의해 의미화되어 어떠한 정서적 코드로 이해하느냐에 따라 감동을 받게 되는 것이다. 따라서 그레마스가 제시한 정념의 기호학은 서사물에서 명시적으로 표출되는 다양하고 무질서한 정서 유형들이 어떠한 구조에 의해서 의미적으로 조직되고 해석할 수 있는가에 대한 정념의 질서체계를 밝혀내는 것이다. 마찬가지로 정념의 기호학은 문화원형의 스토리텔링에서 전달하고자 하는 메시지의 효용의 극대화 또는 인물의 성격화를 위한 정념 구조의 틀을 잡거나, 인물 간의 갈등 양상을 어떻게 이끌어가고, 그 양상이 어떻게 수용자로 하여금 정서적 교감을 이끌어낼 수 있는지를 구조적으로 체계화하고, 정서적 교감의 질서체계를 분석하는 데 유용하다.

　　앞서 제시한 사례들에서 이런 서사물들이 어떻게 비극적 결말로 이르게 하는 내재된 정념의 코드를 읽어내는가 하는 것은 정념기호학의 목표라고 할 수 있다. 앞에서 그레마스의 구조의미론에 있어서 의미생성의 경로를 심층, 표층, 담화, 텍스트 층위의 단계중에서 표층층위는 서사 연구에 중요한 연구방법을 제시하며, 그중에서 표층 층위단계에서 기호사각형, 행위소 모델, 서사도식은 서사물의 의미소 형태를 분석하는 데 중요하다. 그레마스는 한 단계 더 나아가 구조의미론의 마지막 단계로서 정념의 기호학을 통해 개인의 정서, 기분, 성격 등의 양태Modality 양상을 분석하여 인간의 정서구조를 분석하는 데 유용한 모티브를 제공해준다.

　　이야기의 서술에 있어서 문장에는 주체, 어떤 목적을 위한 행위 등이 존재하며, 다양한 정념들이 존재한다. 그러나 이러한 정념들은 구조화되어 있지 않으며 다양하게 산포되어 있거나 숨겨져 있다. 그것들을 어떻게 기술한 것인가에 대한 것은 잘못하면 서사가 갖는 의미를 왜곡시킬 수도 있다. 정념의 기호학은 어떤 정서, 기분, 감정이 기호 또는 담화의 어디에 존재하는지를 파악하는 것으로 정념의 발생으로 인해 그것의 주체가 욕구하는 대상에 깊이 관여하고 주체가 바라는 대상 역시 주체에게 깊은 영향을 미친다. 그래서 멜로드라마의 주된 소재인 사랑이야기는 주체인 주인공이 어떤 사람을 사랑하며 겪는 일종의 정념이 만들어내는 행위소들의 조합이라고도 할 수 있다. 표층구조에서 행위소의 주체가 대상 간의 분절된 구조관계라면 정념의 주체는 이와는 다른 의미의 층위에 존재하는 주체로서 주체의 원형 또는 근접주체로 개념화시켰다. 정념의 주체가 존재하는 층위에서는 주체의 대상도 행위소도 존재하지 않으며, 어떤 정념의 가치를 실현하는 것과 관련된 것으로 나타난다. 그래서 그레마스의 서사도식에서 표층과 심층으로 구성된 기호의 서사적 층위와 담화적 층위와는 구분되는 층위로서 의미의 선조건 층위에 구조화될 가능성이 높은 정념이 제시된다. 그 정념은 주체와 대상에 영향을 미치고 분절되지 않으며, 비극으로 또는 희극으로 치닫는 지향성을 갖추고 있다. 예를 들어, 어떤 멜로드라마를 보면서 주체들인 주인공이 갈구하는 대상에 대한 갈등양상을 보고 향후 비극을 예감할 수 있는 것이다. 특히 부정적 정서들인 절망, 공포, 분노 등은 긴장된 격렬한 정념의 일종으로서 그것은 이성적 인지 작용보다는 일종의 어떤 느낌과 같은 지각에 더 의존이 높으며 행위적 요소로 드러나는 구조화되는 정념의 기호체계로서 서사적 층위에서 양태적 범주로 유형화시킬 수 있다.

정념이 양태화되는 것은 기호의 서사적 층위에서 '~하다faire' 또는 '~이다l'être'라는 동사적 형태로 표현되는 것으로 어떤 서사물의 텍스트에서 주체와 대상 간의 정념의 양태화들의 조합들을 그 이전의 선조건 층위에서의 정념의 여러 변조를 추측하게 하고, 이러한 정념들의 양태화들을 담화 층위의 소환을 통해 구체적인 상으로 담화화하는 것이다. 이러한 행동양태를 그레마스는 초양태화로 명명하고, 이 두 양태화의 대립관계 설정을 통해서 기호사각형 모델에 대입하여 의미 함축관계망으로서 '희망/~원한다vouloir', '의무/~해야 한다devoir', '능력/~할 수 있다pouvoir', '지식/~알고 있다savoir'의 초양태성을 제시하였다. 이 네 가지 함축관계의 초양태성에 그레마스는 '믿음/~을 믿는다believing'라는 것을 추가하여 이러한 다섯 가지 양태들이 결합되어 '~해야 함을 믿는다' 또는 '~임을 믿는다'라는 정념의 양태화를 범주화시킨다. 마지막으로 '~이다'를 기호

학적으로 분석하여 '~안 된다not'를 보충하면서 정념의 양태화 체계를 구축한다.[27]

그레마스와 퐁타닐은 이러한 정념의 양태화 과정을 선조건적 층위에서 개시적 변조, 종결적 변조, 가동적 변조, 점괄적 변조로 구분하였다. 그래서 담화의 층위에서 정념의 양태화는 기동, 완료, 지속상으로 예시되고, 이러한 양태화들은 각각 기호의 서사적 층위에서 '~하고자 하다', '~함을 알다', '~할 수 있다'의 양태화 동사와 연관되어 있으며, 되어감의 유보로서 이러한 세 가지 변조를 중화시키는 것으로 나타나는 점괄적 변조는 '~해야 하다'의 양태화 동사와 연관된다고 하였다. 따라서 정념의 생성은 선조건적 층위, 담화적 층위, 서사적 층위 간에 일어나는 변환과 소환의 관계를 파악하는 것으로 기호학적 분석이 가능하다.[28]

퐁타닐은 이러한 여덟 개의 양태적 코드들이 사회적 양태화와 개인적 양태화로 구분된다고 하였는데, 전자는 사회적 규칙과 규범에 관련된 것이고, 후자는 개인의 행동에 대한 조절과 관련된 것으로 구분하였다. 그래서 '~해야 한다'와 '할 수 있다'는 의무와 구속이 따르는 사회적 양태화의 코드이다. 그래서 이것에는 사회적인 차원으로서 주체와 객체, 그리고 제3자가 포함되는 행위소들이 존재한다. 반면 '~알다'와 '~원하다'는 욕망과 의지와 관련된 것으로서 개인적 양태화의 코드이다. 그래서 이것에는 개인적인 차원의 주체와 객체의 관계에 의한 두 개의 행위소로 존재

---

27   홍정표, 「정념의 기호학과 담화 기호학의 상호보완적 고찰: 박경리의 『재귀열』을 중심으로」, 『정념의 세계와 기호학』, 한국기호학회 2010년 가을 학술대회, 2010, p.133.

28   송효섭, 「진도씻김굿의 정념 구조」, 전남대학교 호남학연구원, 인문한국사업단 제2회 감성연구 국내학술대회, 2010, p.8 재인용(송효섭, 『탈신화 시대의 신화들』, 기파랑, 2005, pp.11-13).

한다.[29] 또한 이러한 정념의 양태화들은 서사적 층위에서 행위소의 양태의 계열체로 개인적 양태화의 '~원하다'와 사회적 양태화의 '~해야 한다'는 정념의 동기를 제시하는 잠재화된 양태적 코드로 유형화시킬 수 있고, 개인적 양태화의 '~받아들이다'와 사회적 양태화의 '동의하다'는 정념의 믿음을 제시하는 가능화된 양태적 코드로 유형화시킬 수 있다. 개인적 양태화의 '~알다'와 사회적 양태화의 '~할 수 있다'는 정념의 자질로서 현실화된 양태적 코드로 유형화시킬 수 있고, '~이다'와 '~하다'는 정념이 실현된 현실화된 양태적 코드로 유형화시킬 수 있다.[30]

이러한 정념의 양태적 코드의 감성서사행로를 고구려 2대 유리왕琉璃王이 지었다는 4언 4구의 한시 〈황조가〉의 정념 서사의 행로를 분석해 보면 다음과 같다. 이 한시는 유리왕이 창작했다는 배경이 전하는데,『삼국사기』 권13 고구려본기 제1에 BC 17년 유리왕 3년 10월에 그의 첫 황후 송씨가 죽어서 두 명의 계비繼妃를 들였는데, 한 여인은 고구려 골천 출신의 화희이고, 다른 한 여인은 중국 한족 출신의 치희라는 여인이었다. 그런데 두 여인은 유리왕을 두고 서로 질투하며 사이가 좋지 않았다. 어느 날 유리왕이 기산箕山으로 사냥을 나간 사이 두 여인이 서로 싸우게 되었는데, 화희가 치희에게 "너는 한 나라 비첩婢妾이면서 어찌 그리 무례한가?"라고 꾸짖자 치희는 마음에 상처를 받아 자신의 나라로 돌아갔다. 이 소식을 들은 유리왕이 그녀의 뒤를 쫓아갔지만 치희는 끝내 돌아오지 않았다. 유리왕이 돌아오는 길에 잠시 쉬는데 나무 위에서 황조 한 쌍이 날

---

29   자크 퐁타니유, 김치수·장인봉 옮김,『기호학과 문학』, 이화여자대학교 출판부, 2003, pp.122-123.

30   홍정표, 전게서, 2010, p.137; 신정아·최용호,「롤랑 바르트의『라신에 대하여』다시 읽기: 구조에서 정념으로」,『정념의 세계와 기호학』, 한국기호학회 2010년 가을 학술대회, 2010, pp. 53-65.

아와 노니는 것을 보고 이 노래를 지었다고 한다.

翩翩黃鳥   펄펄 나는 꾀꼬리
雌雄相依   암수 서로 정다운데
念我之獨   외로운 이내 몸은
誰其與歸   누구와 함께 돌아갈꼬.

이 한시에서 직접적으로 드러나 있지 않지만 창작배경의 내용과 이 한시의 내용을 비교하여 살펴보면, 유리왕이 치희와의 이별을 수용한 것은 유리왕이 연접하고자 하는 대상을 치희 또는 치희에 대한 애정으로 본다면 유리왕은 치희와 연접의 상태에 있기를 원하는 주체이다. 유리왕은 자신의 의무와 욕망을 인식적 양태를 통해 대립하게 되는데, 개인적 양태로서 치의에 대한 애정, 즉 욕망으로 계실繼室의 존재인 치희를 따라갔으면 또는 그녀를 끝까지 설득하여 다시 데리고 왔으면 하는 개인적인 욕망과 유리왕이 고구려의 왕으로서 그러한 개인적 욕망에 충실하게 된다면 겪어야 왕의 신분을 망각한 채 여인에게 사로잡혀 국정에 소홀하다는 비난과 고구려 출신의 화희와 토착 세력들과의 갈등 등 공동체적 의무와의 갈등이 내포되어 있다. 따라서 내포된 갈등양상은 유리왕으로 하여금 욕망보다는 의무를 상위에 두고 욕망은 하위에 둔다. 그러나 한시에는 유리왕의 개인적 욕망만이 부각되어 서정적으로 묘사되어 있으며, 한 쌍의 정다운 꾀꼬리처럼 자신의 욕망을 이루지 못한 아쉬움과 체념이 현실화된 양태로서 그 체념을 수용하고 인식하는 양태로 표출되어 있다.

이 한시의 3행과 4행의 내용과 1행과 2행을 비교할 때 화자는 꾀꼬

 제4부 문화원형의 스토리텔링 전략

리 한 쌍을 발견하고 그것에 빗대어 자신도 서로 정다운 꾀꼬리 한 쌍처럼 되기를 원하지만, 화자 자신은 그렇지 못하므로 '～이기를 원하다'는 개인적 정념의 동기를 부여하는 양태를 취한다. 그리고 꾀꼬리 한 쌍이 정답게 있는 모습을 보고 자기 자신도 한 쌍의 꾀꼬리처럼 떠나버린 님과 함께 어떤 정다운 연인이 되기를 갈망한다. 그래서 정다운 꾀꼬리 한 쌍처럼 화자가 그 누구를 취하게 된다면 '～일 수 있다' 또는 '～이기를 받아들인다'라는 실현 가능화된 정념의 양태를 취할 수 있을 것이고, 만약 화자가 그렇지 않는다면 정다운 대상을 가지지 않기를 원하지 않는 마음의 상황이 '～이지 않기를 원치 않는다'라는 거부의 정념 형태로 드러난다. 이러한 체념이 이 한시의 3행과 4행에 드러나는데 화자는 '～이지 않음을 안다' 또는 '～이기를 받아들인다'라는 실망과 체념의 양태를 취한다.

한시 〈황조가〉는 2008년 KBS 드라마 〈바람의 나라〉의 드라마 음악으로 소개되었는데, 이필호 작곡에 이정표의 노래로 유리왕과 무휼의 테마로 몇 번 드라마의 전개부와 후반부에 소개되었다. 이 노래는 한시 〈황조가〉를 개사하였다. 이 노래는 한시 〈황조가〉에서 느낄 수 있는 짝을 잃은 외로운 심정을 소박하고 서정적인 국악적 선율과 발라드의 묘미로 잘 접목시킨 국악가요이다.

이 가사 내용은 이별에 대한 정한을 반복적인 원작 한시의 3행과 4행을 반복적으로 사용하여 현실화되고 실현된 이별의 정한이라는 정념을 강조하고 있다. 또한 음악적 선율도 주테마를 단선율의 피아노 버전으로 주선율 모티브를 제시하고, 멜로디 라인에서 주선율이 다선율의 관현악 버전으로 반복된다. 그리고 코러스가 추가된 선율로 이별의 정한을 극적으로 강화시키는 기능을 한다.

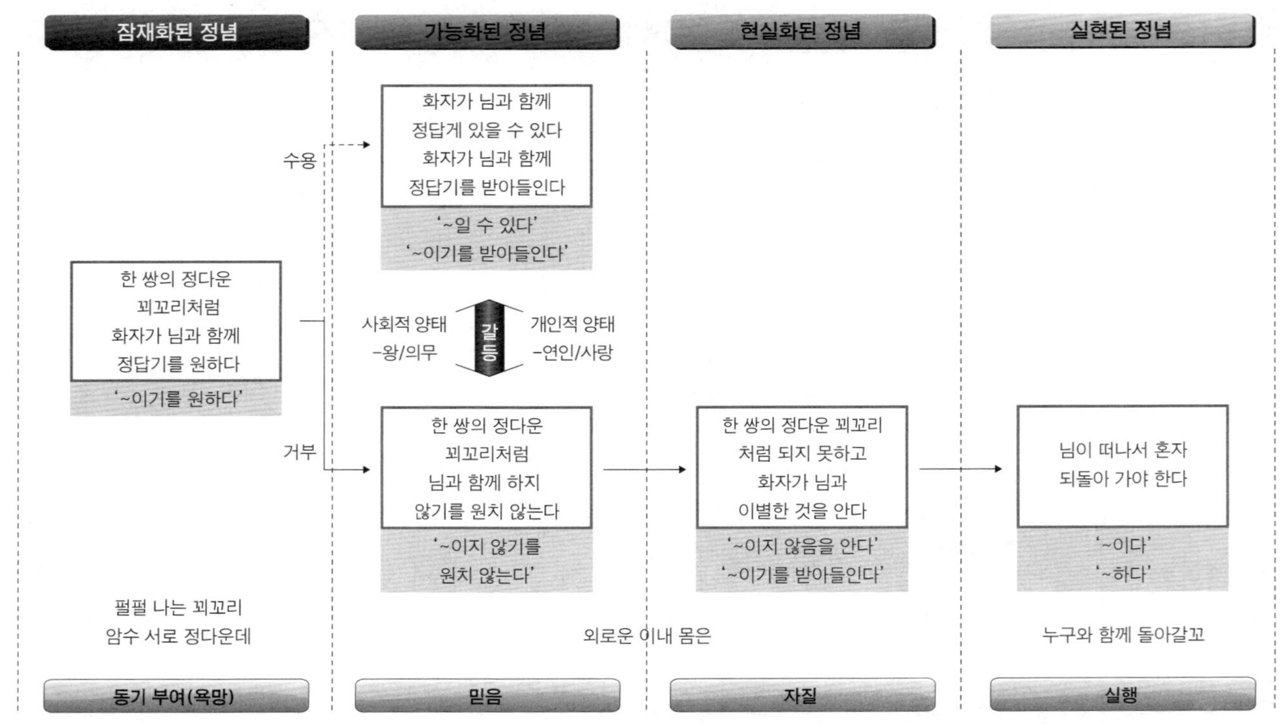

그림 21 한시 '황조가'의 정념양태화의 과정

표 19 국악가요 〈황조가〉의 음악적 정념의 양태화 과정

주선율 1/2/3의 멜로디 제시	[주선율의 모티브 제공-피아노와 현악] • 주선율 1 • 주선율 2 • 주선율 3	선율의 정념적 모티브 제시
훨훨 나는 저 꾀꼬리 암수 서로 정다운데 외로울 사 이내 작은 몸은 뉘와 함께 갈꺼나	[주선율의 가사-피아노 솔로] • 주선율 1 • 주선율 2 • 주선율 3	가사의 정념적 모티브 제시
훨훨 나는 저 꾀꼬리 암수 서로 정다운데 외로울 사 이내 작은 몸은 뉘와 함께 갈꺼나	[주선율의 가사-피아노와 첼로 협연] • 주선율 1 • 주선율 2 • 주선율 3	가사의 정념적 인지
외로울 사 이내 작은 몸은 뉘와 함께 갈꺼나	[주선율 3의 가사-피아노와 현악] • 주선율 3	현실화되고 실현된 정념의 제시
주선율의 멜로디 반복	[주선율 멜로디 반복-피아노와 관현악] • 주선율 1 변용 • 주선율 2 변용 • 주선율 3 변용	선율의 정념적 모티브 변조
훨훨 나는 저 꾀꼬리 암수 서로 정다운데 외로울 사 이내 작은 몸은 뉘와 함께 갈꺼나	[주선율의 가사-피아노와 구음] • 주선율 1 • 주선율 2 • 주선율 3	가사의 정념적 인지
훨훨 나는 저 꾀꼬리 암수 서로 정다운데 외로울 사 이내 작은 몸은 뉘와 함께 갈꺼나	[주선율의 가사-피아노 · 구음 · 코러스 · 현악] • 주선율 1 • 주선율 2 • 주선율 3	선율의 정념적 모티브 변조
외로울 사 이내 작은 몸은 뉘와 함께 갈꺼나	[주선율 3의 가사-피아노 · 구음 · 코러스 · 현악] • 주선율 3 변용	현실화되고 실현된 정념에 대한 수용자의 동기화

그레마스와 퐁타닐은 정념의 양태화를 서사의 의미 전개방식처럼 '형성화Constitution', '역량 장치화Disposition', '수행 정념화Pathémisation', '결과 정동화Emotion', '검증 도덕화Moralisation'로 도식화하였다. 1993년 퐁타닐은 그레마스의 정념도식을 재정리하여 '형성화Constitution', '배치화Disposition', '정념화Pathemization', '감각화Emotion', '도덕화Moralization'로 정리하였는데,[31] 1999년 퐁타닐은 형성화를 '감성적 각성éveil affectif'으로 변경하고, 정념화를 '정념의 기준점pivot passionnel'으로 변경하였다.[32] 퐁타닐이 재정리한 정념의 도식화를 각 단계별로 살펴보면 다음과 같다.

첫 번째, '감성적 각성éveil affectif'은 주체가 어떤 것을 느끼는 상태에 놓여 있는 단계를 말한다. 주체의 감수성이 각성되고 감성이 증식된다. 정념은 외부적 자극에 의해서 동요, 지연, 곤경, 혼잡, 정지, 가속 등의 정념 경로에 대한 수량적이고 리듬적으로 변화하며 여러 종류의 정념 형태에 따라 긴장 노출의 요소들이 자리 잡는다.[33] 이러한 요소들은 주체가 속한 사회 또는 공동체의 사회·문화·경제적 환경의 변화 또는 개인적 유전·심리 등으로 주체에게 정념이 각성되는 것이다. 예를 들어, MBC 드라마 〈자이언트〉에서 끝없는 돈과 권력에 대한 탐욕으로 온갖 부도덕한 비리와 살인을 저지르며 살아온 조필연의 아들인 조민우도 태생적으로 아버지의 탐욕을 충족시키는 존재로부터 벗어나려고 하였지만, 그것으로부터 벗어날 수 없다는 것에 반감을 갖고 더 큰 욕망을 품게 되고 결국

---

31 홍정표, 「기호학에서 정념 도식의 적용과 한계: 이효석의 '화분'을 중심으로」, 『기호학 연구』 제24권, 한국기호학회, 2008, p.460.

32 홍정표, 전게서, 2008, p.461.

33 자크 퐁타니유, 김치수·장인봉 옮김, 전게서, 2003, pp.117-118.

사진 8
SBS 드라마
⟨자이언트⟩ 포스터,
Copyright ⓒ 2010
SBS[34]

그 자신도 아버지와 똑같이 탐욕과 야망을 좇는 인간이 되어가는 것을 느낀다. 이 드라마에서 조민우는 결코 자신은 아버지와 같은 인생을 살지 않으려고 했지만 중학교 시절 강모와의 갈등, 그리고 청년이 되어 아버지와의 겪는 갈등, 강모와 그의 연인 정연에 대한 질투심 등을 통해서 결국 아버지와 같은 파멸의 길로 접어들게 된다. 결국 조민우는 선천적으로 악연을 통해서 탐욕에 대한 기질이 감성적 각성의 단계로 드러나게 되는 것이다.

두 번째, 배치화Disposition는 정념의 주체가 인지하는 정념을 실현하기 필요한 양태적 정체성으로서 그것에 필요한 구성요소와 인자를 수용하는 단계이다. 이 단계에서는 주체가 인지하는 정념의 양태화가 완성된다. 또한 정념의 유형에 대한 내부적 확실성이 획득되면서 역동성을 갖

---

34 SBS 드라마 ⟨자이언트⟩는 오세강 기획, 장영철 · 정경순 극본, 유인식 · 이창민 연출로 총 60부작으로 제작된 현대사를 다룬 드라마이다(홈페이지 tv.sbs.co.kr/giant 사진 인용).

게 됨으로서 정념의 범위가 확장된다.[35] 일반적으로 멜로드라마에서는 사랑하는 커플에 대해서 질투를 느끼는 경쟁자의 등장이 이루어지고, 삼각관계가 형성되는 서사단계에서 경쟁자가 커플에 대해서 질투심이 생성되고 긴장감이 조성되어 구체적으로 그것이 외적 갈등으로 서서히 드러나게 된다. 이러한 등장인물 간의 대립관계가 형성되지 않는다면 정념의 양태화는 서사행로로 발전되지 못한다. 또한 배치화 단계에서는 정념의 유형이 구체화되는 것에 따라서 서사적 문화콘텐츠의 장르나 서사행로에 대한 정념의 양태적 스타일이 설정된다.

세 번째, 정념의 기준점pivot passionnel은 감성적 각성과 배치화 단계에서 내부 감성에 배치된 주체의 정념이 인식론적 표현들이 내부적으로 실현되면서 다시 수정되어 주체가 정념의 기준점 단계까지 느꼈던 불안의 의미가 인식되는 단계이다.[36] 이 단계에서 주체의 정념이 수정되는 것은 주체가 그 자신에게 야기된 감정의 혼란으로서 불안과 의심에 대한 원인을 자각함으로써 감성적 · 기질적 상태가 변화하게 된다.[37] 즉 주체의 민감한 기억 속에서 정념의 전형적인 장면들이 계속해서 방해 · 진정 · 고정시키는 것은 정념 상태가 변형되는 동시에 정념에 대한 의미를 인식하게 되는 것이다. 또한 정념적 위기의 기준점으로서 정념에 사로잡힌 주체의 의미론적 능력을 형성하는 데 기여한다.[38] 멜로드라마에서 커플 관계의 두 남녀 중에 하나에게 새로운 매력적인 경쟁자의 등장으로 커플 관계

---

35   백승국, 「정념 기호학의 정념도식」, 『기호 텍스트 그리고 삶』, 월인, 2006, pp.491-493.

36   자크 퐁타니유, 김치수 · 장인봉 옮김, 전게서, 2003, p.118.

37   백승국, 전게서, 2006, p.495.

38   자크 퐁타니유, 김치수 · 장인봉 옮김, 전게서, 2003, p.118.

가 깨지게 되는 상황에서 이러한 정념의 기준점 단계가 시작된다. 옛 연인이었던 남자 또는 여자가 새로운 경쟁자와 자신의 연인이 점차 새로운 커플 관계로 발전하는 것에 대해서 의심하고 두려워한다. 그리고 마음속으로 옛 연인이 배반하게 되는 것을 상상하게 된다. 이러한 옛 연인의 마음속에 내재된 정념의 변형이 점차 현실적인 불안과 과민 반응이 점차 새로운 커플 관계의 행동으로 그 또는 그녀에게 보여진다. 그런데 옛 연인은 자신의 의심과 불안은 그가 떠나간 연인을 사랑하기 때문에 당연히 느껴야 한다는 것으로 정당화시킨다.

네 번째, 감각화Emotion는 주체가 정념화를 통해 변형된 개인의 감성을 신체로 느껴서 표출하는 단계이다. 그래서 주체가 감성을 신체적 행위로 표출하게 되는데, 이것은 불안과 긴장감이 놀람, 흥분, 전율, 경련 등의 다양한 형태로 표출된다. 그래서 외부적으로 감성의 표출은 관찰 가능하며 이러한 감성의 신체적 약호를 통해서 감성은 형상화된다.[39] 공포영화의 경우 외부적 자극에 감성의 주체가 호기심을 느끼고, 그 자극에 점점 민감해지는 주체의 마음속에는 긴장감과 불안감이 느껴진다. 실제적으로 외부적 자극의 실체를 발견했을 때 긴장감은 해소되고 공포감이라는 정념이 외부적으로 표출되어 전율을 느끼고 근육 경련 등 다양한 공포의 신체적 표출행위들이 목격된다.

다섯째, 도덕화Moralization는 주체의 감각화를 통해서 정념의 표출행동들이 평가되고 측정될 수 있는 하나의 사건으로 제시되는 단계이다. 이전 단계를 거치면서 주체가 사회적 공동체와 행동의 규범으로 복귀를 승

---

39   홍정표, 전게서, 2010, p.146.

인하는 단계라고도 할 수 있다. 그래서 정념의 표출된 행위들은 그것의 표출행위를 해석하는 집단의 관점에서 감성적 표현들에 대한 평가를 하고 정념의 교환과 그 표현양식들을 조절하는 데 기여한다. 이러한 도덕화 단계의 평가는 주체가 앞의 4단계에서 정념의 변형을 실현함으로써 평가 및 측정될 수 있는 정념적 사건들을 만들었고 전체 단계의 잠재적 관찰자를 설정하였기 때문에 가능하다. 따라서 잠재적 관찰자는 주체 자신이거나 타자일 수도 있으며, 정념이 발생한 현장을 목격하거나 그렇지 못하더라도 정념 변형의 결과들로서 정념의 양태적 장치, 정념 변형의 행위소적 장치, 신체적 표출의 감각화 등을 총체적으로 평가할 수 있다. 도덕화는 모든 정념이 원칙적으로 평가될 수 있다는 전제하에서 일반적인 상대주의를 정념 세계에 도입한다. 평가는 주체가 모든 행위를 하기 전에 지니고 있는 역량의 정념적 형태, 즉 나쁜 감정, 인색한 성향 등의 기질 자체에 근거를 둘 수도 있다.[40] 퐁타닐은 긍정적 정념과 부정적 정념의 형태로 도덕적 평가가 되는데, 허영심이나 오만함의 경우 너무 큰 자존심의 오류와 과잉의 이름으로 단죄된 것이다. 부정적 정념으로서 이것은 배치화에 영향을 미치고, 불안이 공격성을 띠게 된다면 부정적 정념으로서 그것은 지나치거나 절제되었다고 과시적이거나 조심성 있다고 판단되는 감동에 영향을 미친다. 관용은 정의와 도덕적 존경심을 불러일으키고 긍정적 정서로서 정념의 기준점과 그 실질적 결과들에 영향을 미칠 수 있다.[41]

　　그레마스의 정념 기호학은 문화원형의 스토리텔링에서 정서적 기호

40　　홍정표, 전게서, 2008, pp.467-468.

41　　자크 퐁타니유, 김치수 · 장인봉 옮김, 전게서, 2003, pp.119-120.

의 커뮤니케이션을 통해서 문화적 감성의 코드로 적용하기에는 한계점이 있다. 이 이론은 원래 문학과 담화 속에 내재된 감성의 의미구조를 분석할 목적으로 만든 이론이고, 정념의 신체적 행위로 표출되는 것이 주체 또는 타자에 의해서 목격되기에 어려운 정념들, 특히 한국인의 정서인 '한'은 그것이 외부적으로 표출 정념의 양태화보다 내면을 지향하는 정서라서 그것의 표출 형태를 분석하기에 힘들다는 한계점을 갖고 있다. 그러나 앞서 말했듯이 기본적으로 문학적 서사구조의 원형을 모방하는 서사적 문화콘텐츠의 정서적 커뮤니케이션 관점에서 정념의 기호학은 서사의 내러티브 구축에서 갈등양상을 어떻게 구성하고, 그러한 갈등양상이 인물의 성격과 행위소 모델로 연계될 수 있는 감성적 코드를 구성하는 데 적용될 수 있는 유용한 방법론을 제시하고 있다.

그레마스와 퐁타닐의 정념 기호학은 서사적 문화콘텐츠 장르 중에서 주로 장르적 문법에 충실한 영화들의 정념의 서사경로를 분석하는 데 유용하다. 장르적 관습에 충실한 영화들에서는 주인공이 어떤 욕망의 대상으로서 야망 또는 사랑을 획득하기 위한 여정이 시작되고, 인간관계에서 갈등이 불안과 긴장을 야기하고 반드시 수용자가 정념을 인지할 수 있도록 행위적 표출로 극명하게 드러나며, 권선징악의 도덕률에 의해서 결말로 가는 보편적인 서사적 요소들을 갖추고 있기 때문이다.

3. 심상적 모티브의 문화원형을 활용한 영화 〈쌍화점〉의 정념 서사행로

　2008년 개봉한 영화 〈쌍화점〉은 개봉 당시 파격적인 동성애를 다룬 시대극으로 사회적으로 큰 파장을 일으켰던 영화이다. 특히 남녀상열지 사의 성을 주제로 하고 있는 고려속요 '쌍화점'을 영화제목으로 하고, 쌍화점 노래의 내용과 유사한 고려 왕실의 문란한 성적 타락을 영화의 내용 으로 다루고 있다. 이 영화는 고려 말기의 시대적 문화상과 고려속요 '쌍화점'을 모티브로 활용하였다.

　고려 충렬왕 때 창작된 고려속요 '쌍화점'은 당시의 퇴폐적이고 문란한 성윤리를 노골적으로 그린 속요이다. 이 작품은 쌍화점 만두가게를 하는 이국인 회교도回回아비, 삼장사라는 절의 주지, 우물의 용, 술집아비 등이 이 가사의 화자인 여자를 유혹하여 관계를 갖고 그 소문을 들은 다른 사람들이 '나도 그곳에 자러 가겠다'고 한다는 내용을 담고 있다. 고려시대 유행하던 민중의 속요라는 견해로 원의 내정간섭 이후 고려의 자유로운 연예와 퇴폐적인 성을 민중들이 노래로 부른 것이다. 그래서 조선시대에는 고려속요 '쌍화점'을 남녀상열지사를 다룬 음사라고 하여 배척하기도 하였다.

　이 작품의 유래는 〈고려사〉에 기록된 승지 오잠鳴潛 또는 궁중의 여러 사람에 의한 창작물로 보는 견해가 있다. 이 기록에 의하면 충렬왕은 음란 놀이를 즐기는 방탕한 임금이었는데 석천보 · 석천경 · 오잠 등에게 자주 노래를 짓도록 했다고 한다. 당시 사회의 혼란 속에서 퇴폐적인 성 윤리를 풍자한 속요가 있었는데 그들이 왕의 취향에 맞추어 개작했을 가능성도 있다. 또한 이 작품에는 회회回回아비 이국인 회교도, 승려, 용으로 동물화된 왕, 술집아비 등이 등장인물로 등장하고, 문답식의 본사설과 후렴구의 배치로 보아 연극적인 성격이 강했을 것이라는 의견도 있다. 기록에 따르면 전국에서 뽑힌 기생들이 남장을 하여 남장별대男裝別隊를 이루고 오잠의 지휘로 충렬왕 앞에서 이 노래를 대본으로 연희했다고 한다.[42]

고려속요 '쌍화점'은 작자 미상의 작품으로 그 가사 내용을 현대적 문법으로 해석한 것을 살펴보면 다음과 같다.

만두 가게에 만두 사러 갔더니
회회아비 내 손목을 쥐었습니다.
이 말씀이 이 가게 밖에 나며 들며 하면
조그마한 어릿광대 네가 퍼뜨린 말이라 하리라.
더러둥셩 다리러디러 다리러디러 다로러거디러 다로러
그 자리에 나도 자러 가겠다.
위 위 다로러 거디러 다로러
그가 잔 곳같이 어수선한 곳이 없다.

삼장사에 불을 켜러 갔더니
그 절 주지가 내 손목을 쥐었습니다.
이 말씀이 이 절 밖에 나며 들며 하면
조그마한 어린 중아 네가 퍼뜨린 말이라 하리라.
더러둥셩 다리러디러 다리러디러 다로러거디러 다로러

---

42   조동일, 『한국문학통사 2권』, 지식산업사, 2005, p.138.

그 자리에 나도 자러 가겠다.

위 위 다로러 거디러 다로러

그가 잔 곳 같이 어수선한 곳이 없다.

두레박으로 푸는 우물에 물을 길러 갔더니

우물에 용이 내 손목을 쥐었습니다.

이 말씀이 이 우물 밖에 나며 들며 하면

조그마한 두레박아 네가 퍼뜨린 말이라 하리라.

더러둥성 다리러디러 다리러디러 다로러거디러 다로러

그 자리에 나도 자러 가겠다.

위 위 다로러 거디러 다로러

그가 잔 곳같이 어수선한 곳이 없다.

술파는 집에 술을 사러 갔더니

그 집 아비가 내 손목을 쥐었습니다.

이 말씀이 이 집 밖에 나며 들며 하면

조그마한 술구기(시궁박)야 네가 퍼뜨린 말이라 하리라.

더러둥성 다리러디러 다리러디러 다로러거디러 다로러

그 자리에 나도 자러 가겠다.

위 위 다로러 거디러 다로러

그가 잔 곳같이 어수선한 곳이 없다.

고려속요 '쌍화점'을 문화원형의 모티브로 하여 영상콘텐츠화된 영화 〈쌍화점〉은 영화 제목을 동명 고려속요에서 따왔다. 이것은 영화의 서사구조와 작품에 흐르는 정서가 고려속요 '쌍화점'의 가사 내용에 내재된

사진 9
영화 〈쌍화점〉 포스터,
Copyright ⓒ 2008
(주)오퍼스픽쳐스[43]

고려의 자유분방한 성문화의 정서를 담고 있기 때문이다.

이 영화는 문화원형으로서 고려속요 '쌍화점'이 갖는 자극적이고 은밀한 성문화를 정서적 교감의 코드로 활용하고 있다. 또한 한국영화에서 자주 다루어지지 않은 고려 왕실의 이면을 의도적으로 보여주는 동시에 금기시되었던 동성애라는 성풍속을 은밀하게 보여주는 것으로 관객을

---

43   영화 〈쌍화점〉은 제작 오퍼스픽쳐스, 배급 쇼박스(주)미디어플렉스, 유하 연출로 고려 말기 시대의 사회문화 상을 '쌍화점'이라는 고려가요를 통해서 심상적 모티브가 중심적인 문화원형으로 활용되었다((주)오퍼스픽쳐스 홍보 포스터 사진 인용).

감성적으로 자극한다.

이 영화는 고려속요 '쌍화점'이 갖고 있는 고려시대의 문란한 성문화를 영화의 중심적인 정서와 문화적 코드로 활용하고 있다. 비록 이 속요가 고려 충렬왕 때 창작된 작자미상의 가사이지만 고려 31대 공민왕에 얽힌 비사를 작가의 창조적 상상력에 의해서 새로운 영화적 스토리텔링화시켰다.

구체적으로 이 영화에서 등장하는 왕이 공민왕이라는 호칭은 등장하지 않지만 '건룡위'라는 명칭의 사용은 공민왕 시절에 자신의 호위부대로 사용하였던 왕의 친위대 명칭이었다는 역사적 사실만으로도 이 영화의 왕이 공민왕이었을 것이라는 추측이 가능하다. 또한 고려사 세가 44권에 기록된 사료를 보면 공민왕은 남색을 즐겼는데, 자신의 부인이었던 노국공주를 극진히 아꼈던 공민왕은 그녀가 죽은 후 정사를 멀리하고 아름다운 소년들을 궁으로 불러들여 동침하고 가까이했으며 소년들 사이에 질투와 시기로 궁중의 기강이 문란해지는 일이 있었다는 사료를 통해서 이 영화의 사건적 모티브는 공민왕의 비화를 참조하여 새로운 스토리를 만들었을 것이다. 그러나 역사적 사료들과 민담들만으로 이 영화 등장하는 왕이 공민왕이라고 단정 짓기는 어렵고, 이것들은 단지 등장인물의 캐릭터를 형성시키는 외적 요소로 활용하였기 때문에 이 영화에서는 중요한 캐릭터 설정의 요소로 차지하는 비중이 크지 않다.

이 영화는 고려속요 '쌍화점'의 가사 내용과 전혀 다른 서사적 모티브를 갖고 있지만 이 서사적 모티브는 의미적으로 고려속요 '쌍화점'이 갖고 있는 시대적 문화의 감성으로서 성문화의 세태풍자이다. 고려속요 '쌍화점'이 갖고 있는 정서와 문화적 감성의 문화원형을 활용한 문화콘텐츠인 영화 〈쌍화점〉은 이 속요가 갖고 있는 문화원형의 장점을 활용하고 있다.

고려속요 '쌍화점'이 갖는 고려 말기 왕실과 민간의 성적 타락이 영화의 인물들이 겪는 갈등인 '배신과 사랑', '은밀한 성적 욕망'에서 내포되어 있다는 것이다. 이 영화에서는 고려속요 '쌍화점' 외에 '가시리'라는 고려속요가 나오는데, 이 두 노래는 중등교육을 받은 사람이라면 누구나 잘 알고 있는 문학소재를 활용하여 대중으로 하여금 관심을 유도하였다는 것이다. 이러한 활용은 대중으로 하여금 고려속요 '쌍화점'에 대한 인문학적 관심을 재유도하고, 인간의 가장 원초적인 본능인 성에 대한 자극을 통해서 관객의 관심을 유도할 수 있었다.

영화 〈쌍화점〉의 서사적 구성요소는 등장인물의 캐릭터 설정에서 정념 서사행로를 추적할 수 있는 논점을 찾을 수 있다. 첫째, 등장인물의 캐릭터 설정에서 이 영화에서는 세 명의 중심인물이 등장하는데, 구체적인 역사적 사실로 제시되지 않았지만 고려 말기의 어느 왕이 등장하고, 왕을 호위하는 친위부대인 건룡위의 총관 홍님, 그리고 왕의 아내인 왕후가 이 영화의 중심적인 사건을 이끌어간다. 이 세 사람은 멜로드라마에서 볼 수 있는 삼관관계를 형성하는데, 이러한 관계형성을 통해서 이 영화의 장르적 문법이 형성되고 '사랑에 대한 욕망'으로 인해 파멸로 치닫는 왕과 홍님의 죽음을 주제로 형성하는 중요한 캐릭터의 구도가 설정되고 이러한 캐릭터들의 행위소 모델의 구조를 통해서 서사적 층위의 서사도식이 정념의 양태화를 분석하는 데 기초된다.

그레마스의 서사모델에서 플롯을 구성하는 행동이 기능이라면 행위소의 기능을 수행하는 것은 인물이다. 그래서 주체와 대상이 관계하는 축을 '욕망'의 축 또는 '추구'의 축으로 한다면, 발령자와 수령자가 관계시키는 것은 '전달'의 축으로 설정되고, 협력자와 대립자 양자는 '능력'의 축으로 관계망을 형성한다.

어떤 서사물이라도 그 서사물이 결말에 이르게 하는 것의 주된 목적은 주인공이 모험을 하게 하여 그 안에서 겪게 되는 갈등과 사건의 동기를 제공하는 것이 바로 주인공이 갖는 어떤 목표에 대한 강력한 열망이다. 수용자는 서사물을 보면서 주인공이 어떤 목표에 강력한 열망으로 어떻게 모험세계를 경험하고 그것을 어떻게 이루는가에 흥미를 느낀다. 그래서 대중적인 영화들에서는 등장인물에 대한 세부적인 캐릭터 설정을 하기 전에 인물이 추구하는 또는 열망하는 강력한 목표를 명시적으로 제시하고 그것에 따라 주인공의 캐릭터를 좀 더 그러한 목표에 맞게 설정하는 것이다. 즉 서사물에서 모든 갈등과 사건의 전개는 바로 주인공이 열망하는 대상에 대한 의지에 따라서 갈등양상과 사건의 강도가 달라질 수 있다. 여기서 열망하는 대상은 사람일 수도 있고, 주인공의 내적 가치일 수도 있고 외적 가치일 수도 있다.

서사물에 흥미를 부여하고 재미를 주는 것은 주인공이 열망하는 가치 또는 목표에 대한 내적 심리를 얼마나 효과적으로 표현하는가에 달려 있다. 그래서 외부적으로 어떤 자극에 의해서 주인공에게 호기심, 불안, 긴장감, 그리고 그것이 구체적인 정념의 완성을 통해서 갈등을 낳고, 그것이 외부적인 행위로 표출되는 과정은 일종의 서사물이 수용자에게 정서적 커뮤니케이션을 요구하는 것이다. 즉 행위소 모델에서 주체가 갖는 여러 관계망을 통해서 수용자는 그것에 긍정적 정서로 동의할 수도 있고 부정적 정서로 거부할 수도 있다.

이러한 그레마스의 행위소 모델에 대한 논의를 영화 〈쌍화점〉의 줄거리[44]를 통해서 등장인물의 행위소 모델을 분석할 수 있다. 이 영화의 중심적인 주사건은 왕 자신이 총애하는 호위총관인 홍림에 대한 사랑의 질투심으로 인해 중심 사건이 전개되고, 이러한 중심 사건에 인과성과 핍진성을 보충하는 부수적인 사건들이 후사를 볼 수 없는 왕, 원의 내정간섭, 왕을 암살하려는 원나라 측 신하들의 비밀조직과의 다툼 등이다.

영화 〈쌍화점〉에서 주인공 홍림은 발령자이자 열망하는 대상과 가치를 추구하는 주체로 설정된다. 주체가 갈망하는 대상은 '사랑과 성적 욕망'으로서 그것에 대한 수령자는 왕후로 관계망이 성립된다. 주체인 홍림이 대상을 취할 수 있도록 도움을 주는 협력자는 홍림을 따르는 건룡위 호위무사들인 한백, 임보, 노탁, 보덕이다. 반면 홍림이 대상을 취할 수 없게 방해하는 대립자는 왕, 그리고 승기와 대소신료들로 관계망이 성립된다.

영화 〈쌍화점〉의 행위소 모델은 주인공 홍림을 중심으로 전개되는데, 홍림은 어릴 적부터 궁에서 호위대로 키워져 왕에 대한 충성심 외에는 궁밖의 삶에 대한 것은 전혀 알지 못한다. 더구나 왕과 동성애를 나누는 사

---

44 영화 〈쌍화점〉의 대략적인 줄거리는 다음과 같다. 고려 말기 원의 내정간섭을 받고 있는 고려 왕실, 어린 시절 왕의 친위부대인 건룡위의 호위무사로 뽑혀온 '홍림'은 건룡위의 수장으로 충성심으로 왕을 보필하며, 왕의 총애를 받는다. 홍림은 남자 구실을 못하는 동성애자인 왕과 몰래 동성애를 나눈다. 그러던 어느 날 후사문제를 빌미로 원나라는 볼모로 그곳에 있는 고려의 다른 왕자를 세자로 책정하겠다고 간섭을 하는 등 무리한 요구가 계속되고, 정체불명의 자객들이 왕의 목숨을 위협한다. 왕은 중대한 결정을 내리게 되고, 고려의 왕위를 이을 원자를 얻기 위해 홍림에게 원나라에서 온 왕후와의 동침을 명한다. 홍림은 고려 왕위를 이을 원자를 얻기 위해서 왕후와 대리합궁을 하게 되고, 홍림은 왕후와 동침 이후 왕후에 대한 연정으로 갈등하게 되고, 결국 왕을 배신하게 된다. 이 사실을 알게 된 왕은 질투하는 마음이 생겨 홍림을 멀리 도성 밖으로 내보내려 한다. 떠나기 전날 홍림은 왕후와의 밀애를 나누게 되는데 결국 왕에게 발각되어 거세를 당한다. 후에 왕후가 회임을 하게 되자 왕은 홍림과 왕후의 관계를 아는 이들을 모두 죽이려고 한다. 그러나 홍림은 왕후의 도움으로 겨우 죽음을 모면하고 왕후가 죽은 것처럼 꾸민 왕의 계략에 속아 궁궐로 다시 돌아와서 왕을 죽이려 한다. 궁으로 돌아온 홍림은 왕과 결투를 하게 되고, 홍림이 왕의 칼에 찔리게 되고, 왕은 홍림에게 왕이 "나를 정인이라고 생각해본 적이 있느냐."고 묻자 "한 번도 그렇게 생각해본 적이 없습니다."라고 하자 홍림을 다시 한 번 강하게 찌른다. 홍림은 칼에 찔린 자기 몸을 왕에게 밀착시킨 뒤 부러진 칼로 왕을 찌른다. 그리고 쌍화점이라는 노래가 흘러나오며 왕과 홍림이 말을 타며 활을 쏘는 왕의 그림이 나오며 영화가 끝난다.

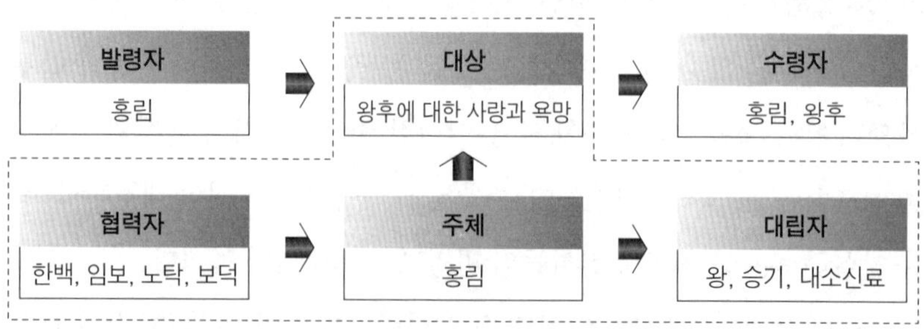

그림 22 영화 〈쌍화점〉의 행위소 모델

이로 그도 왕에 대한 애정을 갖고 있으며 왕의 명으로 왕후와 대리합궁을 어쩔 수 없이 하게 되지만 정사를 통해 이성애에 눈을 뜨게 된다. 그것이 왕후에 대한 연정으로 발달하고 점점 왕에게서 멀어지고 더욱 왕후의 성욕에 집착하게 된다. 결국 이러한 집착은 홍림을 파국으로 치닫게 하여 죽음으로 몰아간다. 즉 홍림이 갈망하는 이성애에 대한 집착과 왕후에 대한 연정의 획득을 위한 홍림의 행위들이 실행되는 데에 부차적인 역할을 하는 원조자와 대립자 세력의 갈등구도를 빠른 시간 내에 파악함으로써 관객은 이 영화의 스토리에 몰입하게 된다. 하지만 정념의 서사행로는 반대로 왕의 질투심에 의해서 전개되는데, 주인공 홍림이 내적 갈등을 일으키고 그러한 갈등이 실제적으로 외적 갈등으로 드러나는 정념의 동기를 제공하는 것은 왕이다. 이 영화에서 왕이 질투심으로 인해 결국 파국으로 치닫게 되는 정념의 서사도식을 4단계로 나누어 살펴보면 다음과 같다.

이성애보다 동성애에 빠진 왕은 자신이 정상적인 이성애를 할 수 없는 몸이라는 걸 안다. 원나라의 압력으로 자신의 왕통이 원나라에 볼모로 있는 경원군에게 넘겨지는 것에 대한 두려움을 느낀다. 더구나 구체적으로 원나라를 추종하는 조정 신하들이 보낸 살수들에게 암살당할 위기를 맞기도 하였다. 그래서 이러한 난관을 해결할 수 있는 방법을 모색하게 되는데, 이 과정에서 왕은 자신의 충복 홍림과 왕후를 대리합방시켜서 후사를 보려고 모험을 시작하게 되면서, 긴장감을 느끼게 되며, 이러한 것은 이 영화의 사건적 동기를 제공하는 동시에 정념을 형성시킬 수 있는 동기를 제공한다. 이것은 합궁하는 날 왕과 왕후의 대화에서 잘 드러난다. 즉 정념의 감성적 각성éveil affectif으로서 왕의 정념은 그것이 선천적이든 후천적이든 여자와 이성애를 할 수 없는 존재에 대한 한계를 갖고 있다. 그리고 왕이 몰래 동성애를 즐긴다는 것은 왕후도 알고 있고, 이미 조정 신료들도 알고 있을 것이라는 추측을 할 수 있다. 왕후도 오래전부터 왕과 홍림의 관계를 질투하고 있었다. 결국 정념의 주체인 왕은 그것을 각성하는 것이다.

 # 〈왕후전〉 시퀀스

왕후: 오늘은 여기서 자고 가겠습니다.

왕:　원나라로 돌아가시오. 짐작은 했겠지만 나는 여자를 품을 수 없는 몸이오.

　　　그러니 후사를 얻을 일도 만무할 터. 언젠가 원의 뜻대로 되지 않겠소.

　　　경원군이 세자로 책봉된다면 나는 이름뿐인 왕으로 남을 것이오.

　　　내 곁에 있다 한들 무슨 광영을 볼 수 있겠소.

　　　더 이상 비루한 것 보기 전에 고향으로 돌아가시오.

왕후: 소첩은 이미 고려 사람입니다. 이 궁이 제 집인데 대체 어디로 가라말입니까?

왕:　그러면 중전은 후사 때문에 언제까지 이 굴욕을 당하고 싶단 말이요.

(잠시 후)

왕:　중전, 방법이 없는 것은 아니요.

이 영화에서 왕이 자신이 사랑하는 홍림에 대한 사랑의 질투심이 발생하는 배치화 단계는 세 가지 사건으로 제시될 수 있는데, 홍림과 왕후의 첫 번째 대리합궁이 실패하고, 두 번째 대리합궁에서 홍림과 왕후가 정사를 나누는 것을 훔쳐봄으로써 왕은 이성애에 대한 성적 호기심과 왕후에게 그것을 채워줄 수 없는 자신에 대한 좌절감을 느낀다. 그리고 왕후가 고뿔이 걸려 누워 있을 때 왕후전에 문병차 왔다가 왕후에게 인동초 다린 물을 주라고 어의에게 말하지만 홍총관이 그것을 왕인 자신 몰래 먼저 어의에게 전해준 것을 알게 되고, 이 사실을 홍림이 숨기자 홍림과 자신의 애정관계에 대한 불안감이 점차 느끼게 된다. 왕의 불안한 마음은 자신이 팔관회에서 직접 '쌍화점'이라는 노래를 부르는 장면에서 그 정념의 형태를 목격할 수 있다. 점점 자신에게 멀어져 가는 홍림에 대해서 왕은 그에게 더욱 잘해주려고 대식국에 들여온 좋은 말을 선물하려고 한다. 홍총관을 찾지만 그는 왕후와 몰래 정사를 나누고 있었다. 왕은 홍총관의 처소에서 밤새 홍림을 기다리다가 아침이 오고 자신의 처소로 돌아온 홍림을 본다. 그리고 "밤새 어디 갔다왔느냐"라고 왕이 추궁하자 홍림은 "서고에서 병서를 읽었다"고 답한다. 그러자 왕이 구체적으로 무슨 병서와 어느 편을 읽었느냐고 구체적으로 추궁하자 홍림은 답한다. 또한 견룡장 무술대련에서의 행위와 대사들은 왕이 본격적으로 홍림을 의심하게 되고, 그것은 높은 긴장감을 느끼게 한다. 이 두 커플 관계의 팽팽한 긴장감과 불안감을 제공하며 이것은 질투심이 변형된 일종의 충심에 대한 배신감으로 배치화된다.

〈건룡장〉 시퀀스

(왕과 홍림의 무술대련에서 홍림이 지자 홍림의 목에 칼을 겨누며)

왕:　…… 문제는 니 마음인 것이다. 너는 왕을 가장 가까이 보위하는 건룡위

　　수장이다.

　　앞으로 마음에서 우러나는 충심을 보이도록 해라.

배치화 단계에서 왕의 정념은 〈표 20〉과 같이 정념의 양태화로 표현
될 수 있다.

표 20 영화 〈쌍화점〉의 정념의 배치화 단계에서 왕의 정념 양태화

왕의 정념 양태화	정념의 양태화 표현체
왕은 홍림을 의심해서는 안됨	～해서는 안됨
왕은 홍림과 왕후가 자신을 배반하는 사이 이어서는 안됨	～이어서는 안됨
왕은 홍림과 왕후의 관계를 의심하지 않을 수 없음	～하지 않을 수 없음
왕은 홍림과 왕후를 서로 떼어놓지 않을 수밖에 없음	～아닐 수 없음

정념의 주체인 왕이 인지하는 홍림과 왕후에 대한 질투심을 실현하
기에 필요한 양태적 정체성을 자신 몰래 홍림이 왕후에게 인동초를 다려
준 비밀과 홍림에게 '적토마'를 선물하려고 기다렸지만 밤새 나타나지 않
고 자신을 속인 것에 대한 배신감의 사건적 요소들을 통해서 수용된다.
바로 이때부터 왕은 홍림이 자신을 속이고 있다는 것에 대한 배신감과 그
질투심에 대한 확실성을 갖게 된다. 그리고 그 정념들이 다양한 형태들

로 확장된다. 즉 왕후와 두 번째 대리합궁 이후 예전과 달라진 홍림의 생활태도와 빈번한 외출에 대한 의심, 자신의 동성애적 연인이었던 홍림이 이성애에 눈을 떠 자신의 왕후를 사랑하게 될 같은 불안감, 홍림이 자신에게 거짓말을 하는 것에 대한 배신감 등 다양한 정념의 형태들이 확장된다. 바로 이러한 정념의 양태들에 대한 내면적 징후들은 이 영화가 멜로드라마에 가깝고, 이러한 정념들의 형태들을 통해서 영화의 장르가 결정되는 서사문법의 스타일이 형성된다.

이 영화에서 왕이 느꼈던 감정의 혼란으로서 홍림의 거짓말과 왕후에 대한 홍림의 지나친 관심들에 대한 불안과 의심을 자각하게 되므로 정념의 기준점이 변경된다. 이것은 왕을 암살하려고 하였던 원나라 추종 조정세력들을 징벌하고 왕후의 오라비인 태안공을 없애라는 명을 홍림에게 맡기였는데, 왕은 홍림이 왕후를 생각하여 죽이지 않을 것을 알고 미리 승기에게 홍림의 동태를 살피라고 한다. 결국 홍림은 태안공을 죽이지 않고 원나라로 돌려보냈지만 승기가 태안공을 죽여 그 목을 왕에게 바친다. 왕은 결국 홍림의 배신을 직접적으로 목격하고 홍림을 멀리 보내려고 한다. 그리고 홍림과 왕후를 불러 새로운 대리합궁의 상대로 승기를 추천한다. 이러한 결정에 홍림은 그것을 반대한다. 왕은 홍림에게 자신을 배반한 것에 대한 것을 홍림에게 인식시켜준다. 그동안 왕이 느꼈던 질투심이라는 정념은 홍림에 대한 배신감이라는 정념으로 수정되고 홍림과 왕후 사이를 떼어내려고 한다. 여기서 왕의 정념 양태화는 '〜이지 않음을 안다.'로서 '홍림이 자신에 대한 충성심이 있지 않음을 안다'로 양태화된다. 그런데 이러한 배신감에 대한 왕의 정념은 홍림이 자신의 죄에 대한 것을 소상히 밝히고 죽여달라는 것으로 수정된다.

〈왕궁의 정원〉 시퀀스

왕이 정원에서 바라보고 있고 그 뒤에 홍림이 어도를 들고 나타나 왕 앞에 엎드려 울며 말한다.

홍림: 전하, 죽을 죄를 지었습니다.

　　　소신 한때 욕정에 눈이 멀어 전하를 배신하고 능멸하였습니다.

　　　그 옛날 전하께서 하사하신 어도입니다. 이 칼로 소신의 목숨을 거두어 주소서.

　　　죽음으로서 용서를 구하겠습니다.

왕:　　니가 목숨보다 소중한 것을 저버렸는데, 니 목숨을 취한다 한들 무슨 소용이 있겠느냐?

　　　……

〈왕의 처소〉 시퀀스

대전 안 왕이 왕좌에 앉아 있고 홍림이 무릎을 꿇고 앉아 있다.

왕:　　한 가지만 묻겠다. 중전과 사통한 것이 진정 한 때의 욕정 때문이었느냐?

　　　정녕 한순간의 욕정만으로 그랬던 것이냐?

홍림: 예, 그러하옵니다.

왕:　　보름 뒤에 홍해진에 있는 수비대로 떠나거라.

　　　거기 있다 보면 그간에 일들을 모두 깨끗이 잊을 수 있을 것이다.

　　　…… 밤새 한숨도 못 잤을 텐데 눈 좀 붙이고 가도록 해라.

〈왕의 처소〉 시퀀스

왕과 홍림이 함께 거문고를 탄다.

왕: 그새 음색이 많이 탁해졌구나!

〈왕의 처소〉 시퀀스

왕이 홍림과 함께 있고, 왕이 그림을 그린다.

왕: (그림을 보며) 여기가 어딘 줄 알겠느냐?

홍림: 어디옵니까?

왕: 실은 며칠 전 너랑 요동 땅을 달리며 사냥하는 꿈을 꾸었다.

       내 너무도 생생해 한번 그려보고 싶었느니라.

홍림: 그럼 뒤에서 달리는 사람이 저입니까?

왕: 왜 맘에 들지 않느냐?

홍림: 기왕이면 저도 활을 쏘고 있는게 좋지 않았겠습니까.

왕: 니 말을 듣고 보니 그게 더 어울릴 수도 있겠구나.

       내일 떠난다고 하였느냐?

홍림: 예.

왕: 보름 후에 원에 간 파병군들이 돌아온다. 그건 보고 가지 그러느냐.

홍림: 아닙니다. 예정대로 내일 떠나겠습니다.

이 대사를 통해서 왕은 정념의 기준이 다시 변경되는데, '∼이기를 받아 들인다.'라는 정념의 양태화로 변경되어 '왕은 홍림이 자신의 총애하는 총관이자 여인이기를 받아들인다.'로 된다. 왕은 홍림에 대한 애정이 다시 회복될 것으로 믿음을 가져보려고 한다. 왕후는 홍림을 몰래 불러 자신이 회임했다는 것을 밝히고, 태어날 아이를 위해서 홍림이 죽게 될 것이라고 하며 함께 멀리 떠나자고 한다. 홍림은 왕후의 제안을 거절하고 떠나려고 짐을 챙기는데 왕후전에서 하녀가 와서 왕후마마가 뵙기를 청한다고 하자 거절한다. 홍림은 왕과 동침하고 있는데 왕후에 대한 연정으로 인해 몰래 나와서 서재에서 왕후를 만난다. 왕은 홍림이 몰래 나간 것을 알고 고민한다. 결국 왕은 궁에서 홍림을 찾게 되고, 홍림은 왕후와 마지막 작별의 정을 나누는데 이것을 왕이 목격하게 된다.

 # 〈왕궁의 서재〉 시퀀스

비가 부슬부슬 내리는 밤, 왕궁의 서재로 들어선 왕은 홍림과 왕후의 정사 장면을 직접 목격하게 되고, 분노하며 홍림과 왕후를 포박시킨다.

왕:　　　네 이놈! 니 놈이 어찌 이토록 나를 능멸한단 말이냐.

　　　　이러고도 니가 사람이라 할 수 있느냐! 니 입으로 뭐라고 했느냐!

　　　　다시는 만나지 않겠다고 하지 않았느냐. 헌데 어찌 또다시 이럴 수가 있

　　　　단 말이냐!

　　　　중전, 저 놈을 어쩌면 좋겠소. 저 천하에 음탕한 놈을 대체 어찌하면 좋겠소.

　　　　왜 말이 없소.

왕후:　　모든 게 소첩의 잘못이옵니다. 제가 홍총관을 연모하여 유혹하였으니,

　　　　저를 벌하여 주시옵소서.

홍림:　　아닙니다. 마마는 아무 죄가 없습니다.

　　　　제가 연모의 정을 참지 못하고 마마를 찾았습니다. 저를 죽여주시옵소서.

왕:　　　지금 연모라 하였느냐! 니가 중전을 연모한다고 하였느냐!

홍림:　　예, 마마를 연모하옵니다.

왕:　　　니가 진정 욕정에 눈이 멀어 환장을 하였구나. 거세하라.

부총관: 예?

왕:　　　저 놈의 뿌리를 당장 잘라버려라.

부총관: 전하!

왕:　　뭘 꾸물대느냐. 빨리 자르지 않고!

왕후:　제가 잘못했습니다. 저를 대신 죽여주시옵소서.

홍림:　전하, 죽여주시옵소서.

왕후:　용서하여주시옵소서, 다시는 만나지 않겠습니다. 용서하시옵소서. 아
　　　니 되옵니다. 전하.

　　　전하! 전하! …… 소첩이 잘못했습니다.

홍림:　차라리 저를 죽여주시옵소서.

왕후:　아니되옵니다! 아니되옵니다! 전하!

홍림:　아니되옵니다!

부총관 승기가 홍림의 성기를 잘라버린다.

왕의 정념의 기준점에서 변형된 질투심에서 배신감, 그리고 안도감이 홍림과 왕후의 밀애를 실제적으로 직접 목격하게 되면서 다시 강렬한 배신감의 정념으로 변형된다. 이 시퀀스에서 왕의 자신에게 내재된 배신감의 강한 정념을 신체적으로 표출된다. 즉 왕은 감성의 신체적 약호들인 흥분, 전율, 얼굴 경련, 고함, 울분, 언어 등을 통해서 신체적으로 표출된다. 그리고 관객은 이러한 왕의 정념 형태화의 외부적 표출을 실제적으로 목격하는 동시에 정념의 주체인 왕 자신도 그것을 인지한다. 결국 정념의 감각화가 신체적 행위로 표출되고 목격되는 것이다.

왕이 홍림의 배신을 직접 목격하고 홍림의 성기를 거세하는 것으로 이제까지 정념의 주체로서 정념의 대상이라고 할 수 있는 홍림에 대해서 인지해온 다양한 정념들 총애-사랑-믿음-불안-질투-배신이 완전히 정

념의 외적 표출행위로 마무리되지는 않는다. 이러한 정념들에 왕은 왕후가 회임한 사실을 알게 되고, 부총관 승기를 제외한 홍림과 왕후의 정사를 목격한 내시들과 하녀들을 모조리 죽여버린다. 그리고 홍림을 죽이려고 한다. 하지만 왕후는 하녀를 시켜 홍림을 궁에서 빼내기 위해서 홍림을 따르는 원조자들인 한백, 임보, 노락의 도움으로 몰래 홍림을 선사로 탈출시킨다. 하지만 왕후가 궁에 남게 된 것을 안 홍림은 다시 궁으로 들어간다. 왕은 홍림이 다시 궁으로 돌아와 자신과 대적할 것을 알고 그를 기다린다. 결국 왕과 홍림은 궁에서 만나게 되고 왕은 홍림에게 가졌던 정념의 원초적 동기를 밝히고 홍림을 죽이고 그 자신도 홍림의 부러진 칼에 찔려 죽게 된다. 바로 이 사건을 통해서 왕의 정념 표출행동들이 평가되는데, 관찰자는 왕이 자신을 배신한 홍림의 성기를 자른 것이 왕이라는 사회적 신분과 권위 그리고 윤리적 기준으로 볼 때 부정적인 평가를 할 것이다. 결국 이러한 왕의 명은 정당화된다. 그러나 왕이 홍림과의 동성애적 사랑도 결국 홍림과의 마지막 대화에서 사회적 양태로서 부정적으로 평가되기 때문에 왕과 홍림은 결국 서로를 죽인다.

 # 〈왕의 처소〉 시퀀스

왕이 앉아 있고 처소문을 열고 칼을 든 홍림이 들어와 왕앞에 무릎을 꿇고 인사를 하고 서 있는다.

왕:　어디 갔다 이제 오는 거냐? 그새 얼굴이 많이 상했구나. 왜 그러고 섰느냐?

홍림: 오늘은 전하의 목숨을 거두러 왔습니다.

　　칼을 잡으시죠. 전하께 갖춘 마지막 예의옵니다. 꼭 그렇게까지 해야 했습니까?

왕후마마는 왜 그러셨습니까?

왕: 미흡한 놈!

홍림이 칼을 뺀다. 그러자 왕이 일어서 칼을 든다.

왕: 그래, 니가 나를 죽여 분이 풀린다면 한번 죽여봐라.

왕과 홍림의 격렬한 칼싸움이 이어진다.

왕: 니가 나를 이길 수 있을 것 같으냐?

홍림: 이미 뿌리까지 잘린 몸입니다. 전하의 칼에 죽는다 한들 뭐가 두렵겠습니까.

왕과 홍림의 격렬한 칼싸움이 이어진다.

왕: 뿌리 잘린 내시 놈아. 연모의 정이 그리 중하더냐?

홍림: 연모의 정을 알게 해준 그 은혜 하해와 같사옵니다.

왕과 홍림의 격렬한 칼싸움이 이어진다. 부총관 승기와 호위무사들이 들이닥치고, 호위무사들이 왕을 구하려 한다.

왕: 절대 끼어들지 말라.

부총관 승기가 호위무사들을 막고 절대 끼여들지 말라고 막는다.

왕: 마지막 기회를 주겠다. 칼을 버리고 항복하라. 그러면 목숨만은 살려줄

것이다.

홍림: 이미 늦었습니다. 어서 끝내시죠.

왕:　그럼 어서 끝내주마.

왕의 칼에 홍림이 찔린다.

왕:　한마디만 묻자. 너는 단 한 번이라도 내게 애정을 품은 적이 있느냐? 너는
　　　정녕 단 한 번만이라도 나를 정인이라 생각한 적 있느냐?

홍림: 없습니다. 단 한 번도 없습니다.

홍림이 자신 가슴에 박힌 칼을 밀쳐 자신의 부러진 칼로 왕을 찌른다. 왕이 쓰러져 죽는다. 홍림은 자신의 가슴에 꼽힌 칼을 빼내자 부총관 승기가 달려들어 홍림을 칼로 찌르자 홍림이 쓰러진다. 왕후가 들이닥치고 왕과 홍림이 쓰러져 죽은 것을 목격하고 "홍림아! 홍림아!"를 외친다.

홍림과 왕후의 대리합궁 사건을 통해서 홍림에게 가졌던 왕의 총애와 사랑에 대한 믿음은 서서히 불안이라는 정념을 통해서 질투심이 잠재화되며 연접된다. 그러다가 그 질투심은 가능화된 정념으로 홍림의 거짓말을 통해서 의심과 긴장감으로 발전한다. 이러한 정념의 발전은 왕과 황후의 관계를 목격하고 홍림을 거세시키면서 배신감이라는 정념의 현실화된 행위소로 표출된다. 결국 이러한 정념의 주체인 왕의 질투심과 배신감은 서로 죽고 죽이는 실현된 응징이라는 정념의 실현화를 통해서 비극으로 끝난다.

03

사료적 모티브를 갖춘 문화원형의 스토리텔링

1. 사료적 모티브의 개념과 유형

사료적 모티브는 문화원형 소재에서 실제 역사 속에 실존했던 인물, 사건 등을 스토리텔링의 동기로 채택한 것이다. 주로 사료적 모티브는 작가 상상력을 가미하여 역사적 사건을 재구성한 문화콘텐츠 등에 활용된다. 예를 들어, 영화 〈이재수의 난〉, TV 사극 〈임진왜란〉, 영화 〈신기전〉 등에서 사건적 모티브를 제공해준다. 사료적 모티브를 스토리텔링으로 문화콘텐츠화하는 경우 역사적 사건이 작가적 상상력에 의해서 왜곡될 수 있다는 단점이 있다. 그래서 역사적 실화를 바탕으로 구성된 문화콘텐츠의 경우 시대적 문화 해석의 트렌드를 반영하여 역사적 사실에 판타지를 부여할 수도 있고, 역사적 사실을 전혀 다르게 해석할 수도 있다. 중요한 것은 이러한 사료적 모티브를 취하여 스토리텔링화할 때 대중에게 재미와 흥미를 끌 수 있는 사료적 모티브의 원형성을 갖추고 있어야 한다는 것이다.

구성 요소	내 용
사실성 제공	• 실제 역사적으로 존재했던 사건 또는 인물인가? • 실제 존재했던 사건 또는 인물을 재가공한다고 했을 때 수용자의 흥미와 재미를 이끌어낼 수 있는가?

사료적 모티브가 서사적 문화콘텐츠로 활용되는 경우에는 주로 인물과 사건에 대한 역사적 기록들을 토대로 역사적 인물과 사건, 그리고 시대적 사회와 문화상을 서사적으로 재현하는 것이다. 주로 이러한 모티브들은 시대극 또는 역사극의 장르로서 소설, 영화, 드라마, 공연, 게임 등 다양한 문화예술 장르에서 활용되고 있다.

서사적 문화콘텐츠 장르들은 과거와 현재가 상호 커뮤니케이션하는 담론의 장으로서 '시간성'이라는 사료적 모티브의 특징을 갖는다. 시간성은 서사적 문화콘텐츠가 역사적 사실을 객관적으로 재현하는 것이냐 아니면 콘텐츠의 대중적 속성에 맞게 변형 또는 왜곡시켜느냐에 대한 논제로서 아무리 역사를 객관적으로 서술한다고 할지라도 그것은 서술자에 해석에 따라 어떤 역사적 사건이나 인물이 치환되거나 아니면 변형되는 것은 필연적인 것이다. 그래서 동일한 사건에 대해서도 어떤 역사서에서는 긍정적으로 반대로 어떤 역사서에서는 부정적으로 해석할 수 있다. 예를 들어, 1970년대 군부 독재 시절 한국전쟁을 영화의 소재로 활용한 반공영화들에서는 전쟁을 이데올로기적 관점에서 해석했다면 1990년대 민주화된 사회에서 한국전쟁을 소재로 한 영화들은 이데올로기적 관점보다는 휴머니즘의 관점에서 해석하고 있다.

사료적 모티브를 활용하는 서사적 문화콘텐츠 장르들에 대한 소재
의 활용성은 역사적인 인물이나 사건들의 의미해석을 통해서 한 시대의
전체상을 어떻게 재현해내는 것이고, 현재의 역사적 연관성을 토대로 과
거의 인물과 사건이 어떻게 현실과 관계를 맺는가에 관한 것이다. 그래서
이러한 사료적 모티브를 역사적 사실에 입각하여 서사적 문화콘텐츠로
재현하든 아니면 픽션으로서 가공하든 그것은 작가의 역사에 대한 인식
에 의해서 사실적으로 재현되고 가공되는 것이다. 그래서 사료적 모티브
를 활용한 서사적 문화콘텐츠들에서는 재현되는 것들에 대한 역사적 사
실에 입각한 고증으로서 서사적 문화콘텐츠에 등장하는 인물이나 사건
이 역사적 사실이라면 그것을 뒷받침할 수 있는 역사적 사실에 대한 고증
이 필요하다. 물론 이러한 고증은 작가의 역사인식에 따라서 달리 해석될
수 있다. 즉 역사적 사실이 재현된 역사의 시공간이든 작가에 의해 창조
된 과거의 시공간이든 그 서사물에 등장하는 인물이나 주제는 작가의 의
도된 역사인식 영역 안에서 해석되는 것이다. 만약 콘텐츠의 재미와 흥미
만을 고려할 때 역사적 사실을 왜곡하는 문제점이 생기고, 사실적 재현을
고려한다면 극적 흥미가 저하되는 경우도 있다. 과거라는 시간을 리얼리
티 재현으로서 과거의 역사적 인물과 사건이 충분한 개연성과 사실성에
입각하여 서사적으로 재현해야 한다. 현재와 교감하는 심상적 현재성으
로서 역사는 과거와 현재와의 끊임없는 교감을 통해서 해석되는 것으로
서 과거의 사건이나 인물이라도 그것은 현대인의 사상과 정서, 그리고 모
든 것이 재반영되는 것이다. 재미와 흥미를 위한 극적 장치는 작가의 상
상력에 의해서 가공되는 경우가 많은데, 역사적 사실에만 입각한다면 평
범한 이야기가 되지만 그것에 새로운 가공인물과 사건, 그리고 보편적인

극적 장치로서 사랑, 이별, 복수, 영웅담 등을 삽입한다면 수용자들은 좀 더 흥미롭게 서사적 문화콘텐츠에 접근할 수 있다.

이와 같은 맥락에서 서사적 문화콘텐츠는 주로 대중문화에 속하는 서사물로서 보편성과 특수성이 상호 작용하거나 대응하며 발전해왔다. 보편성이라는 것에 대해서 소번Thorburn은 "사회구성원에게 공유되는 전통적으로 합의된 서사로서 이것은 개인적이며 일시적 현상이 아니라 오랜 시간에 걸쳐 그 사회의 구성원 공동의 누적된 합의를 통해 만들어진다."[45]라고 하였다. 그래서 우리가 고전소설 〈홍길동전〉을 동화, 소설, 에니메이션, 영화, 드라마 등을 통해서 지속적으로 수용하더라도 그것에 대해서 싫증을 내기보다는 항상 새롭게 받아들이고 수용한다. 이러한 것은 바로 '공동체의 합의' 속에 내재된 서사물에 대한 기대 때문이다. 그래서 이미 이 이야기가 어떤 방향으로 이야기가 전개되며 그 결말을 이미 알고 있지만 서사적 구성요소들을 약간 변용시키는 것들, 예를 들어, 기존의 홍길동전 소설에 등장하였던 인물들의 갈등관계를 재조정하거나 활극이라는 장르적 관습에 새로운 판타지적 요소들을 대입한다면 독자들의 새로운 기대를 충족시킬 수 있다. 이러한 변용은 특수성이라고 할 수 있다.

서사적 문화콘텐츠에서 일반적으로 지니는 보편적 특질을 공유한다는 것은 서사물과 수용자 간의 커뮤니케이션 서사적 합의를 통해서 가능한 것이다. 반면 특수성은 합의된 서사의 보편성에 대응하는 것으로서 보편성이 일반적으로 서사 자체의 구성과 관련 있는 것이라면 특수성은 서사의 보편적 구성에 변용되는 서사기법의 다양성이라고 할 수 있다.

45　이종수, 「텔레비전 미학: 김성재 편」, 『매체미학』, 나남출판, 1998, pp.66-68.

오늘날 대중적으로 인기를 얻고 있는 서사적 문화콘텐츠들은 서사적 구성요소에 등장하는 역사적 사실에 입각한 인물이나 사건, 시공간을 철저한 객관적 고증에 의한 실증적 역사관만을 반영하지 않는다. 그래서 사료적 모티브를 상대적 개념으로 해석하여 역사적 사실에 허구를 만들어내고, 현대적 사회문화의 감성과 가치관을 반영하며 역사의 재현을 담론적 실천으로 인식하는 포스트모더니즘의 경향을 수용하고 있다. 1990년대 후반 제작된 영상콘텐츠들인 시대극을 표방하는 영화나 드라마들에서는 기존의 거시적 역사에서 다루어지던 정사 중심의 왕과 영웅 중심의 사료적 모티브 활용에서 벗어나 미시적 역사 해석의 관점에서 변방에 있던 사료적 모티브들, 즉 일상사 중심의 여성, 평민, 직업 등 소재적 모티브들이 다양화되고 역사적 사실을 담고 있는 서사적 텍스트에 대한 해석도 다양화되었다.

서사적 문화콘텐츠 장르들에서 사료적 모티브의 해석에 대한 변화들은 이인화의 소설 『영원한 제국』1993을 영화로 각색한 『영원한 제국』1995에서 찾아볼 수 있다. 이 영화는 등장인물과 시공간적 배경을 사료적 모티브로 취하면서 중요한 스토리텔링의 모티브를 추리적 사건에 두고 정사를 다루고 있어 평면적 시대극의 서사 패턴에서 벗어나 새로운 시대극의 스토리텔링 전략을 구사하였다. 특히 2000년대 TV 시대극에서 기존의 사료적 모티브로 자주 활용되었던 왕이나 장군 같은 영웅적 주인공 캐릭터, 권력에 대한 탐욕으로 인한 당쟁과 전쟁등의 거시적 사건의 모티브에서 벗어나 평범한 하층계급의 어의, 다모, 의녀, 화원 등 주인공의 캐릭터들이 다양화되고, 공동체적 가치관보다는 개인적 야망과 사랑 등이 주요한 사건적 모티브로 등장한다.

　서사적 문화콘텐츠는 작가의 역사인식에 따른 서술 형태에 따라 사료적 모티브의 활용성이 구별되는데, 역사기록 형태를 구분할 정사와 야사로 구분한다고 할 때 정사의 경우 사료적 모티브의 활용성 측면에서 필연적으로 실재 존재하였던 역사적 인물과 사건들에 대한 개연성과 필연성을 제공하며, 야사의 경우 실제 사건과 인물이 등장한다고 할지라도 또는 실제 역사적 필연성을 갖는 요소라도 작가가 변용 및 왜곡시킬 수 있다.

　예를 들어, 이준익 감독의 영화 〈황산벌〉2003의 경우 작품에 등장하는 인물은 실제 실존했던 역사적 인물인, 계백, 김유신, 연개소문 등이 등장하고 백제 멸망을 초래한 황산벌 전투에 대한 사건적 모티브를 취하고 있다. 또한 필연적으로 역사서에 기록된 것처럼 패전한 전투이다. 그러나 이 영화에서 정사의 역사적 인물들과 중심적인 사건인 황산벌 전투가 큰 서사적 틀 속에서 그 사건이 일어나고, 중심 사건의 동기를 제공하는 나당 연합군과 백제군의 갈등, 그리고 백제군 내의 갈등 등에 대한 것은 작가의 상상력에 의해서 개연적으로 서술되어 있다.

　이러한 작가의 상상력에 의한 역사적 인물과 사건의 내적 개연성은 기존의 시대극이 갖는 교육적이며 계몽적인 사회 공동체의 주제의식에서 벗어나 민중사적이며 개인적인 욕망의 추구를 통해서 극적 재미를 부여하고, 사료적 모티브에 대한 좀 더 흥미진진한 접근을 수용자에게 허용한다. 영화 〈왕의 남자〉2005, 영화 〈신기전〉2008, 영화 〈1724, 기방난동사건〉2008, TV 드라마 〈추노〉2010, TV 드라마 〈공주의 남자〉2011 등에서 정사와 야사의 적절한 결합을 통한 인물과 사건의 고증, 사회적 공동체의 대의적인 계몽적 주제의식에서 벗어나 작가의 의도에 따라 개연적으로 설정된 탈역사적 상상의 인물설정, 역사적 인물의 새로운 입체적인 캐릭터로 재창조, 역사적 사건의 개연성과 필연성의 불일치, 그리고 시공간의 확장 등으로 영화적 재미를 부여하였다.

이러한 영화나 드라마를 일반적으로 '퓨전 사극'이라고 하는데, 이러한 퓨전 사극의 경우 사료적 모티브를 취할 때 그것은 허구에 의해서 변용되거나 아니면 시공간적 배경만 취하고 사건과 인물이 새롭게 가공된다. 즉 스토리텔링의 모티브를 전적으로 사료에 토대를 두지 않고 픽션화하여 시대적 스토리텔링의 보편성을 추구하는 경향이다. 예를 들어, TV 드라마 〈뿌리 깊은 나무〉의 경우 세종의 한글 창제에 관한 이야기인데, 이 드라마에서 역사적 인물이자 주인공인 세종을 제외한 세종을 돕는 원조자와 적대자들은 거의 대부분 탈역사적인 인물로 작가의 상상력에 의해서 가공된 인물들이다. 아울러 사건적 모티브의 명제가 '한글창제'이지만 사건을 이끌어가는 주요한 모티브가 되는 것은 개인적 복수심과 왕권에 대한 도전이다. 그래서 이 드라마의 결말도 전형화된 계몽적이거나 역사적 사실에 입각한 필연적인 주제로 끝나는 닫힌 결말 구조보다는 한글 창제 이후 세상이 변화되는 것이 아니라 여전히 왕권에 도전하는 새로운 조직의 등장으로 열린 결말의 구조를 갖는다.

지금까지 살펴보았듯이 사료적 모티브를 있는 그대로 재현한다는 것은 오늘날같이 대중적 흥미와 재미, 그리고 문화적 교감을 중요시하는 서사적 문화콘텐츠에서는 무의미한 것이 되었다. 왜냐 하면 그것에 대한 객관적 고증과 재현은 서사적 문화콘텐츠 장르에서 '그럴듯함'이라는 리얼리티만을 제시하면 되기 때문이다. 사료적 모티브를 문화원형으로 활용하는 서사적 문화콘텐츠들에서 역사적 사실과 허구의 결합은 그것이 스토리텔링 과정에서 서사적 구성요소들인 인물, 시공간적 배경, 사건, 주

사진 10
SBS 드라마
〈뿌리 깊은 나무〉 포스터,
Copyright ⓒ 2011 SBS[46]

제 등이 변용과 치환되어 하나의 완성된 서사적 문화콘텐츠가 된다.

그러면 이러한 사료적 모티브가 서사적 문화콘텐츠에서 어떻게 활용되는가에 대한 유형은 크게 두 가지 관점에서 논의할 수 있다. 정사이든 야사이든 그것을 모티브로 취하는 방식은 크게 인물과 사건, 시대의 사회문화상이다. 역사드라마의 관점에서 본다면 피상적으로 드라마의

---

46   SBS 드라마 〈뿌리 깊은 나무〉는 이정명의 소설 『뿌리 깊은 나무』가 원작으로 김영현 · 박상연 극본, 장태유 · 신경수 연출로 총 26부작으로 제작된 시대극이다(홈페이지 tv.sbs.co.kr/root 사진 인용).

제목들만 보고 분류한 기준으로 오해될 수 있으나, 오늘날 사료적 모티브를 활용한 서사적 문화콘텐츠들, 소설, 영화, 게임, 드라마 등을 면밀히 살펴보면 주로 역사적 실존인물이나 실존했던 사건에 대한 정사와 야사의 기록, 어느 특정시대의 사회와 문화상이 반영된 인물이나 사건 등이 주요한 사료적 모티브로 활용되고 있다는 것을 알 수 있다.

2. 인물과 사건을 모티브로 취하는 문화원형의 스토리텔링

이러한 유형은 스토리텔링에 활용되는 모티브가 역사적 실존인물과 사건에 두고 있으며, 역사적 사실을 극화시켜서 약간의 이야기적 변용을 가한 서사적 문화콘텐츠들이다. 특히 1970년대와 1980년대 TV 정책사극 드라마나 영화들이 이러한 유형에 속하며 역사적 인물과 사건의 개연성은 작가의 역사인식에 의해서 약간의 변용을 가하지만 인물이나 사건의 필연성은 역사적 사실을 따르고 있다. 조선시대를 배경으로 왕권 중심의 사극들은 대부분 이러한 유형을 따르고 있는데, 이것은 정사에 대한 역사적 기록들이 풍부하기 때문이다. 반면 삼국시대나 고려시대를 시공간적 배경으로 한 건국신화나 어느 특정시대의 왕과 인물을 다룬 시대극에서는 허구에 가까운 신화적 내용을 사실적 세계관으로 현실화시키기도 한다. 그러나 역사적 기록들이 풍부하지 못해 작가의 상상력에 의해서 내적 인물과 사건들이 만들어지기도 한다. 즉 조선시대의 경우 조선왕조실록 등을 비롯한 다양한 역사적 기록들이 조선 이전 시대에 비해 풍부하기 때문에 시대극 장르에 인물설정과 사건 등에 실증적 개연성을 부여하고, 그것은 필연적으로 어떤 역사적 결과를 도출한다. 반면 삼국시대의 건국신화를 모티브로 하는 시대극 장르에서는 신화적 세계관에서 초월적 능력을 가진 국가창업의 영웅을 사실주의적인 세계관으로 끌어들이기 위한 작가의 현실 재현 상상력이 필요하다.

인물과 사건을 모티브로 취하는 서사적 문화콘텐츠의 스토리텔링에 있어서 사료적 모티브는 정사와 야사에서 찾을 수 있는데, 정사의 모티브가 서사물에 역사적 사실성을 부여한다면, 야사는 서사물에서 인물에 캐릭터의 성격을 부여하고, 사건을 좀 더 드라마틱하게 하는 특성을 갖추고 있다. 예를 들어, 이순신과 관련된 정사의 기록들이 해전에 대한 기록들의 역사적 사실성을 부여한다면, '난중일기'의 경우 이순신 개인의 야사와 같은 기록들로서 이순신의 해전을 치르며 겪는 개인적 감정들이 기록되어 있어 그것을 스토리텔링화하여 시대극을 제작한다고 할 때 이순신이라는 인물의 내적 갈등이나 인간적인 면모를 부여하는 데 중요한 사료적 모티브로 활용될 수 있다. 또한 삼국사기와 삼국유사의 역사적 기록도 전자가 정사에 비중이 큰 역사서로서 주로 객관적 사료의 모티브를 취하는 것에 활용된다면, 후자는 야사에 비중이 큰 역사서로서 주로 수용자에게 재미와 흥미를 보여주는 사료의 모티브를 취하는 데 활용된다.

이러한 유형의 모티브는 서사적 문화콘텐츠 장르에 따라서 사료적 모티브를 취하는 방식이 다른데, 연속된 TV 드라마 장르는 역사적 실존 인물의 일대기나 연대기적 플롯 전개의 방식이 주류를 이루는 반면, 영화 장르는 상영시간의 제약으로서 주로 단선적 사건의 모티브나 역사적 개연성을 보조하는 시공간적 배경으로서 제시되는 경우가 많다. 예를 들어, 영화 〈최종병기 활〉2011에서는 등장인물이 허구적 인물이고, 병자호란과 그에 따른 민간인 포로를 사건과 시공간적 모티브로 취하고 있다. 또한 동일한 사건적 모티브를 취한다고 할 때도 영화와 드라마는 이야기 전개방식과 주제의식에 차이가 있다. 예를 들어, 영화 〈연산군〉과 TV 드라마 〈연산군〉의 경우를 비교해본다면, 폐비 윤씨의 사건이 두 장르의 사건적 모티브로 제시된다. 이러한 역사적 사건의 개연성을 통해서 영화가 연산군이 흥청망청한 생활과 폐륜적 행위, 그리고 폭정을 하게 되어 어떻게 폐위되는가에 초점을 두어 개인적 가치관에 더 큰 비중을 둔다면, 드라마에서는 연산군의 개인적 정념의 갈등과 정치적 갈등관계에 초점을 두어 개인적 가치관보다는 공동체적 가치관에 더 큰 비중을 둔다. 그런데 요즘 등장하는 TV 드라마도 공동체적 가치관의 주제보다는 개인적인 가치관에 더 큰 비중을 두는 드라마가 유행하는데, KBS 드라마 〈추노〉2010의 경우 아주 사소한 추노꾼에 대한 역사적 기록[47]에서 사건적 모티브를 취한다. 그리고 작가의 상상력에 의해서 가공의 내적 등장인물이 이야기를 이끌어가고 역사적 실존인물들은 드라마의 역사적 필연성을 제시한다. 또한 기존의 TV 역사드라마가 갖는 역사적 사건의 개연성에 귀결되는 결말의 필연성으로서 닫힌 결말구조를 갖는 데 비해 이 드라마는 객관적 개연성보다는 작가의 상상력에 의해서 만들어진 사건의 개연성으로 결말의 필연성이 반드시 일치하지 않는 열린 결말 구조를 취하고 있다.

---

47   조선 중기 임진왜란과 병자호란을 겪은 후 피폐된 사회의 변화상을 이 드라마는 반영하고 있다. 조선 인조시대 외거노비와 솔거노비의 두 부류가 있었는데, 이 중에서 노비 주인의 핍박으로 인해 외거노비의 도망이 잦았다. 그래서 주인이 관아에 돈을 바쳐 도망노비를 잡는 추쇄(推刷)라는 것이 있었는데, 실제 현상금을 목적으로 도망간 노비를 잡는 추노꾼의 존재는 이 드라마가 설정한 허구이다(전형택, 『조선 양반사회와 노비』, 문현, 2010, pp.369-410).

3. 시대의 사회문화상을 모티브로 취하는 문화원형의 스토리텔링

시대의 사회문화상을 모티브로 취하는 서사적 문화콘텐츠들은 어떤 특정한 실존인물과 사건에 두지 않고 단지 어느 특정 시대의 사회문화상을 시공간적 배경으로 취하는 방식이다. 그래서 허구적 인물과 사건을 통해서 이야기가 전달되며 주제도 역사적 사료에 모티브를 두는 개연성과 필연성의 구조에서 벗어나 열린 결말 구조를 갖는다. 시대의 사회문화상이라는 것은 어느 특정 시대에 사람들이 공유하는 모든 것들인 의식주를 비롯한 사상과 정서까지 포함된다. 예를 들어, 고전소설 『춘향전』이나 『홍길동전』 등은 구체적으로 조선의 어느 시대라는 것이 명시되어 있지 않다. 다만 소설의 내용상 조선 중기라는 것을 짐작할 뿐이며, 허구적인 인물이나 사건들로 구성되어 있다. 또한 영화 〈혈의 누〉2005나 영화 〈궁녀〉2007에서도 역사적 실존인물이나 구체적인 시공간적 배경이 제시되지 않았다. 이러한 모티브를 취하는 서사적 문화콘텐츠들은 가공된 인물과 사건을 보조하는 것으로 사회문화상의 사료적 모티브를 활용하고 있다. 마찬 가지로 KBS 〈추노〉나 MBC 〈다모〉2003도 작가의 상상력에 의해 만들어진 가공의 인물과 사건을 통해서 이야기를 전개시키고 사료에 근거된 인물과 사건의 개연성을 부여하거나 그 결과도 역사적 기록과 무관하게 극적 개연성에 의해서 결말을 갖는다. 그래서 수용자가 교육을 통해서 얻은 역사적 지식에 의한 인물과 사건의 필연성을 미리 짐작할 수 없다. 또한 사극의 보편적인 장르 서사공식에서 벗어나 다양한 하위 장르적 서사전개방식이 가능하다. 그래서 MBC 〈돌아온 일지매〉2009의 경우처럼 기존의 사극에서 사용되었던 역사적 인물과 사건에 대한 고증된 내레이션의 부연 설명에서 벗어나 드라마에 친숙하게 하는 개연된 인물과 사건에 대한 소설적 화법, 만화적 지문, 액션 모험극의 장르에서 코믹한 원조자와 대립자의 설정 방식 등이 극의 재미를 부여한다.

시대적 사회문화상을 사료적 모티브로 취하는 서사적 문화콘텐츠에서 주제의식도 다양하게 변용되는데, KBS 〈추노〉의 경우 추노라는 역사적 실존 기록을 사료적 모티브로 취하고 있으면서도 추격이라는 플롯 전개를 통해서 극 전개의 역동성을 부여한다. 그리고 이야기의 내용 안에 등장하는 내적 인물들의 군상은 조선시대 반상 제도의 모순을 지적하는 동시에 그것을 타파하기 위한 민중의 저항의식을 주제로 반영하고 있어 기존의 영웅적 세계관에서 만들어지는 권력자의 정치적 주제에서 벗어나는 '민중사극'이라는 가능성을 보여주고 있다. 물론 TV 드라마 〈임꺽정〉이나 〈쾌도 홍길동〉도 민중사극의 관점을 취하고 있지만 서사전개 방식은 영웅적 모험담의 방식을 취하고 있다. 그러나 이 드라마는 천대받는 노비와 그것을 쫓는 천한 추노꾼들의 쫓고 쫓기는 추격의 사건전개방식을 취하고 있어서 영웅적 모험담의 일원적인 결말구조와 주제의식에서 벗어나 조선시대를 민중사적 관점에서 새롭게 해석하고, 그러한 플롯 구조에서 주인공들이 갖는 역사 발전과정의 새로운 주체 형성에 대한 변용으로 주제의 담론을 읽을 수 있다.

표 22 사료적 모티브의 영상콘텐츠 사례와 문화원형의 재현방식

사료적 모티브	영상콘텐츠 사례 (TV 드라마와 영화)	문화원형의 재현방식
[이성계의 조선 건국과 관련된 사료들] • 인물: 창왕/최영/정도전/권근/남은/배극렴 등 • 사건: 위화도회군/한양천도/함흥차사 등 [이방원의 왕위계승과 왕권강화와 관련된 사료들] • 인물: 하륜/이숙번/이천우/민무구·민무질 등 • 사건: 정몽주와 온건파 제거/왕자의 난/공신 숙청/외척 숙청/세자책봉 등	KBS 〈용의 눈물〉(1996)	정사 > 야사 > 작가적 상상력
[세종의 조선왕조와 국가제도의 기틀 마련] • 인물: 황희/소헌왕후/정인지/최만리/장영실/성삼문/박팽년/조말생/맹사성/윤회/박연/김종서 등 • 사건: 세자책봉/한글창제/집현전 설립/아악·향악 정비/천문학과 과학 등	영화 〈세종대왕〉(1964)	야사 > 작가적 상상력 > 정사
	KBS 〈대왕세종〉(2008)	작가적 상상력 > 정사 > 야사
	SBS 〈뿌리 깊은 나무〉(2011)	작가적 상상력 > 정사 > 야사
	영화 〈신기전〉(2008)	작가적 상상력 > 정사
[단종의 죽음·수양대군과 사육신에 관련된 사료들] • 인물: 수양대군/한명회/신숙주/김종서/안평대군/황보인/정인지/정창손/김질/신숙주/성삼문/박팽년/하위지/금성대군/단종/문종 등 • 사건: 계유정란/세조찬위/단종유배/단종 죽음/조의제문 사건/단종복위사건/사육신과 생육신/이징옥의 난/현덕왕후 부관참시/이시애 반란 사건 등	영화 〈단종애사〉(1964)	작가적 상상력 > 야사 > 정사
	MBC 〈설중매〉(1984)	야사 > 정사 > 작가적 상상력
	KBS 〈한명회〉(1994)	야사 > 정사 > 작가적 상상력
	KBS 〈왕과 비〉(1998)	정사 > 야사 > 작가적 상상력
	KBS 〈공주의 남자〉(2011)	작가적 상상력 > 야사 > 정사

(계속)

사료적 모티브	영상콘텐츠 사례 (TV 드라마와 영화)	문화원형의 재현방식
[성종과 정현왕후 폐비, 요부사건과 사림세력의 등장과 관련된 사료들] • 인물: 공혜왕후 한씨/정현왕후 윤씨/정인지/한명회/신숙주/어우동/정희왕후 등	영화 〈어우동〉(1985)	야사 > 작가적 상상력 > 정사
• 사건: 정희왕후 수렴청정/어우동 사건/훈구파 제거/사림세력 등장/폐비윤씨 사건/서자 차별 강화 등	SBS 〈왕과 나〉(2007)	작가적 상상력 > 야사
[연산군의 사화와 붕당정치에 관련된 사료들] • 인물: 성종/장녹수/김처선/폐비윤씨/정현왕후/인수대비/임사홍/신씨/윤구/윤필상/이극돈/유자광/김일손/성희안/박원종/월산대군 부인 박씨/안양군/봉안군 등 • 사건: 무오사화/갑자사화/연산군의 폐륜/연산군의 횡포 등	영화 〈연산군〉(1987)	작가적 상상력 > 야사 > 정사
	영화 〈연산일기〉(1988)	작가적 상상력 > 야사 > 정사
	KBS 〈장녹수〉(1995)	작가적 상상력 > 야사 = 정사
	영화 〈왕의 남자〉(2005)	작가적 상상력 > 야사
	KBS 〈왕과 비〉(1998)	정사 > 작가적 상상력 > 야사
	SBS 〈왕과 나〉(2007)	작가적 상상력 > 정사 > 야사
[중종의 반정, 사림의 정치세력 등장에 관련된 사료들] • 인물: 단경왕후 신씨/장경왕후 윤씨/문정왕후 윤씨/조광조/윤임/윤원형/이황/김안로/남곤/ 심정/대윤/소윤/이언적/황진이/서경덕/이종숙 등 • 사건: 기묘사화/신사무옥/삼포왜란/작서의 변/인종의 죽음 등	영화 〈황진이〉(1986)	작가적 상상력 > 야사
	KBS 〈조광조〉(1996)	정사 > 야사 > 작가적 상상력
	SBS 〈여인천하〉(2001)	작가적 상상력 > 정사 > 야사
	MBC 〈대장금〉(2003)	작가적 상상력 > 정사
	KBS 〈황진이〉(2006)	작가적 상상력 > 야사
	영화 〈황진이〉(2007)	작가적 상상력 > 야사
[명종과 외척 정치, 임꺽정 사건에 관련된 사료들] • 인물: 문정왕후/윤원형/윤님/이황/기대승/이준경/이언적/임꺽정 등	SBS 〈임꺽정〉(1996)	작가적 상상력 > 야사 > 정사

(계속)

사료적 모티브	영상콘텐츠 사례 (TV 드라마와 영화)	문화원형의 재현방식
• 사건: 외척정치/을사사화/임 껙정 사건/을묘왜변/양재역의 벽사사건 등		
[임진왜란과 관련된 사료들] • 인물: 이준경/유성룡/이순신/ 이황/이이/이산해/윤두수/정 철/성혼/심의겸/김효원/이덕 형/이항복/권율/원균/신립/김 시민/조헌/곽재우/정여립/허 준 등 • 사건: 사림들의 분당(동인/서 인)/분당정치/정여립의 모반 사건/임진왜란/이순신의 해 전/의병활동/영창대군 사사와 인목대비 서궁폐출 사건/ 등	MBC 〈임진왜란〉(1985)	정사 > 야사 > 작가적 상상력
	KBS 〈불멸의 이순신〉 (2004)	작가적 상상력 > 야사 > 정사
	영화 〈구르믈 버서난 달 처럼〉(2010)	작가적 상상력 > 정사
	MBC 〈허준〉(1999)	작가적 상상력 > 야사 > 정사
[광해군의 개혁, 인조반정, 병자호 란에 관련된 사료들] • 인물: 이산해/이이첨/강홍립/허 준/인빈김씨/인조/김자점/이 귀/이괄/소현 세자/최명길/송 시열/김집/김만중 등 • 사건: 인목왕후 폐출/영창대 군 · 임해군 사사/명과 후금의 전쟁 파병철회/전란수습/제도 개혁/인조반정/병자호란/환향 녀/이괄의 난 등	MBC 〈서궁〉(1995)	정사/작가적 상상력 > 야사
	MBC 〈허준〉(1999)	작가적 상상력 > 야사 > 정사
	SBS 〈왕의 여자〉(2003)	작가적 상상력 > 정사
	KBS 〈추노〉(2010)	작가적 상상력 > 야사 > 정사
	영화 〈혈투〉(2011)	작가적 상상력 > 정사
	영화 〈최종병기 활〉(2011)	작가적 상상력 > 야사 > 정사
	영화 〈광해, 왕이 된 남자〉 (2012)	작가적 상상력 > 정사 > 야사
[숙종 · 인현왕후 · 장희빈 등과 관 련된 사료들] • 인물: 숙종/장희빈/인현왕후/ 장길산/안용복/송시열/김수 항/이이명 등	MBC 〈장희빈〉(1974)	-
	MBC 〈장희빈〉(1982)	-
	MBC 〈조선왕조오백년- 인현왕후〉(1988)	-
	SBS 〈장희빈〉(1995)	야사 > 작가적 상상력 > 정사

사료적 모티브	영상콘텐츠 사례 (TV 드라마와 영화)	문화원형의 재현방식
• 사건: 갑인예송/남인 · 서인 · 노론 · 서론 당파싸움/환국정치/인현왕후 폐위 기사환국/갑술환국/검계 · 살주계 · 미륵교도 민중운동과 밀란/ 흉년/ 홍수으로 인한 조선 최악의 인구감소	KBS 〈장희빈〉(2003)	야사 > 작가적 상상력 > 정사
	KBS 〈다모〉(2004)	작가적 상상력 > 정사
	SBS 〈장길산〉(2004)	작가적 상상력 > 야사 > 정사
	MBC 〈동이〉(2010)	작가적 상상력 > 정사
[영조와 정조의 조선 중흥기 시대의 사료들] • 인물: 사도세자/혜경궁 홍씨/김한구/홍계희/윤급/김일경/윤지/이인좌/조태채/목호룡/홍국영/채제공/정민시/정약용/이가현 등 • 사건: 사도세자 폐세자 사건/이인좌의 난/노론과 소론의 당파싸움/탱평책/황성축조/친위부대 장용위 설치/규장각 강화 등	MBC 〈조선왕조 500년 한중록〉(1988)	정사 > 작가적 상상력 > 야사
	영화 〈영원한 제국〉(1995)	작가적 상상력 > 정사
	MBC 〈홍국영〉(2001)	작가적 상상력 > 정사 > 야사
	MBC 〈어사 박문수〉(2002)	작가적 상상력 > 야사 > 정사
	채널CGV 〈정조암살미스터리-8일〉(2007)	작가적 상상력 > 정사
	MBC 〈이산〉(2008)	작가적 상상력 > 정사 > 야사
	SBS 〈바람의 화원〉(2008)	작가적 상상력 > 정사
	OCN 〈조선추리활극 정약용〉(2009)	작가적 상상력 > 정사
	KBS 〈성균관 스캔들〉(2010)	작가적 상상력 > 정사
	KBS 〈거상 김만덕〉(2010)	작가적 상상력 > 정사 > 야사
	영화 〈조선명탐정-각시 투구꽃의 비밀〉(2011)	작가적 상상력 > 정사
	SBS 〈무사 백동수〉(2011)	작가적 상상력 > 정사

(계속)

사료적 모티브	영상콘텐츠 사례 (TV 드라마와 영화)	문화원형의 재현방식
[순조 · 헌종 · 철종, 세도정치 시대의 사료들] • 인물: 정순왕후/효명세자/순빈 임씨/김조순/홍경래/심환지/정약용/백낙신/최제우 등 • 사건: 세도정치/안동김씨와 풍요조씨의 외척들의 세도정치/신육박해/진주민란/홍경래의 난/오가작통법/동학 등	MBC 〈상도〉(2001)	작가적 상상력 > 정사 > 야사
[외세간섭과 개화기, 한일 합방 시대의 사료들] • 인물: 명성왕후/흥선대원군/영보당 이씨/대왕대비 조씨/조성하/정원용/최익현/민영익/김옥균/박영효/김홍집/유길준/ 이완용/순종/이준 등 • 사건: 흥선대원군 섭정/제너럴셔먼호 사건/쇄국/강화도 조약/임오군란/을미사변/갑신정변/갑오경장/아관파천/청일전쟁/대한제국 선포/동학혁명/러일전쟁/한일합방 등	영화 〈개벽〉(1991)	작가적 상상력 > 야사 > 정사
	KBS 〈찬란한 여명〉(1995)	작가적 상상력 > 정사 > 야사
	KBS 〈명성황후〉(2001)	정사 > 작가적 상상력 > 야사
	MBC 〈조선 과학수사대 별순검〉(2005)	작가적 상상력 > 정사
	영화 〈불꽃처럼 나비처럼〉(2009)	작가적 상상력 > 정사
	SBS 〈제중원〉(2010)	작가적 상상력 > 야사 > 정사

04

도상적 모티브를 갖춘 문화원형의 스토리텔링

1. 도상적 모티브의 개념과 유형

도상적 모티브는 문화원형의 활용적 측면에서 디자인형 주제의 소재들 또는 정보자료형 소재들을 문화콘텐츠로 활용하는 것이다. 예를 들어, 회화, 미술, 공예, 음악, 군사, 외교, 복식, 음식, 건축들이나 과학기술, 교통, 통신, 천문, 풍수지리, 의례, 놀이, 연희 등의 소재들이라고 할 수 있다. 이러한 문화원형의 소재들을 도상기호로 활용하는데, 예를 들어, 고구려 고분벽화 속 캐릭터, 그림 속 배경과 인물 등을 스토리텔링의 동기로 채택한 것이다. 대표적인 사례는 신윤복의 그림을 스토리텔링의 서사적 동기로 채택한 소설 〈바람의 화원〉, TV 사극 〈바람의 화원〉, 영화 〈미인도〉 등이 대표적이다. 주로 도상적 모티브는 시대의 생활상으로서 의식주와 관련된 의상, 소품, 무대세트, 생활풍습 등의 시공간적 문화배경을 설정하는 데 활용된다.

도상적 문화원형들에는 그것의 유형, 제작 동기, 시대적 사회문화상

등이 반영되어 있다. 그래서 우리가 길가에서 볼 수 있는 흔한 꽃과 나무도 그것과 관련된 전설이나 민담 등이 그것들과 연관되어 하나의 스토리텔링의 소재가 될 수 있다. 더불어 고구려 고분벽화만 보더라도 당시 사람들의 의복 형태, 생활상^{무용, 씨름, 수렵}, 신앙과 사상 등 고구려 시대의 시대문화상이 반영되어 있다고 볼 수 있으며, 그것은 오늘날 고구려 시대의 생활양식에 대한 인문학적 연구뿐만 아니라 도상적 이미지들을 통해서 그것을 시각적 문화콘텐츠 또는 스토리텔링을 통해서 서사적 문화콘텐츠로도 활용할 수 있다. 특히 성화나 탱화, 풍속화 등의 미술과 같은 도상적 이미지는 그 안에 담긴 인물 또는 다양한 시각적 텍스트들을 통해서 그것에 담긴 상징적 의미를 통해서 단순히 작가의 예술적 창작의 산물인 동시에 사회문화적 산물로서 해석될 수 있다. 즉 그림 속에 담긴 예술적 가치보다 그것이 갖는 사회문화적 가치를 해석하는 것은 스토리텔링의 상상력을 뒷받침하는 중요한 토대가 된다. 예를 들어, 댄 브라운의 추리소설『다빈치 코드』에서 천재화가 레오나르도 다빈치의 성화 〈최후의 만찬〉, 〈모나리자〉, 〈암굴의 성모〉 속에 숨겨진 비밀코드와 그와 관련된 카톨릭 비밀조직 시온 수도회의 비밀과 연쇄살인 사건의 음모를 파헤치는 내용이다. 이 소설에서 다빈치의 그림들은 이 작품의 사건적 모티브를 제공하여 작가적 상상력에 의해서 다빈치의 그림 속에 담긴 텍스트들의 상징적 의미를 새롭게 해석하여 하나의 사건적 모티브를 만들어내었다.

2. 도상적 모티브의 스토리텔링 전략

도상적 모티브를 서사적 문화콘텐츠의 이야기 소재로 활용하는 경우 스토리텔링의 가장 중심적으로 활용되는 모티브가 이야기의 출발점이 되거나 어떤 개연적 사건을 제시하는 것으로 활용되거나 궁극적으로 작품이 갖는 주제를 반영하기도 한다. 도상적 모티브와 관련된 인물과 사건을 스토리텔링의 모티브로 취하는 서사적 문화콘텐츠에 대한 사례로 연극 〈길 떠나는 가족〉1991[48]이 대표적이라고 할 수 있다. 이 연극의 서사적 모티브는 한국 근대미술의 천재적인 화가 이중섭의 그림인 〈길 떠나는 가족〉, 〈소〉, 〈아이들과 물고기〉가 중요한 연극의 소재가 되었다. 화가로서 이중섭의 삶과 가족에 대한 사랑은 그의 대표적인 작품들에 드러나 있는데 〈소〉라는 작품은 그의 아름다운 어린 시절에 대한 회상으로, 〈길 떠나는 가족〉과 〈아이들과 물고기〉는 예술가로서 궁핍한 삶에서 위로받고 싶고, 그가 꿈꾸는 행복이었던 가족들과의 재회가 반영된 작품들이다. 이러한 이중섭과 그의 예술세계를 작가는 스토리텔링의 소재로 활용하였다.

이 연극은 '소'를 그리기 좋아하는 천재적인 그림 실력을 가진 맑은 영혼의 청년, 이중섭이 스승의 권유로 일본에 유학을 가서 실력을 인정받고 그곳에서 사랑하는 여인을 만나고 가족을 이루었지만 해방과 함께 한국전쟁의 피폐한 사회 속에서 순수예술을 고집하다 결국 심한 생활고와 일본으로 떠난 사랑하는 아내와 아들에 대해 그리워하다 결국 폐인으로

---

[48] 연극 〈길 떠나는 가족〉은 김의경 극작으로 서울연극협회와 극단 서울공장의 주체로 1991년 아르코예술극장에서 공연되었고, 그해 서울연극제 대상, 희곡상, 연기상을 수상한 작품이다.

사진 11
연극 〈길 떠나는 가족〉 포스터,
Copyright ⓒ 2009 서울연극
협회 · 극단 서울공장[49]

죽음에 이르는 이야기이다. 이 연극은 예술에 대한 사랑과 가족에 대한 그리움으로 살다간 화가 이중섭에 대한 주위 동료와 가족들의 증언들이 이중섭의 그림들과 결합되어 이야기를 만들어내고 있다.

우리가 고화古畵를 감상할 때 그것을 그린 작가의 의도나 사상, 표현 기법, 표현주제, 그리고 시대상을 오늘날 우리 시대의 문화적 감성과 인문학적 연구로 고화가 갖는 다양한 의미들을 분석하고 가치를 발견하듯

---

49 연극 〈길 떠나는 가족〉은 2009년 서울연극제 출품작품으로 서울연극협회 주최, 극단 서울공장 제작으로 2009년 5월 18~23일까지 아르코예술극장에서 공연되었다(극단 서울공장 홍보 포스터 사진 인용).

이 도상적 모티브를 취한 서사적 문화콘텐츠는 그것이 창조된 동기와 관련된 인물과 사건, 그리고 그것이 반영하고 있는 시대의 정치·사회·문화상에 대한 인문학적 연구성과와 작가적 상상력으로 충분히 성공할 수 있는 문화 상품이 될 수 있는 문화원형을 갖추고 있다.

3. 도상적 모티브를 소재로 한 여성국극 〈풍류화객, 신윤복〉[50]의 스토리텔링

혜원 신윤복에 대한 문화원형은 그가 남긴 여러 풍속화들이다. 그동안 인문학적으로나 예술사학적 측면에서 신윤복에 대한 가치평가는 그가 남긴 독특한 풍속화들속에서 행해져왔다. 신윤복의 문화원형을 인문학적으로 평가를 할 때, 김홍도가 서민의 소박한 일상사를 해학적으로 표현했다면 신윤복은 시대적으로 금기시되는 소재로서 천한 기녀妓女들과 양반들의 성풍속도를 그려서 엄격한 유교주의 사회에 대한 저항정신이 내재되어 있으며 풍류의 정서를 담고 있다고 평가한다. 역사의 기록에 따르면 신윤복에 대한 기록은 단지 세 줄일 뿐이다. "자 입부笠父, 호 혜원蕙園, 본관 고령高靈, 첨사 신한평申漢枰의 아들, 벼슬은 첨사다. 풍속화를 잘 그렸다."[51]이다. 하지만 신윤복이라는 인물과 그가 남긴 풍속화들을 포함

---

50 여성극극 〈풍류화객, 신윤복〉은 필자 한교경이 신윤복의 대표적인 풍속화들에서 스토리텔링의 모티브를 제공하고, 극작가 김차호가 극작한 작품이다. 이 공연작품은 사단법인 한국여성국극예술협회 주최로 홍성덕 예술총감독, 박종철 연출로 2009년 8월 21일 국립국악원 예악당에서 공연되었다.

51 1928년 한국미술사를 총정리한 오세창(嗚世昌)의 『근역서화징(槿域書畵徵)』에 신윤복에 대한 간략한 기록만 전한다.

하는 문화원형은 이정명의 소설『바람의 화원』, 전윤수 감독의 영화 〈미인도〉, SBS 드라마 〈바람의 화원〉으로 서사적 문화콘텐츠로 제작되었다. 이것은 그동안 인문예술사적으로 신윤복에 대한 가치평가가 확대되어 문화산업적 가치를 재발견하게 된 것이다. 물론 이러한 사례들은 '신윤복 문화원형'을 작가적 상상력에 의해서 스토리텔링storytelling화되어 신윤복을 남장여성화男裝女性化된 인물설정과 새로운 사건설정을 통해서 역사적 기록과 전혀 다른 인물로 창조되었다. 하지만 문화콘텐츠 사례들에서도 변화하지 않는 고유의 원형성으로서 신윤복의 풍속화들이 갖는 미술사적 원형성은 여전히 존재하며, 문화콘텐츠 사례들을 통해서 대중은 문화원형으로서 신윤복에 대해서 쉽게 이해하고, 시대가 요구하는 다양한 문화적 정서 또는 감성으로 콘텐츠를 평가한다. 이러한 사례들은 이미 2008년 한해 우리 문화산업계를 뜨겁게 달군 '신윤복 신드롬'을 낳았다. 그래서 소설에서부터 만화, 영화, 드라마, 공연으로까지 콘텐츠의 시너지 효과를 얻어 전통 문화원형의 문화콘텐츠화 사업의 대표적인 성공사례로 꼽힌다.

신윤복을 남장여성화시킨 서사적 문화콘텐츠 사례들이 신윤복의 역사적 실존인물을 여성화된 인물로 설정한 것은 1758년으로 출생연도에 대한 기록은 있으나 그의 사망연도에 대한 기록이 없는 것이다. 그것은 그의 삶에 대한 역사적 기록은 없으나 분명 미스터리한 삶을 살았을 것이라는 추측이 가능하다. 특히 그의 젊은 시절 풍속화들에서 볼 수 있는 소재로서 기녀들의 일상생활, 무녀, 춘화 등에 대한 그림의 소재적 측면과 그의 풍속화 속에서 양반계급을 비롯한 승려, 사내들의 관음적 시선들, 그리고 세련되고 화려하고 섬세한 색의 사용과 묘사 등을 분석해볼 때 여

사진 12 여성국극 〈풍류화객, 신윤복〉 포스터, Copyright ⓒ 2009 (사)한국여성국극예술협회[52]

성적 감수성이 풍속화들에 담겨 있다는 것에서 인물 설정의 작가적 상상력이 작용한 것으로 추측할 수 있다. '신윤복은 여자였다'는 인물의 설정에서 이야기의 모티브로 삼아 그것으로 인해 발생할 수 있는 여러 사건들이 서술될 수 있고, 신윤복이 남긴 풍속화들은 사건들에 복선 역할을 하거나 작품이 갖는 주제를 상징하는 역할도 할 수 있다. 특히 이러한 역사적 실존인물에 대한 역설적인 변용은 수용자로 하여금 서사적 호기심과 흥미를 이끌어낼 수 있다. 즉 기존에 영화, 드라마, 소설 등으로 서사적 문화콘텐츠화된 신윤복의 모티브는 역사적 인물에 대한 것을 서사적 모티브로 활용하고 있다.

반면 여성국극女性國劇[53] 〈풍류화객, 신윤복〉2009은 기존에 소설·영

---

52 (사)한국여성국극예술협회, 여성국극 〈풍류화객, 신윤복〉, 2009.8.20~8.21, 공연 리플릿 사진 인용.

53 여성국극(女性國劇)은 19세기 중반 판소리에 여류명창의 등장과 여성 전통예인들의 歌·舞·樂판에서 그 유래를 찾을 수 있다. 20세기 초 서양 공연예술이 국내에 유입되면서 판소리가 입체창으로 발전하고 다시 극예술 형태를 띤 창극(초기에는 국극(國劇)으로 불림)으로 발전하면서 여성국극으로 분파된 극예술이다. 1948년 우리 여류 판소리계의 명창 김소희, 박귀희, 박녹주 명창이 결성한 '여성국악동우회'에서 그 원류를

화·드라마에서 보여주었던 남장여성화시킨 신윤복의 인물설정에서 벗어나 실제 역사적 기록을 토대로 하여 남성적인 인물설정으로 하여 풍속화가 신윤복의 사랑을 극예술화시킨 작품이다. 특히 여자가 남장하여 배우로 출연하는 여성국극이라는 장르의 특징과 잘 조화될 수 있고, 대중문화에서 '신윤복 신드롬'으로 유행하던 문화적 트렌드를 한국형 뮤지컬 여성국극의 인물설정에 반영하였다. 또한 '신윤복 문화원형'이 문화콘텐츠화된 사례들에서 설정된 사건들의 전개방식에서 벗어났다. SBS 드라마 〈바람의 화원〉에서 추리극과 멜로드라마의 서사관습으로서 원한과 복수, 경합을 통한 주인공과 적대자의 갈등 전개양상 등의 특징이라든지 에로티시즘 영화가 갖는 성에 대한 금기된 욕망과 파멸이라는 영화 〈미인도〉와 같은 서사적 관습에서 벗어난 형태를 취하려고 하였다. 그래서 한국 고유의 전통연희에서 볼 수 있는 소박한 민중의 풍자와 해학성으로 이 작품의 인물과 사건을 설정하였다.

여성국극 〈풍류화객, 신윤복〉은 기존에 조선시대를 배경으로 하는 한국 고전소설을 원작으로 하는 여성국극의 작품 성향에서 벗어나고, 영웅 중심의 사극적 작품 성향에서 벗어난 작품이다. 신윤복이 남긴 풍속화속의 연출된 인물들의 행동과 모습들에서 도상적 모티브를 스토리텔링의 소

찾을 수 있다. 여성국악동우회는 남성 중심의 판소리와 창극계에서 여성 전통예술인의 인권신장과 자유로운 예술활동을 위해서 여성들만이 무대에 출연하는 〈옥중화-춘향전〉(1948)을 선보여 여성국극의 탄생을 알렸다. 이후 1949년 〈햇님 달님〉이 성공으로 여성국극의 전성시대를 열었다. 한국동란 이후 어르신 세대에게 여성국극은 오늘날 뮤지컬과 영화보다도 더 큰 인기를 누렸던 가장 대중적인 공연예술 장르였다. TV와 영화의 흥행으로 1970년 이후 대중의 관심 밖으로 물러났지만 여전히 여성국극은 전 세계 어디에도 없는 한국의 가장 독창적인 전통극예술 장르이자 한국 뮤지컬의 효시로 명맥을 유지해오고 있다. 여성국극은 우리 소리 문화의 걸작인 판소리의 창(唱), 전통연희놀이의 연기와 춤등이 결합된 총체적 종합예술극으로 평가받고 있다(사단법인 한국여성국극예술협회 보도자료, 「여성국극이란 무엇인가」, 2009).

재로 활용하였다. 즉 신윤복의 대표적인 풍속화들인 〈단오풍정〉, 〈쌍검대무〉, 〈주유청강〉, 〈미인도〉에서 연출된 상황과 인물들에 대한 묘사에서 사건을 전개시키는 서사적 모티브로 활용하였다. 신윤복이 남긴 풍속화들에서 주요 인물로 등장하는 기녀들, 허구적 인물로 등장시켜서 신윤복과 기녀 간의 사랑이 중심적인 이야기의 소재가 되었다. 그래서 이 공연에 등장하는 신윤복의 대표적인 풍속화들은 사건전개의 장소적 배경과 그 배경 속에서 일어나는 사건적 모티브를 제공해준다. 이 작품의 줄거리는 〈표23〉과 같다.

이 작품에서 신윤복은 화원 집안의 서자출신으로 양반이 될 수 없는 불운한 태생으로 어릴 적부터 학문과 그림에 조예가 깊었으나 자신이 양반사회의 일원이 될 수 없는 신분제도에 한계를 극복하지 못하고 어쩔 수 없이 도화서 화원이 된 신윤복의 불완전한 인간으로 설정하였다. 이러한 인물 설정을 통해서 주인공이 갈망하는 사랑, 여인 예기藝技를 얻고, 그 과정에서 협력자와 적대자들이 허구적 인물로 설정되었다. 이 작품은 멜로드라마의 성격이 강한데, 신윤복과 예기의 애정적 관계와 탐관오리의 적대적 관계 형성을 통해서 궁극적인 사랑을 이루기 위한 커플이 어떻게 그들을 방해하는 적대자를 물리치고 목적을 달성하는 플롯 구조를 갖고 있다. 또한 이 작품의 주제도 신윤복의 풍속화 그림들에 내재된 양반사회의 풍류문화에 대한 풍자와 해학의 시대적 정신을 공연 속에 반영하고 있다. 여성국극 〈풍류화객, 신윤복〉이 신윤복의 풍속화와 관련된 도상적 모티브를 어떻게 활용하였는가를 각 장면별 대본과 비교하여 살펴보면 다음과 같다.

표 23 여성국극 〈풍류화객, 신윤복〉 공연 시놉시스[54]

구 분		내 용
제1장	종로 권번가 골목	때는 조선 영조 54년이라. 궁중 도화서 화원 신윤복과 동료들이 궁중 진찬연에서 영조 임금 어진화사를 그려 하사한 돈으로 술을 마시고 종로 권번가 골목을 헤매인다.
제2장	향춘당	동료들이 졸라서 신윤복은 향춘당이라는 기방으로 들어가 기녀들과 함께 노는데, 옆방에서 한양 제일의 예기 매향이 병조판서 맹참판에게 수모를 당하게 된다. 그러자 신윤복이 나서서 맹참판의 행실을 꾸짖고 매향을 구해준다. 그녀의 소리와 미색에 반한 신윤복은 향춘당 하녀 향이에게 매향의 과거에 대해서 듣게 되고, 매향에게 연민을 갖게 된다.
제3장	북한산 정자루 (쌍검대무)	어느 날 신윤복은 지물전 최씨 영감과 김 판서의 잔치에 초상화를 그리러 왔다가 우연히 검무를 추고 있는 매향을 보게 되고, 매향의 몸종 향이에게 매향이 바깥출입하는 날을 알려달라고 한다. 향이는 매향이 관기에서 벗어나게 하려면 2천 냥이 필요하며, 자신이 그 돈을 모으는 중이니 매향의 바깥출입을 하는 날을 알려면 돈을 내놓으라고 한다. 신윤복과 향이의 얘기를 엿듣던 지물전 최씨 영감이 신윤복에게 춘화를 그리면 큰 돈을 벌 수 있다고 꼬인다. 하지만 신윤복은 거절한다.
제4장	세검정 (단오풍정)	단옷날 세검정에서 향춘당 기녀들이 그네를 타고 먹을 감으며 즐거운 한때를 보내는데, 신윤복과 최씨 영감이 몰래 엿보다가 기녀들에게 된통 혼쭐이 난다.
제5장	선유도 뱃놀이 (주유청강)	선유도 뱃놀이에서 최진사는 맹참판 아들 현이를 불러 맹참판에게 인사청탁을 해달라고 하며 맹참판에게 향춘당의 매향과 기녀들을 붙여준다. 신윤복은 향춘당에 악사로 왔다고 속이고 뱃놀이에 악사로 끼어드는데, 맹참단 아들 현이가 매향을 모욕하는 행위를 하자 그만 현이과 한량들을 물에 빠뜨린다. 그것이 인연이 되어 매향은 신윤복과 얘기를 나누게 되고, 신윤복은 매향의 과거를 이해한다고 하고 화원 집안에 태어나 자신의 어머니도 예

54   사단법인 한국여성국극예술협회, 『풍류화객 신윤복』, 공연프로그램 인용, 2009.

구분		내용
제5장	선유도 뱃놀이 (주유청강)	기 출신이라서 자신이 문과에 응시하지 못해 화원으로 살아갈 수밖에 없는 신세를 말하자 둘은 서로 간에 동병상련의 감정을 느끼게 된다.
제6장	매향의 방 (미인도) 맹 참판 댁	결국 신윤복은 매향에게 자신의 그림에 주인공 되어달라고 부탁을 하고 이것이 인연되어 둘은 서로 사랑하게 된다. 한편 자신의 아들 현이까지 신윤복에게 모욕을 당하자 분게한 맹참판은 신윤복을 가만두지 않으려고 자신의 비밀장부를 관리하고 있는 지물전 최씨를 꾀여서 계략을 꾸미게 된다.
제7장	의금부 관아	매향을 관기에서 구출하려는 신윤복은 지물전 최씨가 요구한 춘화를 그리게 되는데, 이것이 장안에 화제가 되어 그만 의금부 옥사에 풍기문란죄로 갇히게 된다. 이것이 맹참판이 꾸민 계략이라는 것을 안 매향과 향춘당 행수기생 도화는 신윤복을 옥사에서 풀려나게 하려고 맹참판을 찾아가 사정을 한다. 매향이 맹참판 요구대로 맹참판의 첩이 되겠다고 하고 신윤복을 풀어줄 것을 요구한다. 일찍부터 매향의 재주를 아끼던 향춘당 행수기생 도화는 신윤복이 옥사에서 풀려나는 대로 둘이 멀리 도망가라고 한다. 향춘당 행수가 다시 옥사를 찾아갔는데, 맹참판에게 사기를 당한 최 진사와 춘화도를 유통한 죄로 지물전 최씨 영감이 옥사에 갇힌 것을 보게 된다. 최씨 영감은 행수기생 도화에게 자신이 맹참판의 비리가 낱낱이 적혀 있는 비밀장부를 갖고 있다고 하고, 그것을 의금부사에게 넘기라고 부탁한다.
제8장	향춘당 혼례식	도화 행수기생은 맹참판의 비밀장부를 의금부사에게 넘기고, 맹참판은 의금부로 압송된다. 신윤복은 옥사에서 풀려나 매향과 향춘당에서 도화서 동무들과 향춘당 식구들 앞에서 혼례를 올린다.
제9장	길 떠나는 풍류화객	신윤복과 매향은 혼례를 올리고 둘이 갈구하던 풍류화객, 풍류가객으로 멀리 떠난다.

　제2장 향춘당 장면은 신윤복의 풍속화 중에서 〈홍루대주紅樓待酒〉, 〈주사거배酒肆擧盃〉, 〈유곽쟁웅遊廓爭雄〉의 그림 상황을 변용시켰다. 이 장면에서는 이 작품에 등장하는 중요한 인물들이 등장하고 각 인물이 갖는 인물의 성격이 대조적으로 묘사되어 있다. 향춘당에서 매향이 맹참판에게 모욕을 당하는 사건을 통해서 신윤복이 성취하고자 하는 대상인 예기 매향을 우연히 만나게 되고, 그녀를 구해준다. 동시에 맹참판과 대화를 통해서 적대적 관계가 설정되고 맹참판은 젊은 화원에게 무시를 당한다. 향춘단에서 신윤복과 맹참판의 대결구도는 향후 맹참판이 신윤복을 곤경에 빠뜨리게 하고, 그것을 신윤복이 어떻게 극복하고 그가 사랑하게 되는 매향을 어떻게 얻게 되는지를 이 장면의 사건을 통해서 앞으로 전개될 사건의 동기를 제시한다.

사진 13
신윤복 작,
〈홍루대주〉,
혜원풍속도첩,
간송미술관 소장

사진 14
신윤복 작,
〈주사거배〉
혜원풍속도첩,
간송미술관 소장

사진 15
신윤복 작,
〈유곽쟁웅〉,
혜원풍속도첩,
간송미술관 소장

제2장 향춘당

무대 배경막 앞 덧마루의 무대 가운데 두 개의 방이 보이고 무대 상수 쪽 방은 암전되어 있고, 무대 하수 쪽 방이 밝아지며 신윤복과 그 일행들이 잔칫상 앞에 앉아 왁자지껄 술잔을 나누며 떠들고 있다.

도호:　　　　　　　자자자, 윤복이 한잔 받게나. (신윤복이 술잔을 들어 술을 받는다.)

덕이:　　　　　　　(무대 하수 쪽을 향해) 이보게? 도화 행수?

도화(행수기생): (무대 하수 쪽 아래에서 덧마루부로 향춘당 행수기생 도화가 올라오며) 급하기도 하셔라. (도호 옆에 앉는다.)

덕이:　　　　　　　오늘 이 향춘당이 들썩들썩 한가 보오.

도화(행수기생): 호호호, 그야, 덕이 화원께서 납시셨으니 그렇지.

덕이:　　　　　　　어서, 우리에게 예쁜 계집 좀 붙여주어야지. 뭐해?

도화(행수기생): 오늘 여기 오신 양반들은 누구신가?

덕이:　　　　　　　내 도화원 동무들일세.

도화(행수기생): (길성을 가리키며) 여기 오신 분은 지난번 보았고, (도호를 가리키며) 저기 어르신도 지난번 보았는데. (신윤복을 바라보며) 오늘 처음 뵙는 분이 있네. 호남의 면색에 아주 사대부 기품이 철철 넘치지요. 호호호.

도호:　　　　　　　이보게? 행수, 오늘 아주 귀한 분을 모시고 왔지. 이 동무는 말이야. (신윤복의 등을 손으로 두드리며) 우리 도화서 최고의 화원으로 호는 혜원 자는 신윤복이라. 앞으로 잘 모시게. 장차 조선 제일의 화원이 될 분일세.

도화(행수기생): 어쩐지, 여기 능청맞은 분들과는 격이 달라서 말이야.

길성:　　　　　　　이 사람 보게나. 하하하……. 어서 예쁜 계집들 좀 보여주게나.

도화(행수기생):　당연히 그래야지요. 오늘 기생점고는 제가 해드리죠. (무대 하
　　　　　　　　수 쪽 바라보며 입에 손을 대고) 얘들아! 어서 들어오너라!

무대 하수 쪽에서 차례로 기생들이 입가에 미소를 띠고 아주 요란하게 치맛자락
을 휘날리며 무대 하수 쪽 방으로 올라온다.

도화(행수기생):　우리 향춘당의 꽃들을 하나하나씩 소개 올립죠. 우리 향춘당
　　　　　　　　에서 미소가 아름다운 소향이입니다. 소향이는 여기(도호의
　　　　　　　　옆자리)로 앉아라.

소향(기생 1):　　예~, (인사를 올리며) 소향이라고 하옵니다.

도화(행수기생):　다음은 우리 향춘당에서 풍만한 몸으로 사내 맘을 사로잡는
　　　　　　　　수련이입니다.수련이는 요기(길성의 옆자리)로 앉아라.

수련(기생 2):　　예~, (인사를 올리며) 수련이라고 하옵니다.

도화(행수기생):　우리 향춘당에서 가냘픈 몸으로 뭇 사내의 마음을 시리는 정
　　　　　　　　아입니다. 정아는 아주 잘생긴 혜원 선비님 옆에 앉아라.

정아(기생 3):　　예~, (인사를 올리며) 정아라고 하옵니다.

도화(행수기생):　이제 모두 꽃들이 벌, 나비를 찾아들었으니, 화원들께 한 잔씩
　　　　　　　　올리거라.

소향/정아/수련:　예~, 행수 어른.

정아:　　　　　　(신윤복에게 술을 따르며) 정아라고 하옵니다. 선비님 너무 잘
　　　　　　　　생기셨네요. 호호호. (신윤복이 술잔을 떨자) 호호호, 잘생긴
　　　　　　　　화원께서 왜 이리 부끄러워하실까. 호호호.

덕이:　　　　　　이보게, 이 양반은 오늘 처음 계집의 품에서 술을 먹어서 그러네.

도화(행수기생):　정아야, 오늘 이 혜원 선생을 잘 모셔라. 알겠느냐?

정아: 두말하면 잔소리이죠. 행수 어른, 호호호.

덕이: 이보게 도화 행수, 내 며칠 전 종로 육전에서 이 향춘당에 천하미색의 기녀가 새로 왔다는 것을 들었는데. 참말인가?

도화(행수기생): 누가 한량 아니랄까 봐, 발 없는 말이 천리를 가는구려. 호호호.

덕이: 그러면 사실인가?

도화(행수기생): 그럽죠. 전라 전주에서 온 매향이라는 계집인데, 미색은 양귀비 뺨치지요. 소리면 소리, 가야금이면 가야금, 춤이면 춤, 더구나 시서화에도 능하여 요즘 한양 권번가에 최고의 예기로 통하죠. 어찌나 사대문 안 사대부 한량들이 찾아오는지 눈코 뜰 새 없이 바쁘다니까요. 호호호.

도호: 오~ 그런가. 시서화에도 능하다. 거참 다재다능한 귀한 예기를 얻으셨구먼. 하하하.

덕이: 그러면 내 빈자리에 매향이라는 계집을 앉히면 되겠구먼.

도화(행수기생): 으이그, 미색은 밝혀가지고. 호호호.오늘은 안 되지요. 이미 짜~악 예약이 되어 있어서요.

덕이: 그러면, 안 된단 말인가?

도화(행수기생): 그러죠. 벌써 옆방에 맹 참판 어른 일행과 함께 있습죠. 그리고 매향이는 원래 예기라서 술이나 몸을 파는 기녀가 아니라니까요.

길성: 아니 품을 수 없는 꽃이라면 보기라도 해야지. 안 그런가! 하하하.

덕이: 거 좋지! 그렇지 않아도 술과 계집이 있는데, 풍악이 없으니 이거 여~영 술맛이 나지 않는구려. 이보게? 도화행수, 그러지 말고 잠깐 여기로 건너오라고 전하지.

도화(행수기생): 아이, 안 된다니까요.

덕이: 어허, 아주 잠깐 보기만 하면 되네. 거참…….

도화(행수기생): 다음에 오시면 꼭 보여드릴 테니, 오늘은 여기 계집들과 즐겁
게 노시다 가시죠.

도호:　　　　　거참, 거 도화행수도 말이야.

도화(행수기생): 그러면, 옆방에서 흘러나오는 매향의 소리라도 들어보시지요.

무대 하수 쪽 배경막 앞 덧마루부 신윤복 일행이 머무는 방이 약간 어두워지며,
바로 무대 상수 쪽 배경막 앞 덧마루부 맹 참판 일행의 방이 밝아진다. 기생들과
맹 참판 일행이 앉아 있고, 그 앞에서 매향이 가야금을 타며 노래를 부른다.

 # 창: 매향의 노래 '님 그린 회포'
만경창파 상에 떠오는 배아 돛 달고 노 저어라 경포대로 가자
어랑어랑 어허야 으으응 으으응 어허야
얼삼마 둥개 되여라 니가 내 사랑아
경포대에 간다고서 님 만날소냐 회포에 못이기여 달마중을 간다
어랑어랑 어허야 으으응 으으응 어허야

맹 참판:　　　　아이구나, 좋다. 좋아. 헤헤헤.

얼삼마 둥개 되여라 니가 내 사랑아
동풍이 솔솔 불어 궂은 비 오니 님 그려 타는 가슴 알아줄 이 없네
어랑어랑 어허야 으으응 으으응 어허야

맹 참판:　　　　얼씨구 좋지, 좋아, 어랑 어랑 어허야 (매향이 앉아 노래를
부르는 것을 넋 빠지게 바라보며) 이리 가까이 오너라. 오호
호…….

노래가 끝나자 매향이 맹 참판 일행에게 인사를 올린다.

맹 참판:　　　옳거니! 좋아. 좋구나! 네 소리가 내 젊은 시절 홍안을 부르고 내 마음에 회춘이 오는구나. 하하하.

매향:　　　　그러면 다음 곡조 또 올립죠.

맹 참판:　　　아니, 아니, 됐다니까. 노래는 그만 하고, 이리~ 이리 와 앉아라. 오호호.

선비 1:　　　대감의 얼굴에 검버섯은 사라지고 홍조만이 도는 것 같소. 아주 얼굴이 환한 것이 부처의 미소 같소. 하하하.

홍매(기생 4):　대감? 매향의 소리도 들었으니, 이제 매향의 저 가냘픈 몸에 나오는 춤도 한번 보셔야죠.

맹 참판:　　　에끼! 요년아! 내 나이가 들어 눈도 침침한 게 자세히 보이질 않아. (매향에게 손짓을 하며) 매향아, 이리와 앉아라. 내 눈이 침침하여 네 미색을 제대로 볼 수가 없구나.

매향이 잔칫상 앞으로 조금 나아가 앉는다.

맹 참판:　　　아~이, 그래도 잘 보이지 않는구나. 조금만, 좀 더 가까이 오너라.

매향이 잔칫상 앞으로 조금 더 나아가 앉는다.

맹 참판:　　　그래도 여~엉, 네 얼굴이 잘 보이지 않는구나.

선비 1:　　　참판 어른, 그러면 그냥 다가가서 보시던지, 아니면 그냥 가서 품으시면 되지요. 하하하.

맹 참판: 이 사람이, 내 체통이 있지. 어험……, 헤헤헤. 그래도 계집은
              품는 것이 제일이라. 그러면 내 한번 매향을 품으러 나가볼까
              나. 하하하.

홍매: (맹 참판의 도포 자락을 잡으며) 아이고, 어르신 그건 안 됩니
              다. 매향은 예기입니다. 예기라는 것이 풍류판에 소리와 춤을
              파는 기녀라서요.

선비 2:   안 된다니? 네년이 감히 병조판서 어르신 앞에서 못하는 말이
              없구나. (매향을 향해) 어험, 듣거라. 어서 맹 참판 어른께 다
              가와 술잔을 올리거라.

홍매: 그런 것이 아니오라…….

맹 참판: 이보게, 너무 겁주지 말게. 여기 있는 계집들이 무서워하지 않
              는가. (매향을 보며) 그래도 명색이 한양 제일의 기녀로 소문
              난 것인데. 내가 다가가서 보지.

매향: 어르신께 소녀가 감히 한 말씀 드리겠습니다. 본시 양반가에
              도 지켜야 할 법도가 있듯이 권번가에도 기녀들이 지켜야 할
              법도가 있습니다. 소녀는 본시 예기라서 술이나 몸을 파는 기
              녀가 아니니, 술을 따르라는 요청을 수락할 수 없습니다.

맹 참판: (매향에게 다가가서 옷자락을 만지며) 아이고, 가까이 와서 보
              니 한양 제일의 명기라는 것이 소문만 무성한 것이 아니었구
              나. 헤헤헤. 어디 보자, 입가에는 매화를 물었고, 입술은 햇빛
              에 벌겋게 익은 맛있는 앵두 같구나. 헤헤헤.

매향: (맹 참판이 얼굴을 만지려 하자 갑자기 맹 참판을 밀치고 일
              어서며) 참판 어르신! 체통을 지키시지요. 소녀의 소임은 끝난
              것 같으니, 이만 물러가겠습니다.

맹 참판: (방바닥에 얼굴이 부딪히며) 아야!

선비 1:   요년이! 감히 참판 어르신께 네년이 지금 무슨 짓을 한 것이냐!

매향이 방을 나가려다가 잠시 멈춘다.

맹 참판: 으응~, 이런 요망한 계집을 보았나. 오냐오냐하며 투정을 받
               아주었거늘, 감히 나를 욕보여.
홍매: (일어서서 매향에게 다가가며) 나리, 송구하옵니다요. 제가
               잘 타이르겠으니 그만 노여움을 푸시지요.
맹 참판: 이런, 아주 두 계집년이 나를 욕보이게 하는구나. 내 요 두 년
               을 가만 두지 않겠다.
홍매: (맹 참판에게 무릎을 꿇고 손을 모아 빌며) 참판 어르신, 제발
               용서해주십시오. (서 있는 매향의 치맛자락을 잡으며 난처한
               표정으로) 뭐해? 얼른 무릎 꿇고 어르신께 빌지 않고. 어서~
               어서…….
매향: 참판 어르신, 어르신께서 조금 전 저에게 한 행동은 과연 양반
               의 법도에 나오는 법입니까? 아무리 천한 신분의 기녀라고 하
               지만 저희도 인간이고, 기녀도 따라야 할 법도가 있는 것입니
               다. 더구나 사대부가의 명망 있는 분이자 백성을 다스리는 관
               리요, 연세도 지긋이 드신 분이 자기 딸과 같은 여인을 탐내는
               것은 양반의 법도 어디에 나오는 법입니까?
맹 참판: 뭐시라? 요 천한 계집년이 감히 나를 훈계하는 것이냐? 내 이
               요망한 계집년을 가만히 두어서는 안 되겠다. (매향의 머리채
               를 잡고 덧마루 단상을 내려오며 땅바닥에 내동댕이 쳐버리
               며) 여봐라? 아무도 없느냐?
선비 1, 2:   (참판을 말리며) 아이고, 참판 어른, 그만 하시죠.

무대 하수 쪽 방이 밝아지며 맹 참판의 소리에 놀라 신윤복 일행과 행수기생이 덧마루 단상을 급히 내려오고, 무대 상수 쪽에서 향이가 뛰쳐 들어온다. 홍매와 향이가 땅바닥에 쓰러져 있는 매향을 일으켜 세우려 한다. 기생들이 덧마루에 내려와 홍매 뒤쪽에 서서 고개를 숙이고 있다.

도화(행수기생): (기생들에게) 너희들이 모두 물러가 있어라. (맹 참판에게 다 가가) 참판 어르신, 제가 잘못했습니다. 제발 매향이를 용서해 주시지요.

맹 참판:　　　　내 오늘 향춘당에 천하미색 기녀가 새로 왔다고 해서 내 일행 과 놀러왔거늘. 아주 천한 계집에게 농락을 당하는구먼. 헤 험…….

도화(행수기생): 어르신 모두 소저의 잘못입니다. 아직 어린 것이 세상 물정을 몰라서 그러니 제발 용서해주십시오. 제가 아주 혼쭐을 내주 겠습니다.

홍매:　　　　　참판 어르신, 제발 용서해주십시오. 죽을죄를 지었습니다.

도화(행수기생): (매향의 등을 때리며) 아이고, 이것아, 어찌하려고 맹 참판 어 르신께 큰 잘못을 저질렀느냐? 뭘 하고 있느냐? 어서 맹 참판 어르신께 용서를 빌지 않고.

선비 1:　　　　(매향에게 삿대질을 하며) 이런, 도도한 계집같으니라고. 네 년이 맹 참판 어르신의 권위에 먹칠을 하는구나. 조정에서 한 자리 하는 관리들도 벌벌 기는 판이고, 게다가 하늘을 나는 새 도 떨어뜨린다는 분께 천한 기녀 주제에 감히 맹 참판 어른을 욕보이다니. 네년은 목숨이 열이라도 살아남지 못할 것이다.

신윤복:　　　　허험! 남의 놀이판에 벌어진 일에 상관할 바는 아니나, 옆방에 서 듣자하니 (맹 참판을 바라보며) 저 여인은 예기라고 누차

말씀드리고 어르신의 요청을 정중히 거절한 것으로 알고 있는
데 어르신의 행동이 과하신 것 같습니다.

길성/도호:　(신윤복을 말리며) 이보게, 우리가 나설 자리가 아니네.

맹 참판:　(신윤복의 차림새를 살펴보며) 보아하니, 차림새는 도화서의
화원인 것 같은데, 도화서의 화원 놈들이 감히 여기가 무슨 자
리라고 끼어드느냐?

신윤복:　어르신께서 맞게 보셨습니다. 저는 도화서의 생도 신윤복이
라 하옵니다. 제가 어르신의 일에 끼어드는 것은 무례이나 명
망과 지체가 높으신 참판 어르신께서 양반의 법도에 어긋나는
행동을 하셨기에 드리는 말씀입니다.

선비 1:　이놈! 도화서 화원이면 조용히 놀다가 갈 것이지 감히 어르신
들이 노는 자리에 끼어들어 이 무슨 무례를 범하느냐?

신윤복:　권번가의 천한 기녀들이라도 자신의 재주에 따라 그 재주를
파는 것이 엄격히 나누어져 있습니다. 저 여인은 자신의 기예
를 파는 예기라서 자신의 소임을 다한 것인데, 예기에게 몸을
팔거나 술을 따르라는 것은 양인에게 소 잡는 백정이 되라는
것과 같습니다. 그러니 나랏일을 하시는 명망 높은 맹 참판 어
르신의 넓은 아량으로 너그러이 용서해주시라고 드리는 말씀
입니다.

맹 참판:　에헴! 내 오늘 젊은 도화서 화원과 노닥거릴 새가 없으니 이만
가 봐야겠구먼. (선비 1, 2를 바라보며) 이보게들, 그만 가보세.

맹 참판과 선비 일행들이 무대 하수 쪽으로 나간다. 맹 참판이 나가다 매향을 한
번 힐끗 보고, 뒤돌아본다.

맹 참판:	어이, 거기 도도한 젊은 화원, 자네 이름이 뭐라고 했지?
신윤복:	신윤복이라고 합니다.
맹 참판:	오 그래, 내 잘 기억해두지, 앞으로 말이야, 자네 행동거지 좀 조심해야겠구먼. 에헴…… .

맹 참판과 선비 일행들이 무대 하수 쪽으로 퇴장한다.

덕이:	혜원? 이 사람아, 지금 나가신 분이 누군 줄 알고 무모하게 나섰는가?
신윤복:	아니, 참판 나리면 나리지, 판서라는 벼슬에 맞게 품위를 지켜야지, 내가 뭐 잘못했는가?
도호:	그래도, 이 사람아, 요즘 저 양반 권세가 얼마나 대단하던지, 궁궐에 계신 임금보다 더 큰 권세를 누리는 양반이라고. (손으로 목을 자르는 흉내를 내며) 찍히면 그냥 그날부로 꽥이야 ~.
도화(행수기생):	홍매야? 매향이를 데리고 들어가거라.
홍매:	예, 행수 어른.
도화(행수기생):	(신윤복에게 다가가) 이거 어떻게 감사를 드려야 할지? 오늘 큰일 나는 줄 알았는데, 화원께서 우리 매향이를 구하셨네요.
덕이:	하하하, 이보게 도화 행수? 오늘 내 동무에게 큰 빚을 진 것 같소.
길성:	이보게, 말은 바로 해야지. 도화 행수가 혜원에게 큰 빚을 진 게 아니라 저 아리따운 기녀가 혜원에게 빚을 진 것이지.
덕이:	오, 그런가? 자네 말이 맞구먼. 하하하.
도화(행수기생):	매향아, 오늘 너를 구해주신 저분께 인사를 드려라.
매향:	(신윤복 쪽으로 다가가 정중히 고개를 숙여 인사하고) 고맙습니다.
도화(행수기생):	(매향을 툭툭 치며) 어쩌면 그렇게 숫기가 없느냐.

신윤복:　　　　　(매향을 바라보며) 그리 큰 도움을 주지 못했는데 인사까지 받
　　　　　　　　을 일 아닌 것 같소만. 아까 옆방에서 아주 청명하고 고운 소
　　　　　　　　리 잘 들었소. 역시 한양 최고의 예기라는 소리가 헛소문만은
　　　　　　　　아닌 것 같소.
매향:　　　　　　고맙습니다. 그럼 저는 이만 물러가겠습니다.

홍매가 매향을 이끌고 무대 상수 쪽으로 나간다.

신윤복:　　　　　(매향을 향해) 이보시게, 매향? 내 언제 당신의 기예를 모두
　　　　　　　　구경할 기회를 주겠소?

(신윤복 창-중중모리)

부용을 꽂았는 듯, 백옥을 묶었는 듯,

우아한 자태 내 평생에 처음이라.

꿈이면 깨지 말고, 생시면 죽지마라.

매향이 잠시 머뭇거리다 뒤를 살짝 보고 아무 말 없이 무대 상수 쪽으로 퇴장한다.

도화(행수기생): (매향이 나가는 모습을 보고) 어휴, 저 애가 저렇다니깐? (신
　　　　　　　　윤복에게 다가가 손을 잡고) 혜원 화원, 걱정하지 마시유. 화
　　　　　　　　원께서 우리 향춘당으로 또 놀러오면 내 매향이의 기예를 보
　　　　　　　　여드릴 테니.
덕이:　　　　　　매향이라. 양귀비 뺨치는 외모도 좋고, 가야금 소리는 옥류가
　　　　　　　　흐르듯 좋고, 소리는 은쟁반 옥구슬 굴러가듯 좋은데, 사람에
　　　　　　　　게 향하는 온 정이 없구먼. 에이이이 쯧쯧……

도화(행수기생): 화원께서 제대로 보았구먼. 맞아요. 맞아. 좀 웃으며 살랑살랑 아양이라도 좀 떨면 더 귀여움을 받을 텐데. 그래도 매향이 기예하면 최고지요. 사내들이란게 계집의 기예보다는 몸에만 신경 쓰니 쟤가 버텨내지 못하는 것이요.

길성: 이보게들, 다시 들어가지 그래, 이거 제대로 취하지도 못했는데 말이야.

도호/덕이: 그러지, 다시 들어가세. 어이, 윤복이 들어가세. 이보게? 도화 행수 다시 애들 좀 불러주게.

도화(행수기생): 그러지요. 어서, 어서 들어가세요. 향이야? 어서 언니들 좀 다시 불러들여라.

향이: 예, 행수 어른.

향이가 무대 상수 쪽으로 퇴장하고, 길성, 도호. 덕이, 도화는 무대 하수 덧마루 방으로 다시 올라간다.

도화(행수기생): (덧마루로 올라가며) 혜원 화원도 어서 올라오시지요.

신윤복: 난 취기가 있어 잠시 바람 좀 쐬고 들어가겠네.

길성: 이보게, 우리만 내버려두고 도망가면 안 되네.

신윤복: 하하하, 알았네. 내 조금 있다 들어가지. 어서 들어가게.

향이가 기생 소향, 수련, 정아를 데리고 무대 상수 쪽에서 들어온다. 기생들은 덧마루로 올라가 무대 하수 쪽 방으로 들어가자 방이 암전된다. 향이가 무대 상수 쪽으로 간다.

신윤복: 이보게?

향이:	(뒤를 보며) 저를 찾으셨습니까?
신윤복:	그러네. 내 잠시 자네에게 물어볼 것이 있는데 말이야.
향이:	어라, 보아하니, 아까 우리 매향 아씨를 구해주신 분이네. 그런데 뭔데 그러십니까?
신윤복:	자네, 매향이라는 여인을 아는가?
향이:	그럽죠. 알다마다요. 너무 잘 알고 있지요. 호호호.
신윤복:	어떤 사이인가? 보아하니, 향춘당의 심부름꾼 같구먼.
향이:	그러면, 선비는 뭐하시는 분이시우. 보아하니 차림새는 양반댁 귀한 분은 아닌 것 같군. 오라, 아까 행수 어르신이 화원 양반이라고 하셨지.
신윤복:	그러네.
향이:	난 향이라고 하는디요. 그라고 매향 아씨는 제가 모시고 있지요.
신윤복:	오! 그런가. 내 긴히 물어볼 말이 있는데…… 그게…….
향이:	아따, 뭔데 그리 뜸을 들이신다요.
신윤복:	그렇지, 매향이라는 여인에 대해서 물어보고 싶은 게 있어서 그러네.
향이:	호호호, 어이구 경사 났네!. 경사 났어! 이거 상사병 나실 분 또 계시네. 호호호.
신윤복:	아니, 상사병이라니? 그게 뭔 말인가?
향이:	호호호, 그게 말이죠. 워낙 비밀을 요하는 얘기라서 말이죠. 잠시 귀 좀 빌려주시죠.
신윤복:	오, 그런가. (향이 쪽으로 바짝 다가가서) 그러면 내 귀를 빌려주지.
향이:	(향이가 신윤복의 귀를 손을 잡아당기자) 그게 말이죠…….
신윤복:	아야! (귀를 만지며) 이보게, 귀 좀 살살 잡아당기게. 어서 빨

향이:　　　뭐가 아프시다고 (다시 신윤복의 귀를 손을 잡아당기고 입을 귀에 대며) 쏙딱 쏙딱 쏙딱…….

신윤복:　　뭐라고 한 건가?

향이:　　　말씀 드렸잖습니까?

신윤복:　　아니, 너무 빨리 얘기해서 말이야. 도통 알아듣지 못하겠네.

향이:　　　빨리 말해달라고 해서 빨리 말씀드렸구먼.

신윤복:　　아니, 그게 아니라 좀 차근차근 말해 보게.

향이:　　　(신윤복의 귀에 입을 갖다가 대고 약간 흐느끼는 듯) 으~응, 으~응.

신윤복:　　(향이를 밀치며) 이보게 지금 뭐하는 건가?

향이:　　　아이고, 깜짝이야!

신윤복:　　내 귀 속에 대고 으~응이 뭔가?

향이:　　　아이! 내 방정이야. 호호호, 화원 양반이 너무 잘생겨서 그만 소녀가……. 호호호, 이상한 생각을 했는가 봅니다. 우리 매향 아씨가 그렇게 궁금하면 내 시원하게 말해드리리다. 잘 들어 보시유.

 # 창: 향이의 노래 '우리 아씨로 말씀드릴것 같으면'

남도라 널다란 들이 오곡백과 길러내 먹거리 풍성한 곳이라.

남도 전주라 나라 창업의 어전이 모셔진 곳이요. 양반에 고장이라.

우리 아씨 고려 창업공신 윤신달 장군 제29대손 전주현감 외동딸로 태어나니

이름일랑 소희라. 윤씨 부인 외동딸 낳다 죽고

곱게곱게 길러 예절 문필에 침선방적 잘 시켜 종사위 진진하면

외손봉사하려고 하였거늘.

하늘도 무심하야, 태평안락의 세월도 일장춘몽이라.

임오년 사도세자를 따르다 멸문지화를 당하니.

꽃다운 열세 살 처녀가 전주관아 관기 매향이 되었다네.

미색은 엄동설한 숭얼숭얼 꽃피운 매화요.

꽃을 머금은 앵두 같은 입술에서 나오는 소리는

형형색색 봉황의 깃이요.

연꽃줄기처럼 가냘픈 몸에서 나오는 무희미소는

황봉백접쌍쌍귀무이라네.

단풍형취의 손가락으로 튕겨 내는 금현소리는

춘추정취의 애타는 여인의 맘이라.

화서는 악가무에 뒤지지 않으니

붓끝으로 그려내는 만물이 소생하여 화선지에 살아나는 듯하네.

이러한들, 봉황이면 봉황, 황새면 황새, 하찮은 뱁새들까지 우르르르 달려들어

쌍쌍호접하려 하고, 전주 땅도 모자라 곡성, 이리, 남원, 장흥, 장성, 광주,

아니 논산에서도 매향 미색, 매향 미음, 매향 미모 보려 찾아드니,

우리 아씨 몸이 열이라도 모자랄지어다.

어미 죽고 아비 잃고 혼자된 몸으로 관기된 것도 모자라

여러 사내들이 필사로 달려들어 품으려 하니

불쌍한 우리 아씨 어쩌면 좋나.

그리하야, 상사병으로 죽는 사내 여러 보았고

후처로 삼으려는 늙은 진사 여러 보았다네.

그러하니 우리 아씨 얼굴에 홍조미색이 사라지고

화색이 떠난 지 오래라.

어찌저찌하야 한양까지 올라오게 되었지라.

향이:	화원 양반, (울적 거리며) 이제 알겠지라.
신윤복:	참으로 기구한 운명이네.
향이:	그렇지라. 그러니 화원 양반도 우리 아씨에 대해서 연정일랑 품지 마시오.
신윤복:	이보시게, 혹시…….
향이:	아따, 또 뭐가 궁금하신게유. 글쎄, 연정일랑 품지 마시라 분명히 말씀드렸잖수.
신윤복:	그러면, 매향 아니지 소희라는 여인이 기녀에서 벗어날 길은 없는가?
향이:	그건 화원 양반께서 더 잘 아시지 않슈. 뭐 우리 아씨가 사대부가에 소실로 들어가지 않은 한 계속 이렇게 살 것 같은디.
신윤복:	얘기 잘 들었네.
향이:	내 한양 땅 밟고서는 어떤 사람에게도 우리 아씨 얘기를 한 적이 없는데, 우리 아씨를 구해준 것이 고마워 화원 양반께만 들려준 얘기니 절대 어디 가서도 얘기하지 말아야 하오.
신윤복:	알겠네. 고마우이.
향이:	그러면 저는 이만 물러갑니다요.

향이가 무대 상수 쪽으로 퇴장하고, 신윤복이 생각에 잠긴 표정으로 이리 저리 발길을 움직인다.

 # 신윤복의 노래(판소리 창으로)

달밤에 나는 새는 집을 찾는 새인가

바람 따라 구름 따라 끝없는 길가에서

애닯은 몸부림은 짝사랑에 가슴 타는

그 여인의 애상인가.

무대가 암전된다.

　제3장은 신윤복의 풍속화 〈쌍검대무雙劍對舞〉의 그림 내용을 작가적 상상력에 의해서 신윤복과 매향과 자신의 맡은 일을 하려 왔다가 우연히 서로 만나게 되는 사건을 설정하였다. 이 장면은 두 주인공에 대한 인물 탐색의 과정이라고 할 수 있다. 재력가 최 진사가 조정에서 큰 벼슬을 하고 있는 김 판서에게 접대를 하는 장면으로 북한산 정자 장면에서 두 기녀가 서로 대무하여 검무를 추고, 그러한 두 기녀의 모습에 감탄하여 최 진사와 김 판서가 서로 기녀들의 재능을 평하며 즐거운 여흥을 즐긴다.

사진 16
신윤복 작,
〈쌍검대무〉,
혜원풍속도첩,
간송미술관 소장

두 기녀의 검무가 끝나고 최 진사가 김 판서에게 관직을 부탁하지만 거절당하는 장면이 풍자적이고 해학적으로 묘사되어 있다. 특히 제2장의 후반부에 신윤복을 둘러싼 인물들이 등장하는데, 주인공 신윤복은 매향의 몸종 향이를 통해서 매향의 과거사를 알게 되고, 그것을 통해서 그녀에게 연민의 정을 느끼게 된다. 아울러 지물전 최씨 영감의 등장과 대화를 통해서 다음 사건의 연결고리를 만들어준다. 최씨 영감과 향춘당 하인 향이는 극의 재미를 부여하는 익살스러운 조력자 역할을 한다.

제3장 북한산 정자터(쌍검대무)

무대가 밝아지면 신윤복의 〈쌍검대무〉 그림과 비슷한 상황이 무대에 연출된다. 무대 뒤쪽으로 도화와 홍매가 선비 두 명과 앉아 있고, 중앙에 김 판서와 선비 4가 돗자리 위에 앉아 있다. 매향과 소향이 검무 복장을 하고 검무를 춘다. 그 앞에서 악사들이 검무 반주를 하고 있다. 연주를 하는 악사들 뒤에서 신윤복이 앉아 매향의 춤추는 모습을 지켜보며 그림을 그리고 있다. 잠시 후 춤이 끝나자 매향과 소향이 인사를 올리고 물러나 악사 옆에 앉는다.

도화 행수: 어떠십니까? 김 판서 어르신?

김 판서:　　오호, 내가 보기에는 말일세. 마치 거동만리 창천 구름 속에 편진허는 백호와 청룡이 서로 엉켜 힘을 겨루는 대무같구먼.

도화 행수: 호호호, 과찬의 말씀이십니다.

선비 4:　　대감이 보기에 누가 백호요? 누가 청룡인지를 말씀하시는 것인지요?

김 판서:　　보면 모르는가? (곰방대로 매향을 가리키며)

선비 4:　대감 말씀은 저기 있는 계집의 춤은 날카로우면서도 부드러운 품기
　　　　가 느껴지니 청룡의 자태요. (곰방대로 소향을 가리키며)

김 판서:　그렇네.

선비 4:　저 계집은 단산맹호 구십춘광처럼 빠르고 힘이 넘치나 청룡의 유연
　　　　한 품기에 잡아먹히는 듯하단 말씀이신데.

김 판서:　맞네, 맞아.

도화 행수:　역시, 어르신의 말씀이 옳은 듯합니다요. 호호호.

선비 4:　역시 대단하십니다. 대감, 이 경치도 좋고 하니. 대감의 그 깊고 우
　　　　렁찬 소리를 듣지 않을 수 없습니다. 허락하여 주시기 앙망합니다.
　　　　하하하.

김 판서:　오호호 그런가, 내 소리가 그리도. 어디 한 번! (김 판서의 소리가 끝
　　　　나고 행수가 다음을 재촉한다)

도화 행수:　(무대 상수 쪽을 바라보며) 향이야, 준비가 다 되었느냐?

향이가 급히 무대 상수 쪽으로 급히 달려 들어온다.

향이:　　예, 행수 어른.

도화 행수:　너는 여기 남아서 언니들을 도와주어라.

향이:　　예에~.

도화 행수:　나리, 이제 연회상이 준비되었으니 정자로 가시지요?

선비 4:　그런가. 대감, 어이 일어납시다. 가서 연회나 즐겨봅시다.

도화 행수와 김 판서, 선비 4와 선비 일행 두 명이 무대 상수 쪽으로 퇴장한다.
악사들이 악기들을 들고 무대 상수 쪽으로 퇴장하고, 매향과 소향이 모자를 벗
고 옷매무새를 정리하고 있다. 신윤복과 최씨 영감이 화방도구를 함께 정리한

다. 신윤복이 매향에게 다가간다.

신윤복: (매향에게) 그동안 안녕하셨습니까?

매향: (신윤복을 보고 약간 고개 숙여 인사하고 무대 상수로 퇴장하려고
         한다.)

신윤복: 제가 이제 것 본 춤 중에 최고였습니다.

매향: (약간 뒤돌아 고개를 숙이며) 고맙습니다.

신윤복: (얼굴에 웃음이 가득하여) 어~, 말을 하셨네요. 하하하.

매향과 소향이 무대 상수 쪽으로 퇴장한다. 향이가 모자와 칼을 들고 무대 상수
쪽으로 걸어간다.

신윤복: 이보게, 향이?

향이: 아니, 화원 양반 여긴 또 어쩐 일이시우?

신윤복: 내 오늘 여기 김 판서 대감 초상을 그리러 왔지. 와서 보니 향춘당
         식구들도 왔구먼.

향이: 또 저한테 볼일이 있으시우?

신윤복: (두루마리 화첩을 향이에게 건네며) 이거 말이네, 이것 좀 매향에게
         전해 주게.

향이: (두루마리 화첩을 건네받으며) 이게 뭡니까?

신윤복: 그냥 그림일세. 매향에게 전해주게나. 그렇고 말이네, 오늘처럼 매
         향이 바깥출입을 하는 날이 언제 인지 알 수 있는가?

향이: 그건 아무에게나 말해줄 수 없는 것이라서……. 호호호. (손짓으로
         돈을 상징적으로 표시하며) 요게 있으면 몰라도…….

신윤복: 이보시게, 지금 돈 달라고 하는 것인가?

향이: 불쌍한 우리 아씨 하루 빨리 기녀 생활에서 벗어나게 하려면 돈이 필요해서 그러죠.

신윤복: 지난번에는 매향 아씨가 양반가의 소실로 들어가지 않는 한 절대 기녀 신분에서 벗어날 수 없다고 하지 않았던가?

향이: 화원 양반!, 아직 세상 더 살아보아야 하겠구먼. 쯧쯧……. 세상에 돈으로 안 되는 일이 뭐가 있소.

창: 향이의 노래 '돈타령'

얼씨구나 절씨구야 돈 봐라 돈 봐라

잘난 사람도 못난 돈 못난 사람도 잘난 돈

이놈의 돈아 어디 갔다 이제 오느냐.

얼씨구나 돈 봐라. 얼씨구나 절씨구야 돈이구나.

권세가 뭐가 필요한 가 일장춘몽인 것을

예쁘면 뭐하나 한량 만나 시집 잘못 가면 개고생이네.

사랑 사랑이 밥 먹여주나. 선남선녀 만나 한순간 불장난으로 끝나는 것을

만년장생 펑펑 쓰는 돈이면 제일이지.

신윤복: 이보게? 그만하게. 자네 완전히 돈에 환장했구먼. 그건 그렇고, 돈이 있으면 매향을 구할 수 있다는 말인가?

향이: 그렇지요. 그런데 아주 많은 돈이 필요하다니까요. 그래서 제가 돈을 모으고 있다니까요.

신윤복: 그래 얼마면 매향을 기방에서 빼낼 수 있는가?

향이: 그게 워낙 큰돈이라서요. 아마 천 냥은 필요할 것 같은디요.

신윤복: 뭐라고, 천, 천, 천 냥!

향이: 이제 아셨죠. 그러니 포기하시라니까요.

신윤복: (생각에 잠기다가) 이보게, 불쌍한 아씨를 구해내는 데 나도 일부
         동참시켜주면 안 되겠나?

향이: 또 한 남자 미쳐가네, 내 뭐라고 했어요? 화원 양반은 죽었다 깨나
         도 우리 아씨 못 구하요.

신윤복: 어허, 이 사람아, 가능한지 않은지는 일단 해봐야…….

향이: 화원 양반? 백 냥이라도 만져보신 적 있으시우?

신윤복: 없지.

향이: 그러면 말을 마시우.

신윤복: 이보게 나도 매향 아씨를 구하는 데 도움이 되게 해주게나.

향이: 그게 정말이요?

신윤복: 그렇다니까. 그러니 다음 어디로 가는지 알려주게.

향이: (신윤복 귀에다 대고) 그게 말이죠. 속닥~ 속닥~ 속닥~.

신윤복: (향이의 얘기를 들으며 점점 놀라는 표정으로) 정말인가?

향이: 그렇다니까요.

뒤에서 정리를 하던 지물전 최씨가 둘의 얘기를 몰래 엿듣고 있다.

신윤복: 그러니까. 단옷날 하오에 세검정으로 화전놀이를 간다는 말이지.

향이: 그렇지요.

신윤복: 오! 그런가. 고맙네, 고마워.

향이: 대신 혼자 몰래 오셔야 해요. 알았죠.

신윤복: 그래야지, 내 그럼세.

향이: 그럼 저는 이만 가요. (손짓하며) 잘생긴 화원 양반 그때 봐요~.

향이가 무대 상수 쪽으로 퇴장하자, 무대 중앙 배경막 쪽에 몰래 숨어서 얘기를

엿듣던 지물전 최씨가 신윤복에게 다가와서 뒤에서 신윤복을 놀래준다.

최씨 영감: (뒤에서 신윤복의 등을 치면서) 이보게?
신윤복: 아이구 깜짝이야!
최씨 영감: 아까 향춘당 향이라는 하녀와 무슨 얘기를 나눈 것인가?
신윤복: 그게……, 뭐 별다른 얘기도 하지 않았는데요.
최씨 영감: 이보게, 혜원, 돈이 필요하면 언제든지 찾아오게.자네 실력으로는
          많은 돈을 벌 수 있을 게야. 알았나?
신윤복: 어르신도, 또 춘화 그리라고 그러시는 것이죠?
최씨 영감: 이보게, 춘화가 어때서 그러는가? 명세기 조선 최고의 화원이 되려
          면 이 춘화도 그려봐야 되는 것일세. 자네 우상으로 떠받드는 단원
          선생도 춘화도를 그렸었지.
신윤복: 아 글쎄, 저는 그런 그림에는 관심도 없고, 절대 그런 그림은 그리지
          않겠다니까요.
최씨 영감: 자네, 고집도 그리 오래 가지 않을 것 같은데. 헤헤헤.
신윤복: 어서, 가시죠.
최씨 영감: 아무튼 돈 필요하면 언제든지 오게나. 헤헤헤.

신윤복과 지물전 최씨가 무대 상수 쪽으로 퇴장하며 무대가 암전된다.

제4장은 신윤복의 풍속화 〈단오풍정端吾風情〉을 도상적 모티브로 하여 작가적 상상력에 의해서 사건적 상황을 연출하였다. 〈단오풍정〉은 신윤복의 풍속화의 특징이라고 할 수 있는 '훔쳐보기'의 미학이 잘 묘사된 그림으로 혜원풍속도첩 중 〈계변가화溪邊街話〉, 〈정변야화井邊夜話〉 등에서 볼 수 있는 양반의 음란한 관음증적 시선이 가장 해학적으로 묘사되어 있

사진 17
신윤복 작,
〈단오풍정〉,
혜원풍속도첩,
간송미술관 소장

다. 그의 풍속화 속에 등장하는 인물들의 배치에는 항상 그림을 그리는 사람의 시점이 항상 담겨 있고, 그것은 그림 속에서 훔쳐보는 인물들의 시선과 서로 대응한다. 단옷날 멱을 감는 기녀들과 그것을 몰래 훔쳐보는 두 명의 승려, 그리고 새참을 머리에 메고 오는 하녀에 이르기 까지 농염한 기녀들의 자태와 훔쳐보는 승려들의 표정에서 해학적인 상황을 만들어낸다. 이러한 그림 속의 풍경을 이 공연에서는 두 명의 젊은 승려를 신윤복과 지물전 최씨 영감으로, 멱 감는 기녀들은 향춘당 기녀들로, 새참을 머리에 메고 오는 하녀를 향춘당 하녀 향이로 설정하였다.

제3장 북한산 정자 터의 후부에 향이가 신윤복에게 매향을 만날 수 있는 기회를 말해주고 이것을 지물전 최씨 영감이 몰래 엿듣는다. 이러한 사건의 인과성을 통해서 제3장 세검정 장면이 자연스럽게 전개된다. 향춘당 기녀들이 단옷날 세검정으로 멱을 감으러 왔는데, 신윤복은 자기가

좋아하는 여인인 매향을 만나기 위해서 왔다가 멱을 감는 향춘당 기녀들을 몰래 훔쳐보고, 그것을 지물전 최씨에게 들키고 만다. 신윤복과 최씨 영감은 향춘당 기녀들이 살을 드러내고 멱을 감는 풍경을 몰래 훔쳐보다가 향춘당 기녀들에게 들켜서 기녀들의 놀림감이 된다.

이 세검정 장면은 단지 극의 재미를 위해서 의도적으로 삽입된 장면이다. 두 주인공인 신윤복과 매향은 잠깐 동안 서로 이야기를 나누며, 그 대화에서 신윤복은 보여주고 싶지 않은 모습을 보여주게 되고 매향은 그것에 실망하는 것 같지만 인간적인 신윤복의 모습에 좀 더 친근감을 느낀다. 신윤복과 최씨 영감은 성적 호기심으로 향춘당 기녀들의 벗은 모습을 보는 '훔쳐보기'를 통해서 해학성을 표현했을 뿐만 아니라, 이후에 지물전 최씨 영감이 향춘당 기녀들에게 노리개로 함께 흥겹게 노는 장면에서는 〈단오풍정〉이라는 그림이 갖는 해학적 의미를 익살스러운 한량놀이로 표현하였다.

제4장 세검정(단오풍정)

무대가 밝아지면 신윤복의 〈단오풍정〉 그림과 같은 무대상황이 연출된다. 매향이 그네를 뛰고 있고, 그 뒤에 긴 머리를 땋는 소향과 홍매가 앉아 있다. 그리고 개울가에는 윗도리를 벗은 기생 수련, 정아, 기생 4, 기생 5가 멱을 감으며 단오 노래를 부른다.

창: 기생들의 합창 단오노래 '휘어능청' (선창과 후창 돌림노래 합창)

기생들(합창):	휘여능청 버들가지 저 가지를 툭툭 차라.
매향(선창):	휘여능청 버들가지 청실홍실 그네 매고님과 나와 올려 뛰니 떨어질까 염려로다.
기생들(합창):	휘여능청 버들가지 저 가지를 툭툭 차라.
소향(선창):	오월이라 단옷날에 천능가절이 미아지야수양능청 버들숲 속에 꾀꼬리 앉아 노래하네.
기생들(합창):	휘여능청 버들가지 저 가지를 툭툭 차라.
수련(선창):	한 번 굴러 앞이 솟고 두 번 굴러 뒤가 솟아 허공중천 높이 뜨니 청산녹수가 발아래라.
기생들(합창):	휘여능청 버들가지 저 가지를 툭툭 차라.

무대 하수 쪽 귀퉁이에서 새참을 머리에 이고 향춘당 하녀 향이가 엉덩이를 살랑살랑 흔들며 들어온다.

향이:	아주 신이 나서 소리판이 벌어졌네. 얼씨구! 좋구나!
수련:	이것아, 왜 이제 오는 거야. 배가 등가죽에 달라붙었잖아.
향이:	아따, 언니도 점심 경에 드시고는, 뱃속에 거지 키우시오?
수련:	(향이의 새참을 받으며) 뭐여? 이년아, 하여튼 간에 사사건건 따진다니까. 이구 이년아!, 어서 내려놔.
정아:	(향이와 수련을 바라보며) 호호호, 이것들아! 니들은 허구한 날 서로를 못 잡아먹어 난리냐?
수련:	언니, 글쎄 이년이 맨날 시비 걸며 날 잡아먹으려고 해요.
정아:	매향아! 소향아! 홍매야! 어서 너희들도 어서 이리 와.
수련:	(큰 주레머리를 튼 소향을 바라보며) 머리 무겁지 않니.

소향: 언니는 상관 마시우.

수련: 하여튼 말하는 것 하고는 싸가지 없어요. (소향을 때리는 듯) 이걸 그냥 콱~.

정아: 수련아, 그만 하고 주먹밥이나 먹어라. 어서…….

향이: (이리저리 살펴보며 혼잣말로) 올 때가 되었는데…….

수련: 너 지금, 뭐라고 시부리는 것이냐?

향이: 아무 말도 하지 않았는디유.

수련: 뭐가 아니여, 이년아. 누가 온단 말이여.

향이: 그런 말 안 했는디유.

수련: 곰방 전에 혼잣말로 올 때가 되었는데라고 했잖아.

소향: 야! 누가 온단 말이냐?

향이: 아무것도 아닌디유.

홍매: 언니들, 옷은 입고 드시죠.

수련: 잡아갈 사람도 없는디 뭐가 걱정이냐.

정아: 혹시나 아니, 지물전 최씨 영감이 잡아갈 줄?

모두들 웃는다.

수련: (화가 나서) 언니! 지물전 최씨 영감탱이 싫단 말이야.

정아: 이년아! 지물전 최씨 영감이 어때서. 돈 많겠다, 홀아비겠다, 얼마나 좋냐?더구나 너만 보만 아주 환장을 하지 않느냐?한 시라도 젊을 때 잡아라. 이년아!

무대배경 막부 바위 너머에서 신윤복이 몰래 기생들을 훔쳐본다. 벗은 여인들의 모습을 보고 놀라 입이 다물어지지 않는다. 그런데 갑자기 애꾸눈 봉사 차림을 한 노인이 신윤복 옆에 슬그머니 고개를 내민다.

신윤복:	(깜작 놀라서) 아이고!
최씨 영감:	(손으로 신윤복의 입을 막으며) 이보게, 날세, 나.
신윤복:	누-구?
최씨 영감:	(안대를 풀며) 나란 말일세.
신윤복:	아니, 지물전 최씨 어르신!
최씨 영감:	헤헤, 좀 조용히 말하게. 저쪽 향춘당 계집들이 다 듣겠네.
신윤복:	아니, 여긴 웬일이세요?
최씨 영감:	그런 자네는 여기 웬일인가?
신윤복:	저는 그냥…….
최씨 영감:	이봐, 우리 아무 말 말고 구경이나 하세. (기생들을 훔쳐보며) 좋구나. 좋아!
신윤복:	들키겠어요. 좀 조용히 하세요.
최씨 영감:	자네는 이 좋은 풍경에 웬 붓은 들고 그러는가? 여인들이 벗은 것을 보고 붓이 손에 잡히기는 하는가?
신윤복:	어르신, 좀 조용히 하세요. 이러다 들키겠습니다.
최씨 영감:	(수련을 보고) 오메 좋아라. (바위 위로 좀 더 올라서며) 오메, 수련아!
신윤복:	(최씨의 바지저고리를 잡으며) 어르신! 떨어진다니까요. 조심하세요!

갑자기 지물전 최씨와 신윤복이 바위 아래로 미끄러지며 몸을 처박는다.

최씨 영감:	아이구야!

신윤복:　　　　　　아, 아저씨!

정아, 수련, 기생 4, 기생 5가 놀란다.

정아:　　　　　　(깜작 놀라며) 뭐냐?

기생 4/5:　　　　어머나!

멱을 감던 정아, 수련, 기생 4, 기생 5가 벗어놓은 옷을 잡고 가슴을 가린다. 덩달아 소향, 매향, 홍매, 향이도 놀란다.

정아:　　　　　　(물에 빠진 생쥐가 되어버린 지물전 최씨와 신윤복을 보고) 웬 사내들이 감히 아녀자들이 멱을 감는 데 와서 뭐하는 것들이야!

수련:　　　　　　아니, 저 양반은 지난번 본 도화서 화원 아니요?

정아:　　　　　　맞네.

수련:　　　　　　그런데, 저 늙은 영감은 누구여?

신윤복과 지물전 최씨가 나온다. 지물전 최씨가 봉사 흉내를 내면서 이리저리 헤맨다.

최씨 영감:　　　　여기가 어디여? 도통 눈앞이 캄캄해서 말이야.

정아:　　　　　　늙은 봉사인가 보네.

수련:　　　　　　(신윤복을 보며) 아니, 젊은 도화서 화원께서 이런 데도 구경하시오?

소향:　　　　　　반반하게 생긴 젊은 화원이 아녀자들 멱 감는 것이나 엿보는 주제에 지난번에 매향이에게 왜 그리 잘 대해주셨소? 호호호.

| 신윤복: | (아무 말도 못하고 고개를 숙이고 있다가) 미안하오. 아……, 그게 내 산행을 나왔다가 우연히 보게 되었소. |

신윤복:　　　(아무 말도 못하고 고개를 숙이고 있다가) 미안하오.
　　　　　　아……, 그게 내 산행을 나왔다가 우연히 보게 되었소.

수련:　　　잘생긴 화원 양반, 그런데 이 늙은 봉사 영감과 아는 사이요?

신윤복:　　그냥 우연히 함께.

최씨 영감:　나는 이 젊은 사람에게 길을 물었을 뿐이요.

정아:　　　보아하니, 연세도 있으시고 앞도 안 보이시는 분이 그러면 저
　　　　　　바위는 어떻게 올라간 것이요. 내 도통 이해가 되지 않소이다,
　　　　　　영감님.

최씨 영감:　그게 말일세. 내 봉사라서 앞이 보이질 않아 헤매다가 젊은
　　　　　　화원이 그림을 그리는 것을 보고 올라갔지. 아니지, 아니지.
　　　　　　그게 아니라, 젊은 화원이 불러서 바위 쪽으로 갔을 뿐이요.

수련:　　　아니, 앞도 보이지 않는 분이 어떻게 젊은 화원을 알아보고
　　　　　　그림을 그리는 것까지 보았단 말이요. 허참, 거 이상하네?

정아:　　　얘들아? 그런데 이 봉사 영감의 목소리가 어디서 많이 들어
　　　　　　본 목소리인데 말이야.

기생 4:　　언니, 봉사인지 아닌지 한번 시험해볼까요?

정아:　　　그러자꾸나.

기생 4:　　봉사 영감, 나를 따라 오시우. 수련아, 네가 그네에 올라타 봐.

수련:　　　알았어.

수련이 그네를 올라탄다. 그네에서 좀 떨어진 곳에 지물전 최씨를 세운다.

기생 4:　　봉사 영감, 여기 서보시우.

최씨 영감:　여기가 어디우?

기생 4:　　그건 봉사 영감이 알거 없고. 그냥 여기 엎드리고 이 나무를

꽉 잡으시우. 수련아.

수련: 그럼, 간다. (말을 탄다)

수련이 말을 타고 뒤로 갔다 앞으로 쭉 뻗어 나가자 지물전 최씨가 살짝 피한다. 그리고 다시 수련이 말을 타려 하자 지물전 최씨가 또 살짝 피한다. 기생들이 웃는다. "호호호호."

기생 4:   봉사 영감, 아니 눈도 보이지 않는 분이 어떻게 요리 피하고 조리 피해요. 그냥 제자리에 서 계시랑께요.

최씨 영감: 아!, 그게, 여기가 거기인지 요기가 저기인지 거기가 요기인지 살펴보느라 그러지.

기생 4:   오라, 그러서, 얘들아! 이리와 여기 봉사 영감이 꽉 잡고 있어라.

기생 5/향이: 네, 언니.

기생 5와 향이가 지물전 최씨의 양팔을 꽉 잡는다.

최씨 영감: 아니, 왜들 이러시는가. 이거 놓지 못할까?

정아: 영감이 봉사인지 아닌지 확인 하자는데. 웬 말이 많으시우.

수련: 그럼, 간다.

수련이 그네를 힘차게 뒤로 당겼다가 앞으로 쭉 뻗어 나가자 지물전 최씨가 피하려다가 부딪혀 뒤로 벌러덩 넘어진다.

최씨 영감: 아이고야! 아이고 내 허리야! 오늘 향춘당 계집들이 나 죽여요.

정아: 아니, 봉사가 우리가 향춘당 여인인 줄 어떻게 알지, 얘들아?

기생 4/5: 호호호, 거 참 이상하네. 봉사가 우리를 어떻게 알아볼까?

정아: (갓을 벗겨내며) 누굴 속이려고, 봉사가 아니라 지물전 최씨 영감이지.

최씨 영감: 아니야!, 난 봉사야. 제발 믿어줘.

정아: 얘들아!, 모여 봐, 이 영감탱이와 저 젊은 화공을 한번 혼을 내주어야 다시는 얼씬도 않겠구나.

기생 4/5/향이: 네, 언니. 혼을 내주어야 한다니까요.

정아: 최씨 영감, 오늘도 우리 풍만한 수련이 보러 왔수?

최씨 영감: 아니여. 그런 게 아니여.

정아: 수련아, 네가 오늘 좀 이 영감 혼쭐 좀 내주어야겠구나. 오늘 너 보러 왔는가 보다. 실컷 보여주거라. 호호호. 아휴, 최씨 영감, 좋겠수. 호호호. 그 오랫동안 수련이 품으려 애를 썼건 만.드디어 오늘 소원풀이 하는구려. 호호호.

최씨 영감: 이보게, 정아 낭자, 나 좀 살려주게.

향이: 언니, (신윤복을 가리키며) 이 젊은 화원은 깊이 반성하는 것 같으니 그냥 보내주지요.

수련: 이년이. 야, 그냥 보내주자니. 안돼. 그래도 아주 잘생겼으니 아주 살살 다루어 주지. 호호호.

정아: 뭐부터 시작할까? 호호호.

수련: 말이나 타볼까나.

기생 4/5: 좋지요. 말이나 타볼까요.

수련: 먼저 우리 지물전 최씨 영감님의 웃통부터 벗겨라.

기생 4/5: 예~이.

기생 4/5가 지물전 최씨의 윗도리를 벗긴다. 그리고 옷자락으로 입을 잡아맨다. 그런 다음 두 발을 단단히 묶는다. 그리고 말이 서 있는 자세를 취하게 한다.

정아:	수련아! 네가 먼저 올라타 보아라.
기생 4/5:	호호호. 최씨 영감님, 좋으시겠어요. 그리운 님이 말까지 타니. 그런데 어쩌니. 우리 언니 엉덩이는 가마솥 같아 버티기 힘들 텐데. 호호호.

주위에 기생들 모두 박장대소한다.

수련:	영감님. 자, 탑니다. (힘껏 최씨의 등에 올라탄다.)
최씨 영감:	아이고! 내 허리, 내 허리! 사람 죽어, 사람 죽어!

주위에 기생들 모두 박장대소한다. 매향이 무릎 꿇고 있는 신윤복을 본다.

매향:	선비다운 기품으로 예의법도를 아는 분인 줄 알았는데 실망이 크네요.
신윤복:	그게, 아니요. 매향. 제 본심이 아니었소.

매향이 잠시 뒤돌아보고, 소향, 홍매와 함께 무대 하수 쪽으로 퇴장한다. 수련이 지물전 최씨의 등에 올라탄 채 곰방대로 최씨의 엉덩이를 때리며 논다.

수련:	이랴! 이랴! 어찌 말이 이렇게 힘이 없소. 어이 달려라. 달려……. 노래라도 불러주어야 할 것 같은데요?
정아:	그래, 그러면 한 곡조 소리를 뽑아보지.

기생들의 합창 '청춘가' (선창과 후창 돌림노래 형식 경기민요)

기생들/향이 합창: 에에야 디야 에헤야. 말이 나온다. 말이 나온다. 늙은 말이
나온다. 얼씨구나 좋네. 지화자 좋아. 아니노지는 못하리라.

수련 선창: 윗집 개 컹컹 짖으니 내 마음이 설레고 아랫집 개 컹컹 짖으
니 문고리가 발발 떠네.

기생들/향이 합창: 수련이는 좋겠네. 수련이는 좋겠네. 낭군 등에 타서 놀아보
고 좋겠네.

수련 선창: 언니들, 그런 말을 마슈. 이놈의 말이 너무 별 볼 일 없다니
까요.

기생들/향이 합창: 에에야 디야 에헤야 말이 나온다. 말이 나온다. 늙은 말이 나
온다. 얼씨구나 좋네. 지화자 좋아. 아니노지는 못하리라.

제5장은 신윤복의 〈주유청강舟遊淸江〉의 그림을 도상적 모티브로 활용하였는데, 그림의 상황적 묘사를 선유도 뱃놀이 장면으로 변용하여 인물의 설정을 다음과 같이 하였다. 우선 뱃머리 앞에 매향이 생황을 연주하고 있고, 현이맹 참판 아들가 소향에게 곰방대를 건네주고 있다. 그 옆으로 어린 여동이 대금을 분다. 그리고 배 중앙에 늙은 최 진사가 서 있고, 그 뒤에 사공이 노를 젓고 있다. 김 진사 앞에 맹 참판 아들의 친구가 홍매와 물 구경을 하고 있다.

이 장면은 신윤복이 매향을 쫓아다니며 구애를 하는데, 이곳에서 맹 참판의 아들과 싸움이 벌어져 결국 맹 참판이 신윤복을 곤경에 빠뜨리게 하는 구실을 만다는 사건의 동기를 제시하는 동시에 또 한 번 매향을 구해준다. 이 사건을 계기로 매향은 신윤복의 마음을 받아준다.

사진 18
신윤복 작,
〈주유청강〉,
혜원풍속도첩,
간송미술관 소장

제5장 선유도 뱃놀이(주유청강)

무대가 암전된 상태에서 무대 배경막에 신윤복의 〈주유청강〉 그림이 영상으로 보이면서 점차 그림 속의 사람이 하나둘씩 사라지고, 배도 사라진다. 그림 속의 절벽의 배경은 그대로 있고, 점차 무대가 밝아지면 이 그림 속에 사람들이 그대로 재현된다. 무대 배경막 앞으로 배가 보이고 무대 배경막 바닥에서 청색천이 물결을 만들어내고 있다. 뱃머리 앞에서 매향이 생황을 연주하고 있고, 현이(맹 참판 아들)가 소향에게 곰방대를 건네주고 있다. 그 옆으로 어린 여동이 대금을 분다. 그리고 배 중앙에 늙은 최 진사가 서 있고, 그 뒤에 사공이 노를 젓고 있다. 김 진사 앞에 맹 참판 아들의 친구가 홍매와 물 구경을 하고 있다.

최 진사:　　　　　여흥의 제일은 뱃놀이라. 안 그런가?

현이(맹 참판 아들): (소향의 입에 곰방대를 대주며) 오~ 그래, 한번 쭉 빨아 보아라. (최 진사를 바라보며) 맞는 말씀이죠. 진사 어른.

최 진사: 요즘 맹 참판 어르신 찾아뵙기가 하늘에 별 따기니. 이거 참…….

현이(맹 참판 아들): 요즘 아버님이 계속 조정에 계셔서 저도 문안인사 여쭙기가 힘들 지경입니다.

최 진사: 내 그래서 자넬 뱃놀이에 불러낸 것 아닌가. 헤헤헤.

현이(맹 참판 아들): 어르신도 우리 아버님에게 무언가 부탁할 게 있는가 보죠?

최 진사: 헤헤헤, 뭐 그런 건 아니고, 자네 아버님을 찾아뵙고 인사라도 올릴까 해서 그러네.

현이(맹 참판 아들): 인사보다는 인사 청탁 거래라는 것이 더 맞는 말씀이 아니신가요?

최 진사: 에헤~, 그냥 인사를 드린다는 말일세.

현이(맹 참판 아들): 힘드실 것입니다. 아버지를 만나려는 사람들이 줄을 서고 기다릴 정도니. 한 달포는 기다리셔야 될 것 같군요.

최 진사: 헤헤헤, 그러니 내 지금 자네를 만나고 있는 것이 아닌가?

현이(맹 참판 아들): 진사 어른이 초대한 여흥이니, 일단 즐겨보고 한번 생각해 봅죠. 하하하.

최 진사: 고맙네. 고마우이.

현이(맹 참판 아들): 진사 어른, 내 아버님께 소개는 해드리겠으나 아버님과 거래는 잘 하셔야 하실 것입니다.

최 진사: 그야, 당연하지. 자네가 아버님에게 잘 말씀드려주거나. 그러면 나는 자네만 믿고 가보겠네.

현이(맹 참판 아들): 에이, 그건 제 아버님과의 거래고 저와의 거래는 끝난 것이 아니죠.

최 진사:　　　　　　　아니, 자네와는 거래라니?

현이(맹 참판 아들):　헤헤, 이렇게 거래에 서툴러서야 어찌 조정에 한 자리 얻
　　　　　　　　　　겠습니까?

최 진사:　　　　　　　그러면 또 뭘 해야 하는가?

현이(맹 참판 아들):　그거야, 진사 어른이 판단하여 저에게 답례를 하셔야죠.

최 진사:　　　　　　　아, 그런가. 암 그렇고말고, 난 또 무슨 말이라고, 걱정하지
　　　　　　　　　　말게. 내 자네 아버님과 만날 수 있다면 당연히 자네에게도
　　　　　　　　　　답례를 해야지. 이 뱃놀이 정도로 답례를 하겠는가. 하하
　　　　　　　　　　하, 걱정하지 말게.

현이(맹 참판 아들):　약속하셨으니 진사 어른의 말씀을 믿죠.

최 진사:　　　　　　　그러면 난 자네만 믿고 가네. (뱃사공을 보고) 이보게, 뭍
　　　　　　　　　　에 내려주게나.

뱃사공:　　　　　　　예, 어르신.

배가 무대 상수 쪽에서 하수 쪽으로 천천히 이동한다. 그리고 뱃머리가 무대 하
수 쪽 바위 위에 닿자 최 진사가 배에서 내려 무대 하수 쪽으로 퇴장한다. 그리
고 뱃머리를 돌려 다시 강으로 나아가는데, 신윤복이 거문고를 들고 무대 하수
쪽으로 달려 들어온다.

신윤복:　　　　　　　이보시오, 뱃사공! 잠시 멈추시오.

뱃사공:　　　　　　　누구시오?

신윤복:　　　　　　　아, 오늘 뱃놀이에 부름을 받은 악사요.

뱃사공:　　　　　　　(뱃머리를 바위 위에 갖다 대며) 어이, 타시오.

신윤복:　　　　　　　(배 위로 올라타며) 아이쿠, 양반 나리들, 송구합니다. 제
　　　　　　　　　　가 늦었지요.

소향/홍매:　　　　　　(놀라며) 아니 당신은 화원 아니시우?

현이(맹 참판 아들):　(소향을 바라보며) 네가 아는 자이냐?

소향:　　　　　　　　알다마다요. 도화서 화원이죠. (신윤복 바라보며) 그런데
　　　　　　　　　　화원께서 여긴 또 웬일이요?

신윤복:　　　　　　　(소향과 홍매에게 눈치를 주며) 아예, 저는 도화서 화원이
　　　　　　　　　　자 향춘당 악사인 신윤복입니다.

홍매:　　　　　　　　아니, 당신이 무슨 향춘당 악사야?

신윤복:　　　　　　　어제부터 행수기생에게 말하고 오늘부터 향춘당의 악사로
　　　　　　　　　　일하기로 했지요.

현이 친구 선비:　　　악사면 빨리 와서 흥을 돋우어야지, 이제 오는 놈이 어디
　　　　　　　　　　있느냐!

신윤복:　　　　　　　(대금 부는 여동 옆에 거문고를 놓고 앉으며) 송구하옵니다.

현이(맹 참판 아들):　(매향 쪽으로 옮겨가서) 매향아! 악사가 왔으니 니 소리 좀
　　　　　　　　　　들어보자꾸나. 하하하.

매향:　　　　　　　　예, 나리, 한 곡조 올리죠.

매향이 생황을 내려놓고 노래를 부른다.

시조창: 매향의 노래 '녹수청산 깊은 골'

녹수청산 깊은 골에 청나귀 완보로 들어가니

천봉에 백운이요 만학에 유수-로다

이 땅이 경개 좋으니 놀고 갈까 하노라

현이 친구 선비:　　　에이, 이거 영 흥이 나지 않는구먼.

현이(맹 참판 아들): (매향에게) 이년아, 그런 거 말구. 좀 흥겨운 것 좀 해보아
　　　　　　　　라. 아니 미색은 황진이 뺨치는 것이 어디 기예는 여~엉
　　　　　　　　황진이의 치맛자락도 못 따라가는구나. 차라리 술이나 따
　　　　　　　　르고 몸이 파는 것이 낫겠다. 무슨 네년이 예기라고 그리
　　　　　　　　도도하게 구는 거냐. 에잉~.
홍매:　　　　　호호호, 나리, 오늘 매향이 몸이 좋지 않아서 그러니 잠시
　　　　　　　　쉬게 해주시고 대신 제가 흥겹게 뽑아보죠. 소향아, 어이
　　　　　　　　너도 나와 봐.
소향:　　　　　(홍매에게) 너는 맨날 매향이만 감싸는 것이냐. 정말 기분
　　　　　　　　나빠서 내가 매향이 땜질하는 여종인가.
홍매:　　　　　소향아, 그러지 말고, 어서…….

소향이 뱃머리로 가서 홍매와 나란히 서고, 매향은 신윤복의 자리로 가서 대신
거문고를 연주한다. 소향과 홍매가 노래를 부른다.

소향과 홍매의 이중창 ‘한강수 타령’

한강수라 깊고 맑은 물에 수상선 타고서 에루화 뱃놀이 가잔다.

아하 아하 에헤야 에헤야 어허야 얼싸함마 둥게디여라 내 사랑아

양구 화천 흐르는 물 소양정을 감돌아 양수리를 거쳐서 노들로 흘러만 가누나.

아하 아하 에헤야 에헤야 어허야 얼싸함마 둥게디여라 내 사랑아

현이 친구 선비가 뱃머리부에 소향에 다가와 서로 얼싸안고 춤을 춘다.

유유희 흐르는 한강에 배 띄우고 유유자적 즐기니 이도 멋진 흥취일세.

아하 아하 에헤야 에헤야 어허야 얼싸함마 둥게디여라 내 사랑아

앞강에 뜬 배는 낚시질 거루요. 뒷강에 뜬 배는 님 실러 가는 배란다.

아하 아하 에헤야 에헤야 어허야 얼싸함마 둥게디여라 내 사랑아

현이(맹 참판 아들): (거문고를 타는 매향에게로 가서 매향을 뒤에서 안으며) 어디 보자, 오늘 조선 제일의 권문세가 집안의 서방 품에 안겨 보아라.

매향이 품에서 빠져나오려고 한다. 그때 신윤복이 달려들어 매향을 떼어놓고, 주먹으로 현이의 얼굴을 때리며 강물 속에 빠뜨린다. 현이의 친구 선비가 신윤복에게 달려들자 현이의 친구 선비도 강물에 빠뜨린다. 강물 속에 빠진 현이와 친구 선비가 허우적거리며 "살려달라"고 외친다.

신윤복:　　　　　이보시우, 뱃사공, 뭍으로 우릴 데려다 주시오.
홍매:　　　　　　아니, 화원 양반, 또 큰일을 내는구먼.
소향:　　　　　　아이쿠, 이를 어쩐다냐. 이를 어째.
매향:　　　　　　뱃사공, 어서 우릴 뭍으로 데려다 주시오.

뱃사공이 노를 저어 뱃머리를 무대 상수에 있는 바위에 닿게 하자, 급히 신윤복과 향춘당 기녀 일행이 내린다. 무대 중앙부는 암전되고 무대 하수 부분만 밝다.

소향:　　　　　　화원 양반, 난 모르오. 화원 양반이 알아서 하시우.
신윤복:　　　　　뱃사공 양반, 물에 빠진 저 한량 놈들을 구해주러 가시우.
뱃사공:　　　　　물이 얕아서 죽지는 않을 것이유. 걱정하지 마시우.
홍매:　　　　　　이보시우, 화원 양반, 지금 저 물에 빠진 한량 놈이 어떤 놈인지 알고서나 그런 거우?
소향:　　　　　　이거 정말 큰일 났네.

신윤복:	저런 개망나니 같은 놈은 물에 빠져도 싸요.
홍매:	(손으로 매향을 툭툭 치며) 아이고, 이것아, 왜 이러는 거여.
매향:	혜원 화원, 잘하셨습니다.
홍매:	이것이 아직도 정신 못 차리고 그러냐.
매향:	잘못한 것은 저 놈들이야.
홍매:	이젠 나도 네 뒷감당해주기도 지친다. 나도 모르겠다.

홍매와 소향이 무대 하수 쪽으로 퇴장한다. 그 뒤를 신윤복과 매향이 따라 퇴장한다. 무대가 암전된다. 잠시 후 무대가 밝아지면 무대 상수 쪽에서 매향이 한 손에 두루마리 화첩을 들고 등장하고, 그 뒤를 신윤복이 뒤따라 등장한다.

매향:	(잠시 뒤돌아보며) 지난 번 화원께서 보내주신 그림은 잘 보았습니다.
신윤복:	(매향에게 급히 다가오며) 아! 그 그림말이요. 그냥 당신의 춤추는 모습을 그렸을 뿐인데.
매향:	그 동안 제가 봐왔던 그림들과 전혀 다른 그림을 보게 되었습니다.
신윤복:	그게 뭐 대단한 것이라고, 하하하.
매향:	(쑥스러운 듯 두루마리 그림을 신윤복에게 건네며) 화원이라서 그림으로 제 마음을 전해드리는 것이 확실할 것 같아 그림으로 전해 드리니 다시는 저에게 딴 마음을 갖지 마시길 바랍니다.

신윤복이 그림을 건네받고 그림을 펼쳐보이자 무대 배경막으로 매향의 그림 영상이 보인다.

신윤복: 화훼도를 그리셨군요.

신윤복 창

매화는 한사요. 이화는 시객이요.

홍도 벽도 삼색도는 풍류랑이라.

매화는 번잡하지 않고 잎새 없는 가지에서 소담하게 피어나는 것이

욕심 없이 살아가는 선비요.

이화는 이화만지 불개문, 장신궁중에 배꽃이요.

홍도벽도 삼색도가 매화와 이화를 아우르니

선비다운 풍류를 갖추라는 것이라.

신윤복: 정말, 도화서 화원의 그림보다 낫소이다. 정말 대단하오.

매향: 그림만 보지 마시고 그림 속에 담긴 뜻을 새겨 읽으라는
                 말입니다.

신윤복: 이 그림을 보니, 선비다운 풍류를 갖추라는 뜻 같은데 내
                 말이 맞소?

매향: 그렇습니다. 그러니 일개 해당화 같은 기녀에게 신경 쓰지
                 말고 선비다운 면모로 도화서 화원으로서 본분을 다하시
                 라는 뜻입니다. 그러면 저는 이만 가보겠습니다.

매향이 그냥 무대 하수 쪽으로 걸어 나가려 하자,

신윤복: 매향! 잠시만요.

매향이 뒤도 돌아보지 않고 그냥 묵묵히 걸어간다.

신윤복: 내 매향의 사정을 잘 알고 있소.

매향이 걸어가다가 잠시 걸음을 멈춘다.

신윤복: 당신이 기녀의 삶에서 벗어나길 저도 간절히 바라오.
매향: (뒤돌아보며) 그건 당신이 상관할 일이 아닌 것 같습니다만.
신윤복: 난 말이요……, 당신의 재주를 압니다. 제가 안타까운 것
                    은 이 나라의 반상 차별로 인해 당신의 재주가 인정받지
                    못하고, 한낱 한량의 여흥거리로 취급받는 것이오.
매향: 그건 도화서 화원도 마찬가지 아닌가요.
신윤복: 맞소이다. 도화서 화원도 따지고 보면 환쟁이 취급을 받지
                    요. 허나 자신의 재주를 아끼는 사람을 만나면 다르지요.
매향: 그러면 당신도 자신의 재주를 아끼는 사람을 만나면 되지요.
신윤복: 난 매향, 당신의 재주를 아끼고 싶소.
매향: 사내들이라는 것이 겉과 속이 다른 것이지요. 겉으로 재주
                    를 아낀다고 하면서 속으로 그저 자신의 품에 안기면 그만
                    인 것이지요.혜원 화원도 제가 생각하는 한량과 다를 게
                    뭐가 있나요?
신윤복: 매향, 솔직히 내 당신에 대해 연정을 품은 것은 사실이요.
                    허나 제가 처음 매향, 당신과 만났던 향춘당에서 맹 참판
                    과의 일은 당신의 재주를 아끼는 맘에서 그랬던 것이요.
                    오늘 선유도에서 맹 참판의 아들에게 한 것도 마찬가지요.
                    예인만이 예인의 재주를 알아본다고, 난 매향 자네를 예기
                    로서 존중하기 때문이요.
매향: 그것이 참말이라면 다시 한 번 화원께 고맙다는 말씀을 드

리죠. 다시 답례를 드릴까요?

신윤복: 매향, 제가 매향에 대해서 연정을 품은 것은 모난 세월을
살아온 당신에 대한 측은지심 때문만도 아니요. 난 오늘
내가 매향을 진심으로 사랑하고 있다는 것을 느꼈소. 이런
내 맘을 매향 당신은 알고 있소?

매향: 오늘 화원께 말한 것은 모두 듣지 않는 것으로 하리다. 허
니, 이만 가보겠습니다.

신윤복: (매향에게 다가가서 매향의 손을 잡으며) 매향! (매향이 놀
랜다)

신윤복의 창

나도 한때는 집안대대로 화원 집안인 내 가문을

(진양조) 원망하였던 적도 있었소. 더구나 내 어머니도 권번가 예기 출신이라
는 것에 대해서 심한 열등감을 느끼던 때도 있었소.

나는 한때 문과에 급제하여 제대로 대우를 받는 조정의 관리가 되고 싶었소. 허
나 내 어머니가 기녀출신이라 문과에 응시할 수 없다는 것에 심한 자괴감에 빠
져 방탕한 세월을 보낸 적도 있소.

내 아무리 화원 가문의 굴레를 벗어나려 해도 화원 가문 태생이라 평생 화원으
로 살아가야 한다는 것이요.

그래서 어쩔 수 없이 화원의 길을 택했지만 허나 나는 당신을 만나고서부터 내
재능을 사랑하게 되었소.

게다가 어머님이 물려주신 예인에 대한 존경심이 얼마나 소중한 유산인지 당신
을 만나고서야 깨닫게 되었소. 지금은 제 곁에 없지만…….

매향이 소리 없이 눈물을 흘린다. 그러자 신윤복이 매향을 살며시 껴안는다. 매

향과 신윤복이 서 있는 부분만 조광되고 무대가 암전된다.

신윤복:	(매향을 품은 채로) 매향, 내 소원이 뭔 줄 아시오.산수절경을 찾아 사랑하는 임과 함께 구름이 가는 데로 바람이 부는 데로 그저 정처 없이 풍류화객으로 살아가는 것이요.
매향:	(눈물을 훌쩍이며) 소저는 두렵습니다. 저를 연모하는 분들이 모두 불행하게 되었길래, 혜원 화원까지 그런 변을 당할까 염려되옵니다.
신윤복:	매향, 염려 마오. 내 매향 곁에 있을 테니. 영원히 매향 곁에 있으리다.
매향:	이 몸 곁에 영원히 지켜준다 하시오니.
신윤복:	(포옹을 풀고, 매향을 바라보며) 걱정하지 마시오.내 낭자를 꼭 구해낼 것이요.

제6장은 신윤복의 〈미인도美人圖〉를 도상적 모티브로 활용하였는데, 이 장면에서 신윤복이 매향을 모델로 하여 미인도를 그리는 장면이다. 신윤복과 매향은 서로 사랑으로 충만하여 아름다운 사랑을 나누고, 서로 미래를 약속한다. 이 장면 이후 신윤복은 매향을 향춘당에서 빼내기 위해서 지물전 최씨의 부탁을 받아 춘화를 그리기 시작하여 그것으로 인해 풍기문란 죄로 옥에 갇히게 된다.

사진 19
신윤복 작, 〈미인도〉,
간송미술관 소장

제6장 매향의 방(미인도)

무대가 밝아지면 신윤복의 그림 〈미인도〉 속의 여인처럼 복장을 한 매향이가 무
대 덧마루 위에 서 있다.

신윤복:　매향, 그대로 서 계시면 됩니다. 아주 잠시면 되오. 붓으로 비단 위에
　　　　당신의 아름다운 자태를 그리리다.

(매화의 손을 잡으며)(창-중중모리) 이런 감촉은 처음이네. 솜같이 부드럽고 이슬같이 촉촉하고 연시처럼 달콤한 이런 감촉은 처음이네.

매향:　　　예, 알겠습니다. 혜원 낭군님. (수줍은 듯) 호호.

신윤복:　　방금 뭐라고 하셨소, 낭자? 혜원 낭군님? 하하하.

신윤복이 무대 덧마루에 내려와 돗자리에 앉아 먹을 갈고, 연적의 먹에 붓을 묻혀 그림 그릴 준비를 한다.

매향:　　　어서, 그리세요.

신윤복:　　잠시 그렇게 서 계세요.

신윤복이 비단 위에 매향이 서 있는 모습을 그린다.

신윤복의 노래 '내 아름다운 꽃아'

꽃아 꽃아 내 아름다운 꽃아.

고이고이 꽃피워 사랑 열매를 맺어라.

저나 고운 자태를 뽐내는 꽃 중에 내 님의 꽃은 어디 있는가.

내 님의 꽃은 민들레냐, 봉선화냐, 목련이냐, 수련이냐, 연꽃이냐.

내 사랑은 매화로다. 꽃아 꽃아 내 아름다운 꽃아

고이고이 꽃피워 사랑 열매를 맺어라.

매향의 노래 '내 정은 녹수요 우리 낭군 정은 청산이로다'

난세 영웅호걸은 무엇 하랴.

어사화 장원 문무백관은 무엇 하랴.

칠월칠석 견우직녀 사랑이 제일이로다.

선풍도골 설부화용 우리 낭군 마음이 곱디고워 여심을 깨우고
풍채 풍류를 아니 예인이로다.
선풍도골 설부화용 우리 낭군 매화는 나비를 연모하니·
내 정은 녹수 우리 낭군 정은 청산이로다.

매향이 노래를 부르는 동안 무대 배경막으로 신윤복의 〈미인도〉 그림. 붓이 흐
르는 데로 그려져 미인도가 완성된다. 비단에 그린 그림을 가지고 매향이 서 있
는 덧마루 부에 올라간다.

신윤복: 자, 이제 다 되었소.

그림을 보고 매향이 기뻐한다. 신윤복이 매향을 포옹한다. 잠시 후 무대 하수 쪽
에서 지물전 최씨가 등장한다.

최씨 영감: 아참, 이 사람, 한참 찾았네.

신윤복과 매향이 놀래서 서로 물러선다.

신윤복: 여기는 어떻게 오셨습니까?
최씨 영감: 오, 미안하네. 내가 방해가 되었구먼.
신윤복: 아닙니다.
매향: 그러면 저는 이만 물러가겠습니다.

매향이 무대 하수 쪽으로 퇴장한다.

신윤복: 무슨 일로?

최씨 영감: 이봐, 내 좋은 일이 있어서 자네를 보자고 한 것이네.

신윤복: 좋은 일이라뇨?

최씨 영감: 자네한테 좋은 일이지. 자네 저 매향을 마음에 품고 있지?

신윤복: 참-.

최씨 영감: 내 다 알고 있네, 게다가 자네가 매향을 기방에서 빼내려고 한다는
            것도 알고 있지? 헤헤헤. 이천 냥이 필요하지? 그거 자네 절대 구할
            수 없을 걸…….

신윤복: 아니, 어르신 제가 이천 냥이 필요하다는 것은 어디서…….

최씨 영감: 헤헤헤, 내 지난 번 향춘당 하녀 향이와 하는 말을 다 들었지.이보게,
            내 이천 냥을 줄 테니 지난 번 부탁한 것을 그려주겠나?

신윤복: 그 말 믿어도 됩니까?

최씨 영감: 아니, 내 말을 믿지 못하겠다는 것인가?

신윤복: 그게 아니라, 그런 큰돈을 어떻게 구하셨는지 해서요.

최씨 영감: 내 아는 분이 어찌나 자네 그림을 좋아하는지, 자네가 그린 춘화도를
            갖고 싶다고 하도 부탁하여 그러지.

신윤복: 그럼 제가 춘화도를 몇 장이나 그려주면 되겠습니까?

최씨 영감: 한 백 장 정도면 되지 않을까 해서 말이야.

신윤복: 뭐라고요. 백 장이요.

최씨 영감: 뭐 그리 놀라나. 자네야 충분히 몇 달 만에 백 장을 그리고도 남지.

신윤복: 하지만.

최씨 영감: (돈주머니를 신윤복에게 건네주며) 여기 백 냥 있네. 선불금이니 받
            아두게. 자네가 춘화도 백장을 모두 그려서 나에게 넘겨주면 내 그
            때 천구백 냥을 주지.

신윤복: (돈주머니를 받으며) 그럼, 꼭 이천 냥을 주셔야 합니다.

최씨 영감: 아참, 내 자네 못 믿어서 하는 말은 아닌데. 자네, 닷새마다 나에게
춘화도 네 장씩 갖다 주게. 그래야 나도 의뢰하신 분께 보여드려야
할 것 아닌가? 이보게, 언제까지 매향이라는 계집의 꽁무니 따라다
닐 것인가? 하루 빨리 기방에서 구해내야지.

신윤복: 그러면, 알겠습니다.

최씨 영감: 그러면 나는 이만 가보네.

신윤복: 고맙습니다. 어르신.

신윤복과 지물전 최씨가 퇴장하자 무대가 암전된다.

참고문헌

단행본

김경용, 『기호학이란 무엇인가』, 민음사, 1994.

김경희, 『정서란 무엇인가』, 민음사, 1995.

김교빈 외, 『한국문화와 콘텐츠: 문화원형의 개념과 활용』, 북코리아, 2009.

김동근, 『서정시의 기호와 담론』, 국학자료원, 2001.

김영순, 『문화와 기호』, 인하대 출판부, 2004.

김원룡, 『한국미의 탐구』, 열화당, 1993.

김윤배 · 최길영, 『시각이미지 읽고 쓰기』, 미담북스, 2005.

나병철, 『소설의 이해』, 문예출판사, 1998.

로버트 맥기, 고영범 외 옮김, 『시나리오 어떻게 쓸 것인가』, 황금가지, 1997.

린다 카우길, 이문원 옮김, 『시나리오 구조의 비밀(*Secrets of Screenplay*)』, 시공사, 2003.

박정순, 『대중매체의 기호학』, 나남출판, 1997.

______, 『대중매체의 기호학』, 커뮤니케이션북스, 2009.

박진, 『서사학과 텍스트이론: 토로도프에서 데리다까지』, 랜덤하우스중앙, 2005.

백승국, 『문화기호학과 문화콘텐츠』, 다할미디어, 2006.

베넷 E. 암스트롱, 김형섭 옮김, 『한 권으로 읽는 융』, 푸른숲, 1997.

사라 루쓰 코즐로프(Sarah Ruth Kozloff), 『서사이론과 텔레비전』, 로버트 알렌 엮음, 김훈순 옮김, 『텔레비전과 현대비평』, 나남출판사, 1992.

소강춘 외, 『스토리텔링과 문화산업』, 전주대학교 문화산업총서 1, 글누림, 2009.

송효섭, 『문화기호학』, 아르케, 2000.

스튜어트 보이틸라, 김경식 옮김, 『영화와 신화』, 을유문화사, 2005.

시모어 채트먼, 한용환 옮김, 『이야기와 담론(*Story and Discourse: Narrative Structure in Fiction and Film*)』, 푸른사상, 2003.

원승룡 · 김종헌, 『문화이론과 문화읽기』, 서광사, 2001(Williams, R., *Culture and Society (1780-1950)*, Penguin, 1977).

이인화 외, 『디지털 스토리텔링』, 황금가지, 2003.

이종수, 『텔레비전 미학: 김성재 편』, 『매체미학』, 나남출판, 1998.

일연, 이동환 옮김, 『도화녀와 비형랑』, 『삼국유사』, 장락, 2001.

자크 퐁타니유, 김치수·장인봉 옮김, 『기호학과 문학』, 이화여자대학교 출판부, 2003.

전형택, 『조선 양반사회와 노비』, 문현, 2010.

정영희, 『한국사회의 변화와 텔레비전 드라마』, 커뮤니케이션북스, 2005.

정책기획위원회, 『한국 전통문화 원형 콘텐츠 개발방안 연구』, 2007.

제랄드 프랭스, 최상규 옮김, 『서사학이란 무엇인가』, 예림기획, 1999.

제임스 칼라트 외, 민경환 옮김, 『정서 심리학』, 시그마프레스, 2007.

조동일, 『한국문학통사 2권』, 지식산업사, 2005.

조셉 캠벨, 이윤기 옮김, 『천의 얼굴을 가진 영웅』, 민음사, 2010.

조요한, 『예술철학』, 경문사, 1996.

존 피스크, 박만준 옮김, 『대중문화의 이해』, 경문사, 2005.

주경복, 『레비스트로스(문학의 이해와 감상 75)』, 건국대학교출판부, 1996.

주디스 윌리암슨, 박정순 옮김, 『광고의 기호학』, 나남, 1998.

최예정·김성룡, 『스토리텔링과 내러티브』, 글누림, 2005.

최혜실, 『한류드라마의 스토리텔링』, 새문사, 2007.

______, 『디지털 시대의 문화 읽기』, 소명출판, 2001.

______, 『문화콘텐츠 스토리텔링을 만나다』, 삼성경제연구소, 2006.

칼 구스타프 융, 한국융연구원 C.G. 융저작번역위원 옮김, 『원형과 무의식』, 솔, 2002.

크리스토퍼 보글러, 함춘성 옮김, 『신화, 영웅 그리고 시나리오 쓰기』, 무수, 2005.

클로드 레비스트로스, 김진욱 옮김, 『구조인류학』, 종로서적, 1987.

클로드 레비스트로스, 박옥줄 옮김, 『슬픈 열대』, 한길사, 1998.

한국문화콘텐츠진흥원, 『문화원형 콘텐츠 총람』, 2003-2005.

한국문화콘텐츠진흥원, 『문화원형 콘텐츠 총람』, 2004.

한국문화콘텐츠진흥원, 『문화원형 콘텐츠 총람』, 2008.

한용환, 『서사이론과 그 쟁점들』, 문예출판사, 2002.

홍문표, 『문학비평론』, 양문각, 1993.

S. 리몬-케넌, 최상규 옮김, 『소설의 시학』, 예림기획, 2003.

S. Rimmon-Kenan, *Narrative Fiction: Contemporary Poetics*, New Accents, New York: Methuen, 1983(최상규 옮김, 『소설의 시학』, 문학과지성사, 1996 재인용).

Steven Cohen & Linda M. Shires, *Telling Stories: A Theoretical Analysis of Narrative Fiction*, London: Routledge, 1988(임병권 · 이호 옮김, 『이야기하기의 이론』, 한나래, 1997).

T. Todorov, *Poetique: Quest ce que le Structuralisme?*, Paris: Seoul, 1973, p.40, Alvin Kerman, 『문학과 죽음』, 최인자 옮김, 문학동네, 1999.

논문

김교빈, 「문화원형의 개념과 활용」, 『인문콘텐츠』 제6호, 인문콘텐츠학회, 2005.

김기국, 「스토리텔링의 이론적 배경 연구」, 한국프랑스학회 춘계학술발표회, 2007.

김민옥, 「무형문화의 복원과 재현을 통한 문화콘텐츠 개발 방안 연구: 조선시대의 민의상달제도 신문고를 중심으로」, 한국외국어대학교 대학원 석사학위논문, 2005.

김재영, 「원형 이론의 이해: 칼 융과 그 이후의 논의를 중심으로」, 인문콘텐츠학회 워크숍 자료, 2005.

김태웅, 「원 소스 멀티 유즈 문화콘텐츠의 스토리텔링 구조 비교분석」, 경성대학교 디지털디자인대학원 석사학위논문, 2005.

김태환, 「그레마스의 행위소 모델 수용의 문제점: 발신자/수신자 개념을 중심으로」, 『독일어문화권연구』 제10호, 서울대학교 독일어문화권연구소, 2001.

김포천, 「TV 드라마의 새로운 지평」, 『방송문화』 12월호, 1998.

민덕기, 「디지털 스토리텔링을 통한 초등영어수업 방안: 서사경험의 극대화를 중심으로」, 『초등영어교육』 제8권 2호, 2002.

박상환, 「문화콘텐츠와 인문학의 소통과 가능성」, 『인문과학』 제41집, 인문과학연구소, 2008.

______, 「인문학의 '위기'와 문화연구를 위한 시론」, 『대동문화연구』 제57집, 대동문화연구원, 2007.

박진, 「채트먼의 사사이론」, 『현대소설연구』 제19호, 한국현대소설학회, 2003.

박창민, 「김춘수 시의 기호학적 연구: 초기 시를 중심으로」, 강원대학교 석사학위논문, 2010.

배영동, 「문화콘텐츠화 사업에서 '문화원형' 개념의 함의와 한계」, 『인문콘텐츠』 제6호, 인문콘텐츠학회, 2005.

백승국, 「기호학으로 문화콘텐츠 만들기」, 2004, p.454(Fontanille & Zinna, *Semiotique des objects*, Limoges: Pulim 2003).

______, 「음식 기호학과 기호사각형」, 『프랑스학 연구』 제26권, 프랑스학회, 2003.

______, 「정념 기호학의 정념도식」, 『기호 텍스트 그리고 삶』, 월인, 2006.

사단법인 한국여성국극예술협회 보도자료, 「여성국극이란 무엇인가」, 2009.

사단법인 한국여성국극예술협회, 〈풍류화객 신윤복〉, 공연 프로그램 인용, 2009.

송효섭, 「진도씻김굿의 정념 구조」, 전남대학교 호남학연구원, 인문한국사업단 제2회 감성연구 국내학술대회, 2010, p.8 재인용(송효섭, 『탈신화 시대의 신화들』, 기파랑, 2005).

신영창, 「기어츠의 문화 해석의 역사학적 적용에 관한 연구」, 한국교원대학교 대학원 석사학위논문, 1999.

신정아 · 최용호, 「롤랑 바르트의 『라신에 대하여』 다시 읽기: 구조에서 정념으로」, 『정념의 세계와 기호학』, 한국기호학회 2010년 가을 학술대회, 2010.

심승구, 「한국의 술 문화의 원형과 콘텐츠화」, 인문콘텐츠학회 학술심포지엄 발표자료집, 2005(최연구, 『문화콘텐츠란 무엇인가』, 살림, 2006).

안나용, 「매튜 본 〈백조의 호수〉의 문화코드 연구」, 이화여자대학교 대학원 석사학위논문, 2008.

윤석진, 「디지털 시대, 스토리텔러로서의 TV 드라마 시론(試論)」, 『한국문학이론과 비평』 제36집, 한국문학이론과 비평학회, 2007.

윤찬종, 「한국 문화원형 3D 애니메이션 콘텐츠 개발 육성 방안에 대한 연구: KOCCA의 '우리 문화원형 디지털 콘텐츠화 사업' 분석을 중심으로」, 한양대학교 대학원 박사학위논문, 2007.

이동연, 「기호의 사각형과 의미화 과정: 그레마스의 『의미에 대하여』」, 『문화과학』, 2004.

이어령, 「이어령 문학강의 Ⅶ: 窓의 공간기호론」, 『문학사상』 제186호, 문학사상사, 1988.

이인영, 「스토리산업 활성화 방안에 관한 연구」, 세종대학교 언론문화대학원 석사학위논문, 2003.

임경호 외, 「문화원형을 소재로 한 문화콘텐츠화에 관한 연구」, 『한국디자인포럼』 Vol.19, 2008.

장윤희 · 이흥철 · 이정모, 「정서 연구의 이론적 개관」, 한국인지및생물심리학회(미간행), 2005.

조긍호, 「문화유형과 정서의 차이: 한국인의 정서 이해를 위한 시론」, 『심리과학』 제6권 2

호, 서울대학교 심리과학연구소, 1997.

조예진, 「문화콘텐츠의 역동적 바람, CT(Culture Technology)란 무엇인가」, 한국문화콘텐츠진흥원 CT NEWS, 2007.

조은경, 「사회심리학의 최근 동향: 동기와 정서의 복귀」, 『심리학 연구의 최근 동향』, 한국심리학회, 1994.

최민성, 「통합적 시나리오 창작 모델 연구」, 『한국언어문화』 Vol.38, 한국언어문화학회, 2009.

최혜실, 「스토리텔링(Storytelling) 개념 등장의 시대적 배경」, 『문학수첩』 창간호, 2003.

한국문화콘텐츠진흥원 정책개발팀, 「한국적 문화원형 소재, 콘텐츠의 무한 보고(寶庫)」, 한국문화콘텐츠진흥원 CT뉴스 〈www.kocca.or.kr/ctnews〉.

한일섭, 「소설에서의 이야기하기의 순서와 기능」, 『서강인문논총』 제6호, 1997.

홍정표, 「기호학에서 정념 도식의 적용과 한계: 이효석의 '화분'을 중심으로」, 『기호학 연구』 제24권, 한국기호학회, 2008.

______, 「정념의 기호학과 담화 기호학의 상호보완적 고찰: 박경리의 『재귀열』을 중심으로」, 『정념의 세계와 기호학』, 한국기호학회 2010년 가을 학술대회, 2010.

황동열, 「문화원형의 디지털콘텐츠 개발 모형에 관한 연구」, 『한국비블리아』 제14권 1호, 한국비블리아학회, 2003.

황인성, 「텔레비전 저널리즘 서사구조의 사회적 폭력성에 대하여」, 1996년 한국방송학회 봄철학술대회 발표논문, 1996.

A. J. Greimas, *Semantique Structurale*, Complexe-PUF, 1966, pp.193-194(김남재 외, 「MMORPG 서사구조 분석」, 한국게임학회 춘계학술대회 논문집, 2011, p.42 재인용).

국외문헌

Andrew Darley, *Visual Digital Culture*, New York: Routledge, 2000.

Jeff Coulter, *The social construction of mind*, London: Macmillan, 1979.

John Deighton, Daniel Romer, & josh Mcqueen, 「Using Drama to Persuade」, *Journal of Consumer Research* Vol. 16 DEC, 1989.

Kitayama, S., & Markus, H. R., Culture and emotion: The role of other-focused emotions, Paper presented at the 98th Annual Convention of the American Psychological Association, Boston, MA., 1990.

Lacey, N., *Narrative and Genre: key concept in media studies*, New York: Palgrave, 2000.

Lutz, C., *Unnatural emotions: Everyday sentiments on a Micronesian atoll and their challenge to Western theory*, Chicago, IL: University of Chicago Press, 1988.

Miller, J. G., 「Culture and the development of everyday social explanation」, *Journal of Personality and Social Psychology*, 1961.

Roland Barthes, 「Introduction àl'analyse structurale des récits, L'analyse structurale du récit」, *Communications*, 8, Points, 1966.

______, *Sur Racine*, Coll Points, 1979.

Rosaldo, M. Z., 「Toward an anthropology of self and feeling」, In R. A. Shweder & R. A. LeVine(Eds.), *Culture theory: Essays on mind, self, and emotion*, Cambridge, England: Cambridge University Press, 1984.

Russell, J. A., 「A circumplex model of affect」, *Journal of Personality and Social psychology* 39, 1980.

Vladimir Propp, *Morphology of the Folktale*, 1928. Trans. Laurence Scott. 2nd ed. Ed. Louis Wagner. Introd. Alan Dundes. Austin: University of Texas Press, 1968.

Watson, D., 「Intraindividual and interindividual analyses of Positive and Negative Affect: Their relation to health complaints, perceived stress, and daily activities」, *Journal of Personality and Social Psychology* 54, 1988.

인터넷 자료

LG 모바일 홈페이지 〈www.cyon.co.kr〉

이상봉 홈페이지 〈www.liesangbong.com〉

행남자기 홈페이지 〈www.haengnam.co.kr〉

현대자동차 홈페이지 〈http://www.hyundai.com/kr/main.aspx〉

KT&G 홈페이지 〈www.ktng.com〉